舵手证券图书
www.zqbooks.com

知识领航财富人生

舵手俱乐部 www.duoshou108.com

突破理论预测模型及实战工具

波浪理论的创新与超越

孟宪明 著

股海波动　风起浪涌
秘籍随身　百战千胜

天造之物　慧目识形
穿云破雾　未来皆明
登舟得救　以静制动
风浪过后　迎接彩虹

山西出版传媒集团
山西人民出版社

图书在版编目(CIP)数据

突破理论预测模型及实战工具：波浪理论的创新与超越 / 孟宪明著. -- 太原：山西人民出版社，2015.7
 ISBN 978-7-203-09016-8

Ⅰ. ①突… Ⅱ. ①孟… Ⅲ. ①股票投资-基本知识 Ⅳ. ①F830.91

中国版本图书馆 CIP 数据核字(2015)第 113358 号

突破理论预测模型及实战工具：波浪理论的创新与超越

著　　者：孟宪明
责任编辑：孙　琳
出 版 者：山西出版传媒集团·山西人民出版社
地　　址：太原市建设南路 21 号
邮　　编：030012
发行营销：0351-4922220　　4955996　　4956039
0351-4922127(传真)　　4956038(邮购)
E-mail ：sxskcb@ 163.com　　发行室
sxskcb@ 126.com　　总编室
网　　址：www.sxskcb.com
经 销 者：山西出版传媒集团·山西人民出版社
承 印 者：三河市利兴印刷有限公司
开　　本：710mm×1000mm　1/16
印　　张：17.625
字　　数：250 千字
印　　数：1-6000 册
版　　次：2015 年 7 月　第 1 版
印　　次：2015 年 7 月　第 1 次印刷
书　　号：ISBN 978-7-203-09016-8
定　　价：66.00

如果印装质量问题请与本社联系调换

开篇序

有人觉得股市像一个巨大的财富海洋，也是一个巨大的金钱漩涡，它就像一个会转动的镜子，你永远不知道镜子什么时候翻转，美女变野兽。

有人觉得股市如潮，潮起潮落，不会终日只现潮头，或只是落潮，亦不会只有牛市，而不见熊市，一定是轮流交错，互有升跌，永远难以预测明天是升是跌。

而我们觉得股市更像一场所有参与者的发现之旅，同时也是一场自我探索的历程。探索是必经的过程，一路走来问题重重，百思不得其解，但是随后却发现精彩的答案就在眼前。古语有云，"衣带渐宽终不悔，为伊消得人憔悴。""众里寻他千百度，蓦然回首，那人却在灯火阑珊处。"其实，凡世间难得之理和宝藏，都藏在险远之处，我们股市的参与者需要的也是不断探索、前行。

16年前，我们忐忑地出版了第一本"舵手证券系列图书"，时光荏苒，与中国资本市场的起落、成长，我们也一样历经风雨，彼此不再年轻。其间，国际国内的名家新人、经典新作，经我们陆续介绍给每一位股市参与者，每次出版后，都会受到不少读者的反馈。我们知道，茫茫股海，沉浮不定，我们出版图书所介绍的方法和理论不敢说是万般唯一的不变真理，但哪怕对于每位中国资本市场的参与者的探索之路有一点帮助，我们也是非常欣慰的。

16年后，我们初心不改，我们忐忑地希望与每位投资者和资本市场从业

突破理论预测模型及实战工具：波浪理论的创新与超越

者走得更近，我们与你们同行，我们希望以"舵手投资学校"的方式，给每位读者一个反馈和深化学习的家园，一个交流探索的新平台，我们希望把国内外每位股市名家和高手的探索心得更加细致和深度发掘，从基础知识到独特方法的实战、波浪、道式、江恩、国内新投资流派……更加全面地、多维度地用更加现代和便捷的方式展示给每位参与者。希望我们提供的这一点点知识，可以成为你的雨伞、拐杖或者奔驰的座驾，为你遮风挡雨，为你在股市在中国的资本市场成长的漫漫之旅中走得更远。

目前这本书的作者孟宪明老师，也是我们相识多年的实战派大佬级人物。机械研究出身的孟宪明多年研究顿悟这本"突破理论"就形如一个具有高度自动化精确运行的模具一般，变化莫测的股价在这个"突破模型"下神奇般地可以"规矩"运行，被一些老股民誉为"预测股价的神奇技术"。此外，他以"非梦"为笔名的其他股票技术的电子书，在互联网上流传多年，亦被股友多年来奉为投资秘笈，高价相求；他的"股市金龟"教学视频和技术亦让很多新股民茅塞顿开，成为他们踏入股市这个迷魂阵的引路人。我们期望可以搭建这样的平台和机会，让本书读者能够深入学习孟老师的这套技术。沟通的邮箱是 shouke@ duoshou108. com，网址是 www. doushou108. com 我们会请孟老师悉心回答您的疑惑，并从邮件交流的网友中选出部分网友赠送与突破理论有很深渊源的舵手经典"波浪理论高级教程"的经典图书一套，中奖名单会在我们的微信号和网站上同步公布。微信号是"duoshoutushu"（舵手图书）。

"深在此山中，云深不知处。"当你和每个中国资本市场参与者在这场探索之旅中，我们希望与你同行，用知识为航行掌舵。

挚友序言

突破理论的预测模型及实战工具，
是对股市传统分析理论的重大突破，
其视野开阔、视角独特、思路新颖、理论完整、研究深入、方法科学、威力巨大，
在理论的科学性和在实战中的实用性、有效性两方面都达到了无人涉足过的高度，
理念、方法、工具三方面高度的完善、惊人的和谐，
任何有幸看到它的人都将耳目一新、精神振奋，
它必将成为高端股市投资者股海夜航中的一座灯塔。
突破理论的预测模型及实战工具，
就像是一把打开众多投资者梦想之门的金钥匙。
进入这个宝库，
所向披靡的利剑就出现在大家的面前了，
紧紧握住这把可以改变被动命运的神奇的锋刃，
在金融市场中你们就可以攻城略地，
展臂迎来滚滚的财富，
失败的厄运将被抛到九霄云外，
美好的人生必会如影相随。

导　读

　　投资技巧作为一种知识成果，具有高度的含金量，但是，这种知识成果却得不到专利的保护。因此在世界上享有盛名的大投资家，都把金融投资方法作为极端的商业机密，甚至至死不宣，例如江恩。

　　江恩在53年的投资生涯中所取得的巨大的成功，对于全世界的投资者来说，不仅是一个奇迹，更是一个谜。

　　江恩曾在《股票行情与投资文摘》杂志编辑的严密监督下，于25个交易日里进行了286次买卖，其中264次赢利，交易成功率高达92.3%。江恩手中的资本在25个交易日中增值了10倍，平均交易时间的间隔为20分钟一次。在世界范围的金融投资领域中，在漫长的流年岁月里，这么优秀的实战成绩，始终无人能够超越。

　　而创造这项奇迹的实战方法一定是简单易行的，并能够在正常的情况下几乎可以百战百胜。这种实战方法，江恩铁嘴钢牙，至死也没有对外透漏只言片语，人为地制造了一个千古之谜。

　　作为金融技术分析领域中三大支柱理论之一的江恩理论，其智慧的核心与源头正如江恩自己所言，是《圣经》的启示。

　　像江恩一样熟读和感悟《圣经》的内容是进入江恩的市场预测王国的阶梯和捷径。

　　目前在图书市场中销售的有关江恩理论的书籍中，对已经成为千古之谜的江恩实战方法，无一破译和论述，究其原因，只有一个解释：写书的人没有深入到教会之中，更没有精心研究《圣经》，手中没有金刚钻，岂能包揽瓷器活！

突破理论预测模型及实战工具：波浪理论的创新与超越

笔者带着问题深入教会数年，熟读《圣经》近百次，终于领悟到在股票市场中，不管大盘好与坏，不管牛市或熊市，不管强势或弱势，只有一种方法可以百战百胜，那就是"突破理论"中的"方舟或祭坛"后面迎彩虹的战法（简称：任意三浪操作法）。

在《圣经》创世记第6章14~22小节中，神对挪亚说："你要用歌斐木造一只方舟，分一间一间地造，里外抹上松香。方舟的造法乃是这样：要长300肘，宽50肘，高30肘。方舟上面要留透光处，高1肘。方舟的门要开在旁边，方舟要分上、中、下三层。看哪，我要使洪水泛滥在地上，毁灭天下。凡地上有血肉、有气息的活物，无一不死。我却要与你立约，你同你的妻，与儿子、儿媳，都要进入方舟……好保全生命。"挪亚就这样做，凡神所吩咐的，他都照样做了。

在《圣经》创世记第9章，神与挪亚立约中，神晓谕挪亚和他的儿子说："我与你们和你们的后裔立约，并与你们这里的一切活物，就是飞鸟、牲畜、走兽，凡从方舟里出来的活物立约……我把虹放在云彩中，这就可做我与地立约的记号了。我使云彩盖地的时候，必有虹现在云彩中……这就是我与地上一切有血肉之物立约的记号了。"

在金融市场中，3、8、4、6、2、12、7、11、5等数字，即可以理解为整数，也可以理解为分数、小数；即可以理解为2分法、3分法和8分法，也可以理解为3角形、4边形、6边形；即可以理解为分、时、日，也可以理解为月、季、年。树立了这种变动扩展思维方法后，《圣经》创世记中的神谕挪亚的造船尺寸（300×50×30）我们就好理解了。（300×50×30）的结构可以简化地理解为（3×5×3）结构，等同于（3×3×5）结构。而接下来在《圣经》中出现的祭坛5-3-5结构和5浪下跌中有两次反弹的5-2结构也就不难理解了（圣迹：5饼2鱼）。

请参看例图导-01，画面中"倾斜三角形"后面的3-3-5平台形调整不就是《圣经》中神谕的方舟结构吗?!

例图导-01

再请参看例图导-02,画面中"倾斜三角形"后面的5-3-5锯齿形调整不就是《圣经》中神谕的祭坛结构吗?!

例图导-02

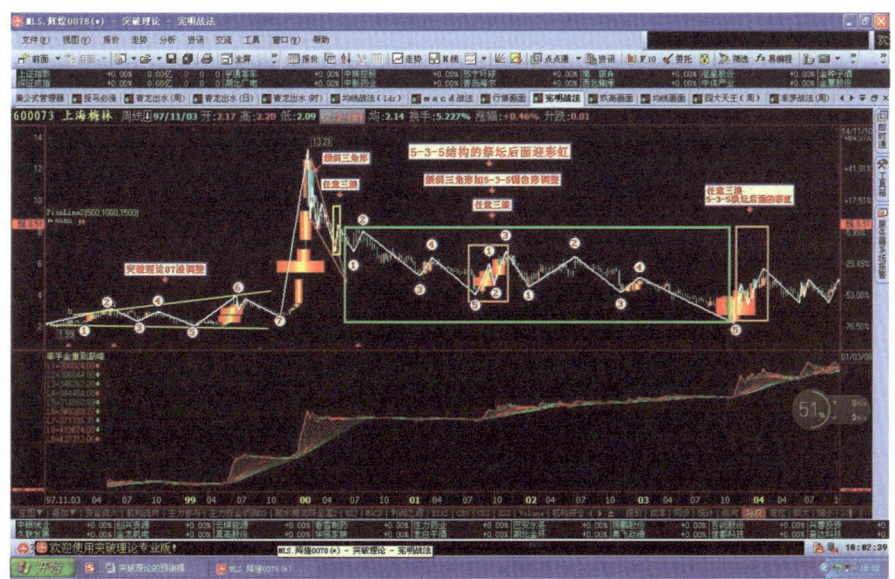

突破理论预测模型及实战工具：波浪理论的创新与超越

凡是在方舟或祭坛造好后进场的股民，你们都得救蒙福了！滔天的洪水过后，你们必能见到耸入云端的彩虹。神的立约必将兑现！义人因信而得生。

为了加深对彩虹的印象，请参看例图导-03。

美丽的彩虹悬挂在天空中，彩虹的尽头是连天的山峰。

例图导-03（日线图，全程含权）在周 K 线图上看起来不震撼的彩虹，放到日 K 线图上看看。

例图导-03

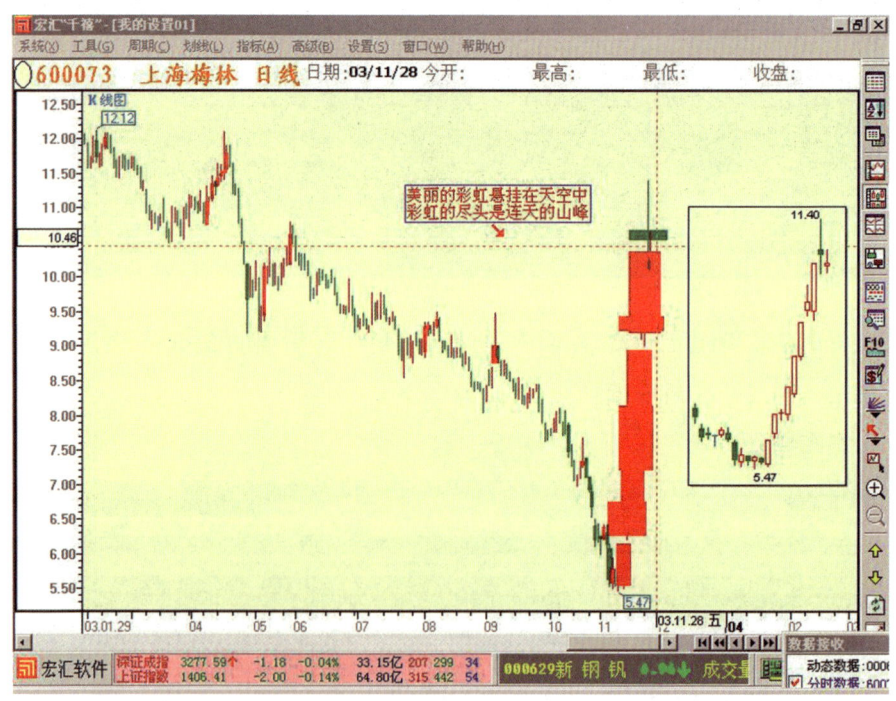

而这种方法，在没有对《圣经》深刻感悟之前，是不可能掌握的！江恩是虔诚的基督徒，其在金融市场中的智慧源泉和理论的核心全在《圣经》之中，他在实战中十战九胜，基本上成了常胜将军，说明江恩在实战中已经掌握了这种方法。而一个天大的笑话却是，这种秘籍战法的核心内容并不属于现传于世的江恩理论。

鉴于江恩交易时间的平均间隔为 20 分钟一次买卖，那么他使用的方法只能是迎彩虹战法中的第一套方案:"任意三浪操作法",而这种战法却属于突破理论的范畴。

例图导-04

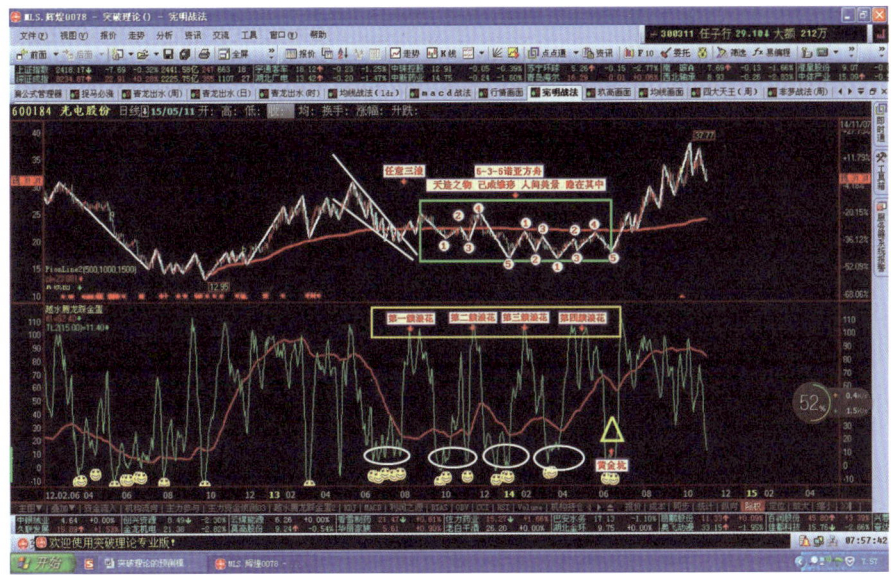

当你谦虚地静下心来,认真地读懂这本书的时候,险成千古之谜的股市实战秘籍你就真正得到手了。那时的你,"必像树栽于水旁,在河边扎根,炎热来到,并不惧怕,叶子仍必青翠,在干旱之年毫无挂虑,而且结果不止"(《圣经》第17-8)。

前　言

从波浪原理上了解艾略特先生的波浪理论是相当简单的，但要在股市的实战中应用波浪理论来不断地获取高额地、稳定的必得利润，那又是另一回事了。事情远不是大家现在想象的那么简单，柯林斯先生曾屡次建议艾略特先生不要过度公开他的发现。1957年艾略特的恩人柯林斯先生在写给博尔顿先生的一封信中提到："我认为对他的理论讨论得越少就越能证明它们是有效的工具。"在1963年柯林斯先生写给博尔顿的信中，他再次表达了这种观点。

当代卓越的艾略特理论专家普莱切特先生在其《艾略特名著集》中的前言里诚恳地写道："我发现在那些懂得波浪理论巨大价值并成功运用的人当中，大多数人尽全力保守波浪理论的秘密，许多波浪理论的学者多次要求我不要出版任何关于艾略特伟大的创新工作的材料，因为他们担心'太多的'人会开始在投资的时机中运用波浪理论，结果稀释了该理论的效用。我必须承认，我时常有第二种想法。波浪理论经常能以令人难以置信地准确地估计反转和预测目标价位，因此我仍然发现自己惊讶不已。作为一种解释不可思议且难以捉摸的市场的工具，它无可匹敌。"

从以上两段论述中，我们可以非常明显地感觉到在艾略特先生的波浪理论中，一定还蕴藏着惊人的可以产生巨大利润的商业秘密，而这些秘密如果不是业内的、真正的、实战型的波浪理论专家，恐怕多数世人终其一生亦无缘相识了。即使是我们现在能够了解的有关波浪理论的这些基本规则，也得感谢已故的A·汉密尔顿·博尔顿。如果不是他的才华，不是他坚定的职业精神，以及他对艾略特波浪理论的巨大推动，那么波浪理论很可能已经成为金融市场中只有极少数人了解和掌握的能使个人发家致富的秘密武器了。能

突破理论预测模型及实战工具：波浪理论的创新与超越

够有幸看到这本书的人，你们的股市前程已经福星高照了。

我今天将要把在实战中威力巨大的《突破理论的预测模型及实战工具》全盘摆放在你们的面前，而这些内容都是存在于波浪理论经典著作之外的创新材料。为了便于阅读，我特意为每个读者，准备了一个极具指导价值的"突破理论教学版"他是我配套培训班的一个绝密讲义，你们可以关注策划方"舵手图书"duoshoutushu的微信，跟客服免费索取。当你们真正看懂的时候，我恭喜你们要发财了；当你们应用突破理论预测模型所向披靡地驰骋于各个金融战场时，我为你们在理论的指导下进行的高智商战斗发出由衷的祝福，并给予你们这些敢于和自己不如意的命运相抗争的智者无止境的赞扬！

"突破理论"的崭新面孔就要介绍给大家认识了，请熟记它们的形态，以免在实战地操作中和这些股市的特号财神擦肩而过。

目 录

第一讲　调整浪的基本类型 …………………………………… 1

  一、锯齿形 ……………………………………………………… 1

  二、平台形 ……………………………………………………… 3

  三、三角形 ……………………………………………………… 5

  四、复合型 ……………………………………………………… 13

第二讲　突破理论的全部形态 ………………………………… 16

第三讲　复合型调整中的秘密 ………………………………… 46

第四讲　波浪理论的起源 ……………………………………… 56

第五讲　波浪理论的基本概念 ………………………………… 58

第六讲　波浪特性 ……………………………………………… 61

  一浪 ……………………………………………………………… 61

  二浪 ……………………………………………………………… 62

  三浪 ……………………………………………………………… 62

  四浪 ……………………………………………………………… 63

  五浪 ……………………………………………………………… 64

  A 浪 ……………………………………………………………… 64

  B 浪 ……………………………………………………………… 65

  C 浪 ……………………………………………………………… 65

突破理论的 X 浪 ·· 66

第七讲　波浪理论的铁律及规则 ·· 67
一、波浪理论的铁律 ·· 67
二、波浪理论的规则 ·· 68

第八讲　波浪理论的灵活性 ·· 70
一、延伸浪 ·· 70
二、终结倾斜三角形 ·· 70
三、失败形态 ·· 72

第九讲　实战中的跌幅和升幅预测 ·· 73
一、预测二浪底 ·· 73
二、预测三浪尖 ·· 74
三、根据一、二、三浪预测第四浪回调的深度 ·· 75
四、根据一浪和三浪预测五浪 ·· 76
五、调整浪的预测 ·· 77
六、常用比率的位置 ·· 78
七、浪形和面积的关系 ·· 79

第十讲　波浪与通道 ·· 80

第十一讲　斐波纳奇级数与比率分析 ·· 82
一、斐波纳奇级数 ·· 82
二、黄金比率与黄金矩形 ·· 85
三、黄金螺旋 ·· 88

第十二讲　比率分析及时间目标 ·· 89
一、比率分析 ·· 89
二、周期分析 ·· 90

第十三讲　波浪与成交量 ·· 102
一、放量的概念 ·· 102

目录

  二、一浪的机会与放量 …………………………………… 103

  三、二浪调整缩量 …………………………………………… 104

  四、二浪调整双谷缩量 ……………………………………… 104

  五、三浪颈线位突破时放量 ………………………………… 104

  六、三浪初单日量背离 ……………………………………… 104

  七、三浪末期强势量背离 …………………………………… 105

  八、五浪尖放巨量 …………………………………………… 105

  九、五浪尖单日量背离 ……………………………………… 105

  十、高位平台缩量 …………………………………………… 105

第十四讲　突破理论的分时波浪图（时机） …………… 107

第十五讲　突破理论形态的实战应用及工具 …………… 112

  一、股市中的所有反转形态所共有的基本特征 ………… 113

  二、价值连城的精确短线交易技术—Gartley "222" 简介 … 114

  三、分浪技法、0711 技法、222 技法正逆向转换的结论先阅 … 120

  四、越水腾龙能量线的五种形态 ………………………… 123

  五、大牛启动前的共性特征及系列伏兵工具 …………… 132

  六、突破理论 36 种形态图

    →0711 图→222 技法图的转换实例图对照 ………… 135

第十六讲　突破理论波浪周期的奥秘 …………………… 230

  一、突破理论七浪及十一浪的本质 ……………………… 230

  二、波浪周期突破点秘诀 ………………………………… 231

  三、例图群加深印象 ……………………………………… 234

第十七讲　关于突破理论的问答 ………………………… 254

  一、艾略特先生为什么在生前不能对突破理论

    产生明确和清晰的认识？ …………………………… 254

  二、问：波浪理论与突破理论有什么关系和区别？ …… 255

三、将突破理论用于实战要注意哪些问题？ ………………… 256

四、问：突破理论在实战中最重要的功能是什么？ ………… 256

五、问：用突破理论来指导实战操作，
　　　为什么可以在股市这个充满风险的市场中百战百胜？ ………… 257

六、问：突破理论在实战中有没有"傻瓜"式应用方法？ ………… 259

七、问：书中有不明白的问题，或者希望得到作者本人的亲自指导，
　　　如何与作者联系？ ………………………………………… 260

第一讲　调整浪的基本类型

燕子低飞蛇过道，大雨不久就来到。鱼鳞天，不雨也疯癫。日落三条剑，隔天雨就见。在中国的民间广泛流传着诸如此类的大量的有关气象的谚语。这些宝贵的气象预测经验是一笔巨大的精神财富，在日常的生产和生活中仍然起着很重要的作用。如同这些气象预测的宝贵经验一样，对金融市场的后市，我们同样可以进行预测，而进行预测的工具就是艾略特先生的"波浪理论"及"突破理论的36种调整形态"及"简化形态的0711"与"隐含在0711中的更简易的222技法"。在上升推动浪的第二和第四调整浪中，只会产生三浪的走势，而绝不会以五浪的形态出现。当一个与较大趋势相背离的五浪运动发生时，绝不会是调整浪的结束，而只是大一级的调整浪中的一部分罢了。二浪、四浪及A、B、C调整浪大致变化可以分成四种形态：

5－3－5形锯齿形调整（包括双锯齿形和三锯齿形）；

3－3－5平台形（包括延伸形）；

3－3－3－3－3三角形（包括上升三角形、下降三角形、收缩三角形、开放三角形）；

5－3－5－3－5模式的引导倾斜三角形及5－3－5模式的倾斜三角形（例图15－28）；

Z混合形（双重三和三重三）。

一、锯齿形

在多头市场即牛市中，锯齿形是以5－3－5十三浪的模式运行的，运行的方向与上涨的主趋势相反，调整结束后将顺应原来的上涨趋势。在熊市时，锯齿形仍是以 5－3－5 十三浪的模式运行，运行的方向与下跌的主趋势相反，调整结束后将顺应原来的下跌趋势。在牛市中，其 B 浪反弹的高点低于 A 浪下跌的起点，而且经常创新低。多头市场中的锯齿形调整，是以较简单的 ABC 三浪组成的，它的三个浪可以再细分为 5－3－5 小浪，即 A 浪有五小浪组成，B 浪有三小浪组成，C 浪由五小浪组成，B 浪的顶点明显低于 A 浪起始点的位置。

请参看例图 1－01。

例图 1－01

牛市锯齿形　　　　　　　　　　熊市锯齿形

在很多时候，第一个完整的调整三浪没能达到目标位时会发生两次或三次完整的调整浪（最多为三次），两个完整的调整浪之间由一个简单的任意三浪隔开。在八浪一周期的推动浪里，第二浪常常走出锯齿形调整浪，而第四浪很少如此。最多见的调整浪请参看例图 1－02。

例图 1－02

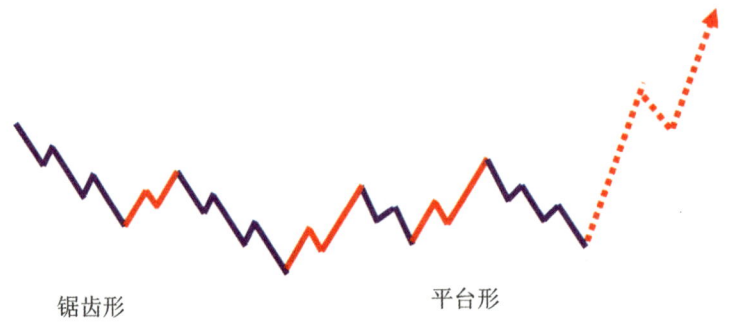

锯齿形　　　　　　　平台形

二、平台形

平台形是以3－3－5十一浪的模式运行的,这一点有别于锯齿形的5－3－5十三浪形态。平台形调整经常出现在上涨趋势强劲的延伸浪之后,调整的时间较短,A浪由于欠缺足够的做空能量,因此下冲时只能形成三个小浪。B浪可以一路攀升直逼A浪的起始点,而C浪也会在稍低于A浪底的价位结束调整。平台形与锯齿形的最大区别在于,平台形调整的波动幅度较大,B浪反弹的高度往往与A浪起点等高,或超越A浪起点。在实战中平台形调整较为少见,平台形调整可视为强势调整。从整体上说,平台形调整浪对推进浪底调整程度要小于锯齿形调整浪。主趋势积蓄的能量越大,平台形调整浪可信度越高。换而言之,平台形调整浪多发生在超强的市场运行过程中。平台形调整浪又可再分为四种类型:第一是普通平台调整,B浪刚刚升至A浪开始的地方;第二是超越调整浪,B浪超越A浪起始点,而C浪则跌破A浪的底;第三是内含调整浪,B浪只升到A浪开始的地方,而C浪则不能跌破A浪的底;第四是顺势调整浪,B浪远远超过A浪开始的地方,此种形态表示后期走势会极为强劲。

请参看例图1－03。

例图1－03

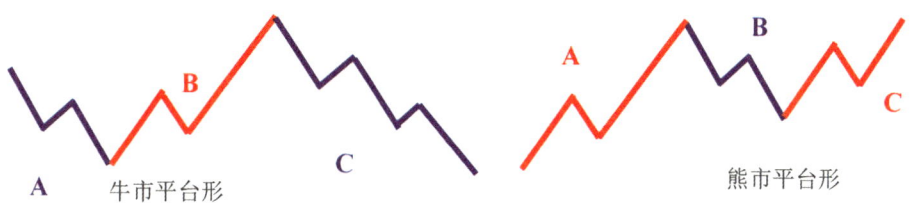

普通平台调整,B浪刚刚升至A浪开始的地方。

例图 1-04

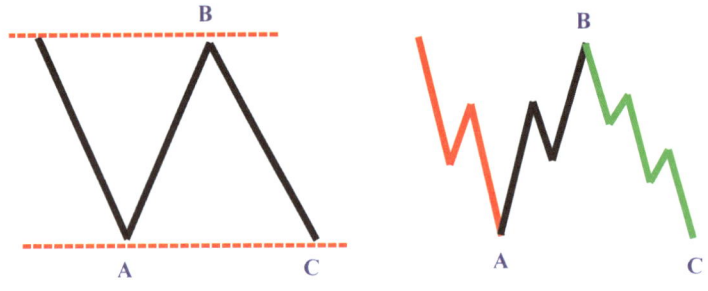

超越平台调整，B 浪超越 A 浪起始点，而 C 浪则跌破 A 浪的底。

例图 1-05

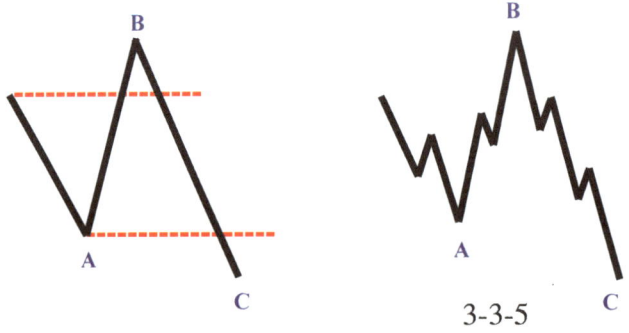

内含平台调整。

例图 1-06

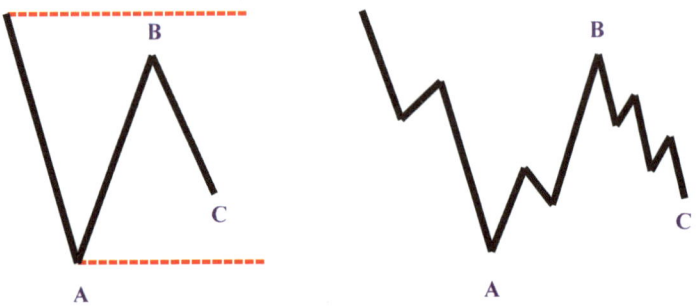

平台形调整还可以用扩张形和强势形两种形态来分类。其特点为：扩张形和强势形的B浪都高于A浪起始点，而扩张形的C浪低于A浪底，强势形的C浪底则结束在A浪之内。

三、三角形

三角形调整的标准形态〈3—3—3—3—3〉

波浪运动时常会以三角形的形态向某一点逐渐收缩，或者从某一点逐渐扩展，这种结构非常重要，因为三角形的第五条腿出来以后，趋势会立即朝着腿2的方向发展。三角形是以3—3—3—3—3的模式波动，其变化的体态分为两种：收敛三角形和开放三角形（喇叭形）。

在收敛三角形中，有三种类型：

对称三角形、上升三角形和下降三角形；

在开放三角形（喇叭形）中，也有三种类型：

顶边上升、底边下降的喇叭形和顶边上升、底边也上升的喇叭形要特别关注的是第三种，即在历史底部和低价股中出现的支撑线沿水平方向移动的直角开放三角形，这种形态是大牛股的卧槽阶段。

在7浪或11浪一周期的"突破理论"中，三角形调整浪频繁地出现在调整地开始和结尾两个阶段；而在上升趋势的八浪为一周期地股价运动中，三角形调整浪经常出现在第四调整浪和B浪反弹中，C浪或C5浪的末端也经常出现三角形调整浪，但在第二浪中极为罕见。也就是说，在以八浪为一周期的波浪理论中，三角形调整形态经常出现在五浪之前。三角形的走势基本上属于横盘巩固形态，等待后市的突破。三角形整理形态是按照重复形式的五个小浪出现的，其中每一浪都可以再分为小一级的三个小浪。这是因为成交量逐渐萎缩，价格的波动也随之减小而造成的。下面举的三个例子都是三角形调整结束后要向上运行的,一般指第五浪,而且向上运行具有快速冲刺的特征。三角形调整浪总是在大一级模式中的最后一个推动浪之前的位置出现,并且三角形调整浪经常会作为复合型调整浪中的最后一个调整模式出现,也就是说三角形调整浪往往是四浪调整的一部分,整个第四调整浪经常是双重三浪或三重三浪。

1. 对称三角形

压力线逐渐下移,支撑线逐渐上升形成该图形。

收敛三角形在实战中是否向上突破,是由进入整理状态之前的股价走势决定的。在上升五浪中,股价进入整理状态后,则后势继续上涨;在A、B、C修正浪中进入整理状态,则后势继续下跌。

请参看例图1-07。

例图1-07

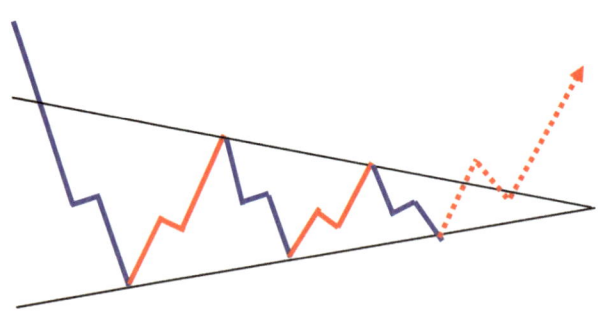

对称研角形(顶边下降,底边上升)

2. 下降三角形

概念:压力线(斜边)向下倾斜,支撑线呈水平方向。

实战:此种形态一出现,股价下跌的机率大于70%。但如果在历史性的底部出现该种整理形态,应把它称为多重底,不应再称为下降三角形。请参看例图1-08。

例图1-08

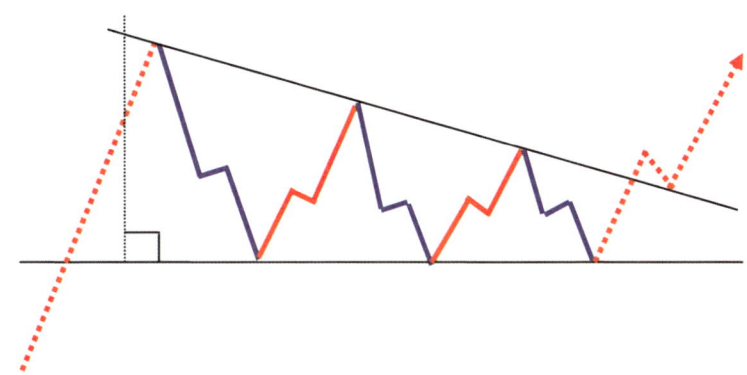

下降三角形（顶边下降，底边水平）

3. 上升三角形

概念：压力线呈水平方向，支撑线（斜边）向上倾斜形成该图形。

实战：这种图形一旦出现在二浪底和四浪调整的末端，股价毫无疑问的会向上突破。请参看例图1-09。

例图1-09

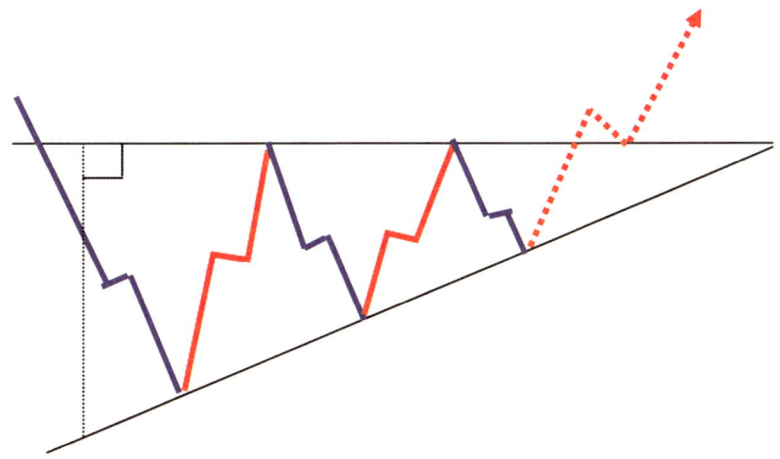

上升三角形（顶边水平，底边上升）

4. 开放三角形

概念：压力线逐渐上行，支撑线逐渐下行形成该图形。

特点：开放三角形通常出现在股价的顶部，往往预示着振荡出货。这种形态的出现是一种危险形态。如开放三角形出现在一轮大行情的顶部，那就预示着股价在三角形的第五条腿走完后将发生惨烈的暴跌，这种出现在股价顶部的开放式三角形的形态称为图形中的头号恶魔例如下图所示。请参看例图 1－10。

例图 1－10

在例图 1－11 中顺便对上海大盘的后期走势作了一次预测，03 年 11 月 10 日上海大盘将下跌到 1319 点。这张图做于 2003 年 7 月，请参看下面三张例图：

例图 1—11

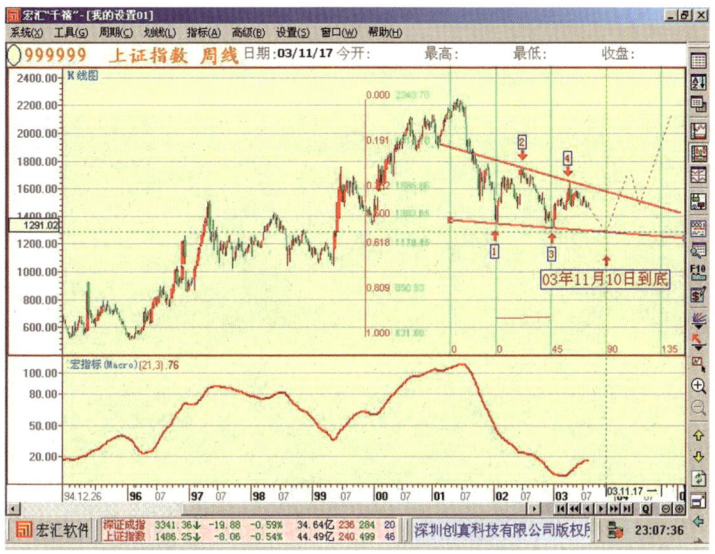

结果如何呢？请参看例图 1—12。

到了 2003 年 11 月 10 日时，上海大盘下跌到 1322 点与预测值 1319 点仅差 3 点。甚至连下跌的斜率也分毫不差。

例图 1—12

突破理论预测模型及实战工具：波浪理论的创新与超越

接下来再看。

例图1－13

在实战中要特别关注的一种形态为直角开放式三角形，这种形态如果不是出现在行情的顶部而是出现在底部，特别是出现在低价股的历史底部（多重底），则往往预示着后势将产生一次很大的行情。这种直角开放式三角形的形态称为图形中的第四号财神请参看例图1－14。

例图1－14

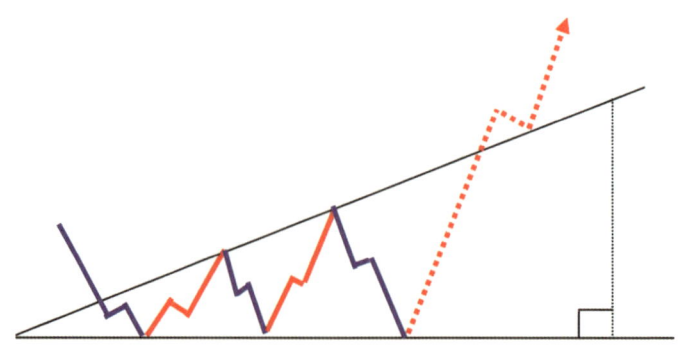

开放三角形1（顶边上升，底边水平）

在二浪、四浪位置时。

例图1-15

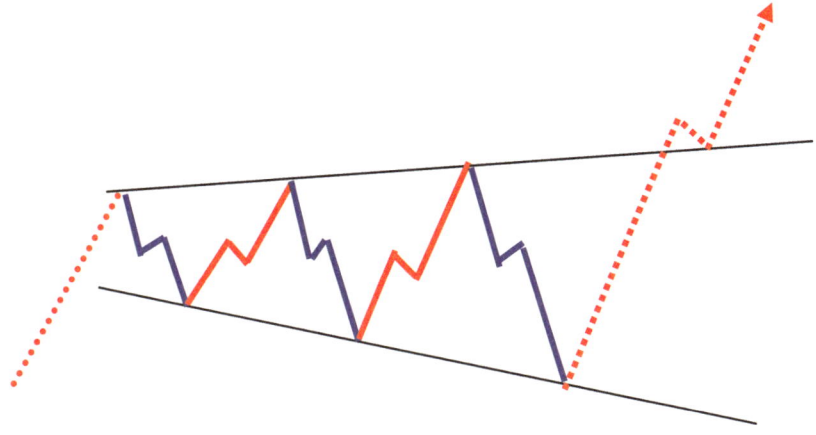

开放三角形2（顶边上升，底边下降）

在一浪尖、三浪尖、五浪尖位置时。

例图1-16

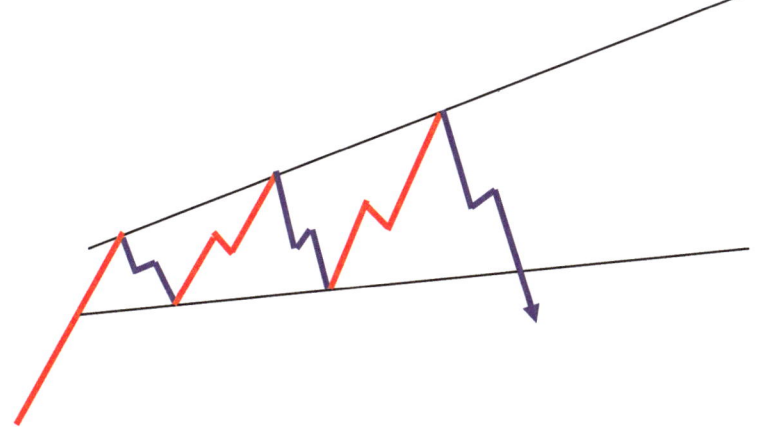

开放三角形3（顶边上升，底边水平或上升）

5. 倾斜三角形

例图 1－17

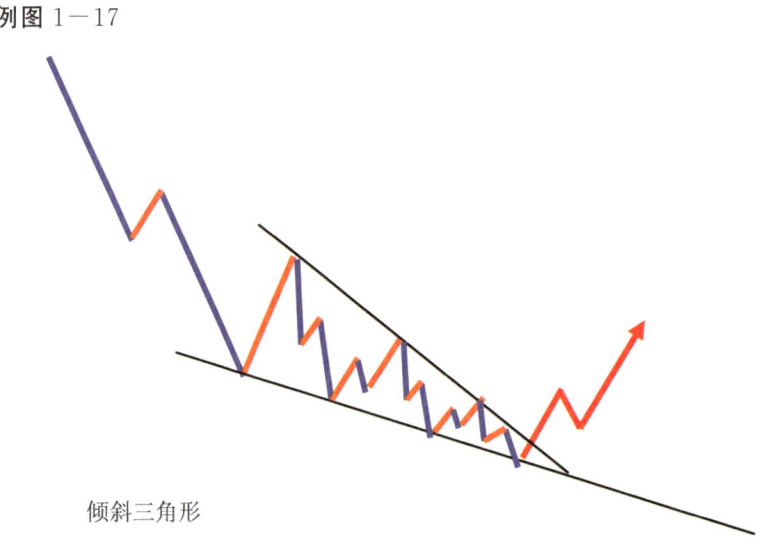

倾斜三角形

倾斜三角形往往不是以推动浪的形式出现，在倾斜三角形中，第四浪总会进入第一浪的价格领地，这在波浪理论中是惟一的一个特例。终结倾斜三角形往往出现在第五浪的位置上，有时也出现在 C 浪的位置上。在任何情况下，它们总能够在较大浪级的终点找到。终结倾斜三角形可以将三顶和三底联接成一个楔形，在终结倾斜三角形的后面，尤其是 C5 浪下跌的末端，经过突破理论的 36 种形态之一的调整，股价将会发生趋势上的重要逆转。而在八浪一周期的波浪理论中，倾斜三角形的第五浪通常在翻越中结束，也就是对连接一浪和三浪顶点的趋势线的短暂突破。发生在五浪尖的上升倾斜三角形是代表下跌的，不管是第五浪发生了延长浪，还是出现了衰竭的第五浪，加上倾斜三角形，都在向我们暗示同一个讯息，惊心动魄的趋势反转近在眼前了。当倾斜三角形出现在五浪或者 C 浪的位置时，不单有 3－3－3－3－3 模式的倾斜三角形出现，还会出现一种崭新的模式，即 5－3－5－3－5 结构的特殊三角形，我们把它叫做"引导倾斜三角形"。如下图所示：请参看例图 2－18。

例图 1-18

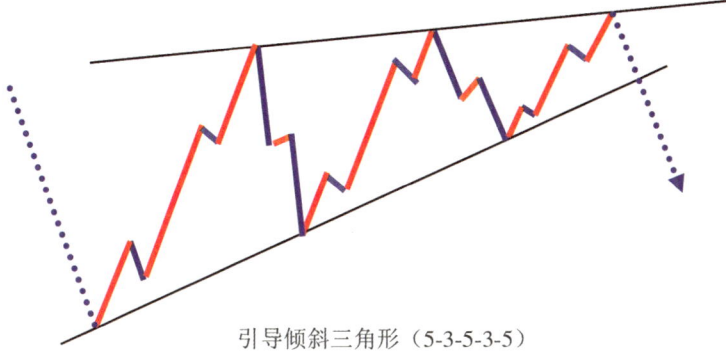

引导倾斜三角形（5-3-5-3-5）

四、复合型

复合型即锯齿形、平台形和三角形的复合体。此种形态反映市场正在等待时机，伺机向上进行突破。双三和三三分别由 7 条腿和 11 条腿组成（如果其中一个三浪呈三角形形态则多两个浪）。在大部分情况下，复合型调整浪的特性是水平的，但在中国股市的实践中我们频繁发现整个形态会以底部不断抬高为特征，由左向右逐渐倾斜，不管是双重三浪还是三重三浪，三角形形态决不仅仅只发生在复合型调整的最末端。在双重锯齿形调整浪或三重锯齿形调整浪中，第一个锯齿形调整浪极少大得足以对先前的波浪形成充分的价格调整，但是在其他类形的复合型调整浪中，第一个简单的模式通常就产生了充分的价格调整。双重或三重的调整模式主要是为了在价格目标基本达到后，延长调整过程的持续时间。在中国股市中，有时需要额外的时间是为了等待大势的配合或政策的配合。因为一个三重三浪只会产生 11 个浪，而且调整的时间永远不会大于三重三浪。股市中的这种特性，就为我们判断突破提供了最佳战机。虽然我们从技术上可以知道，任何一支股票经过底部的充分调整后都会上升，但是如果没有了双重三浪和三重三浪，我们在判断突破时就会陷于茫然。请参看例图 1-19，1-20。

例图 1-19

双重三浪

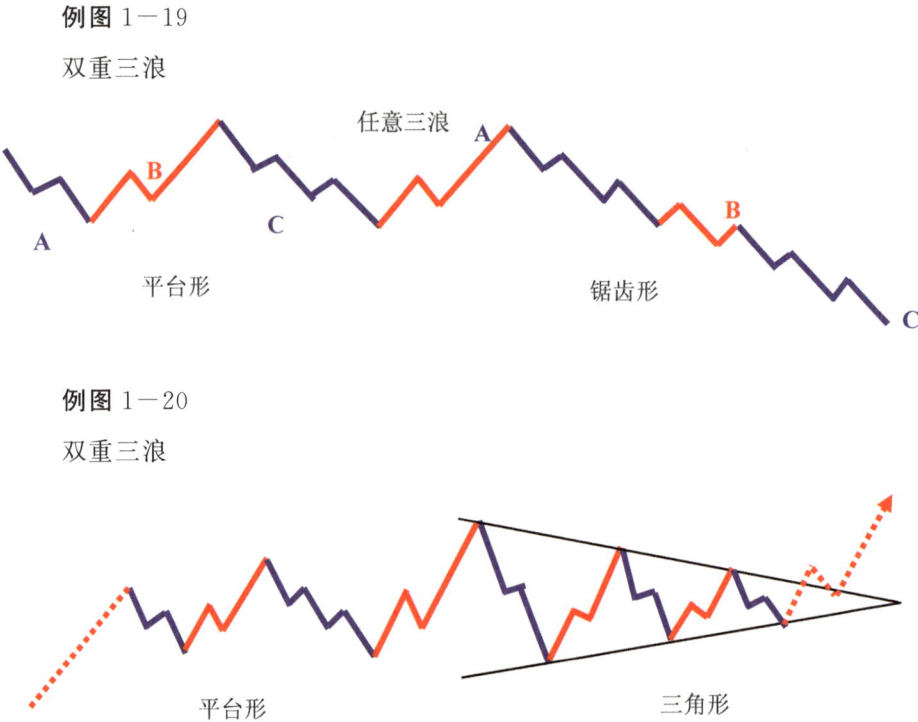

例图 1-20

双重三浪

　　人类的形态模式是 5-3-5-3 形，从躯干开始有 5 个突出部分：头、两条手臂、两条腿。手臂和腿可细分成 3 截，手臂和腿的终点可细分为 5 个手指和 5 个脚趾，每个手指和脚趾又可细分为 3 截。这个模式与波浪理论的一浪到四浪刚好吻合。调整形态中的平台形和锯齿形的模式又刚好是 3-3-5 和 5-3-5。宇宙的造物是多么神奇！

　　双重横向调整浪由 7 个浪组成，三重横向调整浪由 11 个浪组成。不管是 7 个浪还是 11 个浪，针对上升趋势来说，横向调整浪永远是以向下的浪作为结束浪，它出现在第 7 浪或第 11 浪上，换句话说，第 7 浪和第 11 浪永远是方向向下的浪。三角形整理多数情况下由 5 个浪组成，而它的每一浪经常会由 3 个小一级的浪组成。当然，在第三浪和第五浪经常会出现多于 3 个浪的情况，也就是说三浪和五浪会发生延伸浪。在确定三角形结构时，主要是通过顶和顶、底和底两点间绘制的直线来确定三角形的轮廓。三角形的第五浪除非规模很小时例外，通常都会找出 3 个小浪来。在三角形的第五条腿之后，形势

第一讲　调整浪的基本类型

发生逆转，开始向上攻击，并且这种攻击通常会走成五浪。

锯齿形调整浪不会变长，但它会扩大成双重调整，也就是说在调整中会出现复合调整浪。所有的调整运动无论属于何种浪级，都有 A、B、C 3 个浪组成，而且它的运行趋势会和主趋势相反。

从调整浪的形态我们可以对股价的后市走势作出初步地判断：

在锯齿形或双锯齿形调整浪之后，市场的趋势会继续上升，但上升的强度等级属于中级；

在平台形调整浪及不规则的调整浪（超越和内含）完成以后，由于调整幅度较小，后市的上升力度较强，等级属于高级；

如果出现了顺势调整，可以看到市场形势根本拒绝向下调整，显示后市将会极为强劲。

突破理论预测模型及实战工具：波浪理论的创新与超越

第二讲　突破理论的全部形态

一个激动人心的时刻马上就要到来了，突破理论的全部形态就要展示在你的面前了。这些形态的出现完全颠覆了金融市场中技术分析的传统思维，认识这些形态、熟悉这些形态、掌握这些形态、应用这些形态，将使你的股市业绩、期货业绩、外汇交易业绩得到令人震惊的提高。你在学习中付出的努力将会得到硕果累累的回报。

突破理论的形态出现在金融市场中的所有规格的调整浪中，不管是宏观波动还是微观波动其规律都是清晰可辨的（备注1），尤其是在 C 浪结束以后，在股市低迷大盘指数屡创新低的时候，它能使我们准确预测到未来的股价走势、期货走势、外汇走势，并能不断地、频繁地捕捉到获利的机会。

备注1：在"道氏理论"中，把在金融市场上出现的微观波动视为杂波和无规律可循，其在哲学上就显现得黯淡无光了。伟人毛泽东在《矛盾论》中告诉我们："人的认识物质，就是认识物质的运动形式，因为除了运动的物质以外，世界上什么也没有，而物质的运动则必取一定的形式。""就人类认识运动的秩序说来，总是由认识个别和特殊的事物，逐步地扩大到认识一般的事物。人们总是首先认识了许多不同事物的特殊的本质，然后才有可能更进一步地进行概括工作，认识诸种事物的共同的本质。当着人们已经认识了这种共同的本质以后，就以这种共同的认识为指导，继续地向着尚未研究过的或者尚未深入地研究过的各种具体的事物进行研究，找出其特殊的本质，这样才可以补充、丰富和发展这种共同的本质的认识，而使这种共同的本质的认识不致于变成枯槁的和僵死的东西。这是两个认识的过程：一个是由特殊到一般，一个是由一般到特殊。人类的认识总是这样循环往复地进行的，而每一次的循环（只要是严格地按照科学的方法）都可能使人类的认识提高一步，使人类的认识不断地深化。""矛盾的普遍性或绝对性这个问题有两方面的意义。其一是说，矛盾存在于一切事物的发展过程中；其二是说，每一事物的发展过程中存在着自始至终的矛盾运动。"而不管是宏观运动还是微观运动都是有规律可循的，都是可以被人们所认识的。请看下面随意抓出的 5 个例图，（从例图 2—01 到例图 2—05）。

第二讲　突破理论的全部形态

例图 2－01

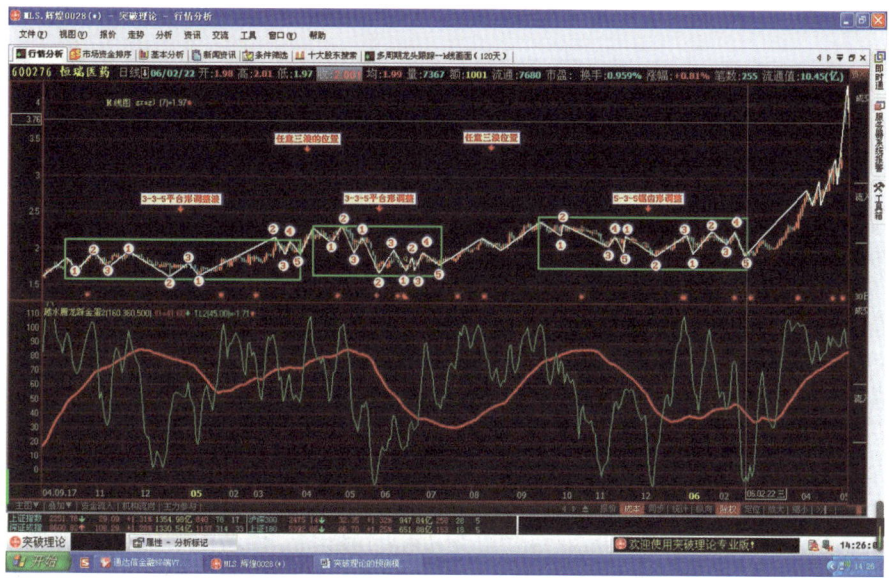

例图 2－02

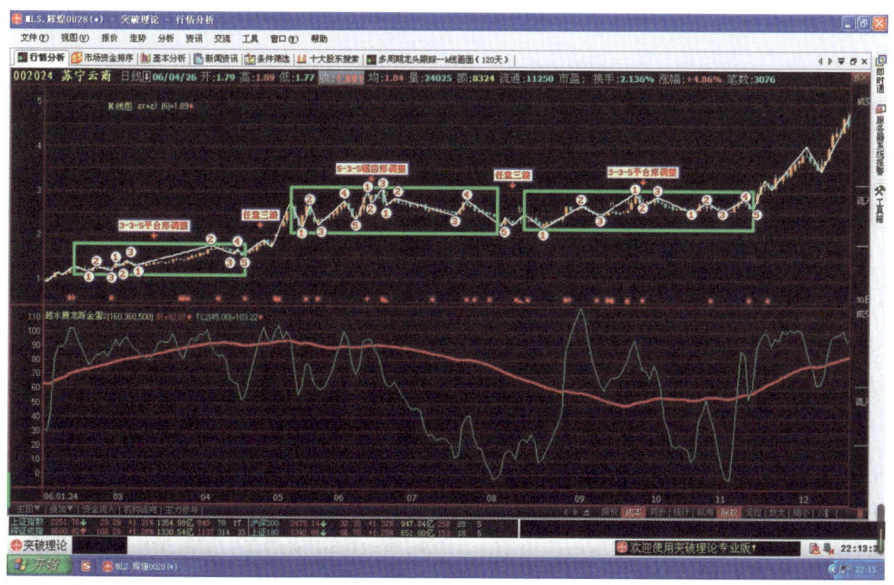

突破理论预测模型及实战工具：波浪理论的创新与超越

例图 2—03

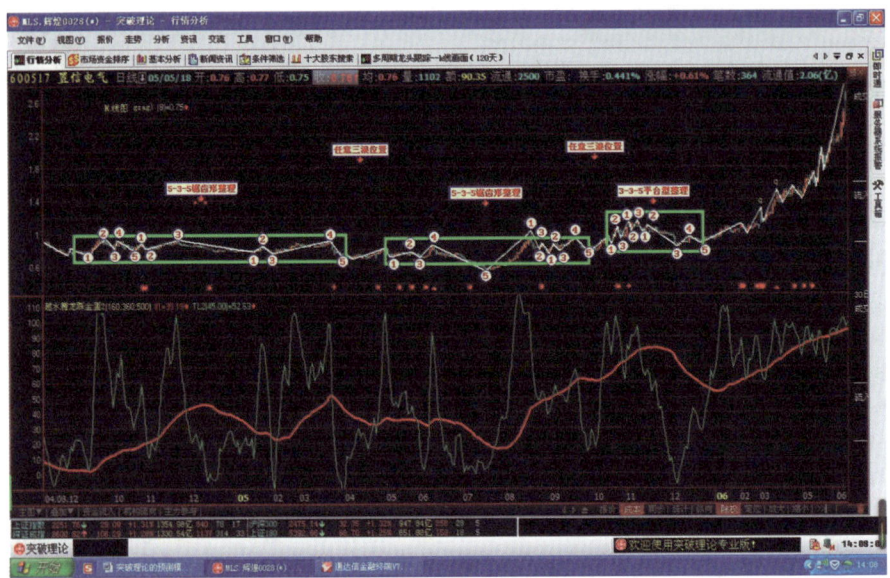

例图 2—04

第二讲　突破理论的全部形态

例图 2－05

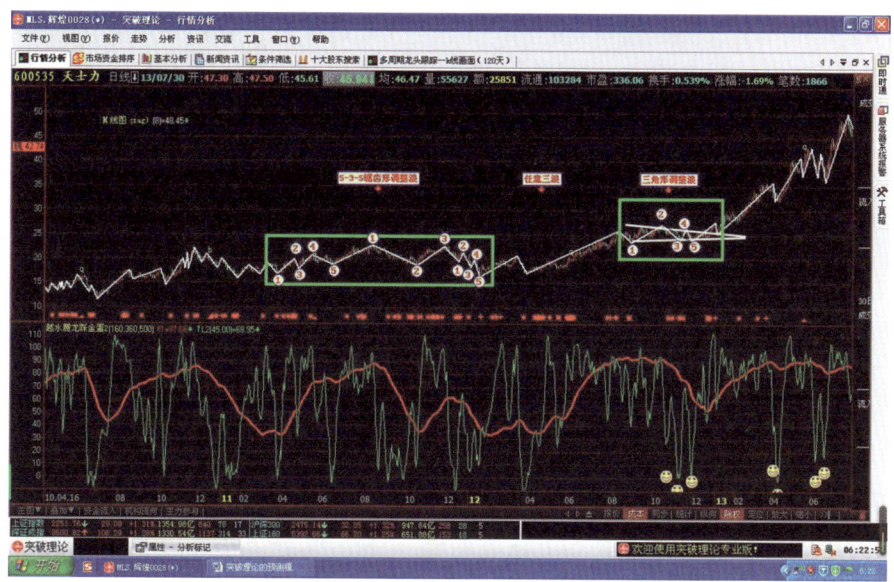

股市中的微观波动呈现出多么神奇的规律性，这种波动的规律性并不是偶然的特例，而是普遍存在于股市的每一只股票中。认识到这一点极其重要。用 TICK 图及各个时间周期的分钟 K 线对照突破理论的 36 种形态寻找和等待任意三浪的出现和飙起是一件多么有趣的事情。当 3－3－5 平台形整理出现时，小 2 浪、小 1 浪、小 3 浪及随后的小 5 浪调整中的 2 小浪和 4 小浪都是上行的，当 5－3－5 锯齿形整理出现时，小 2 浪、小 4 浪、小 1 浪、小 3 浪及随后的小 5 浪调整中的 2 小浪和 4 小浪都是上行的。在 T＋0 的市场中，众多机构一旦把这种形态特征做成程序化获利工具，并占有一定的市场份额以后，市场的格局将发生翻天覆地的颠覆性变化。但好在经典结构不会改变，市场交易行为的改变只会改变经典结构的波动周期而不会改变其结构形态并且是强者相遇快者胜。在未来程序化交易成为主流的市场中众多的高端股民，只有一条最可靠、最安全的生路，牢记经典结构，获取预测能力，智慧改变命运，终生自强不息。

当我们用常规的方法对后市的预测出现失误时，通过突破理论的 36 种形态，我们就能够立刻知道股市变化的另一种运行模式，并在第一时间以最快的速度应变。由于我们有 "07、11" 的法宝对突破点有准确的判断，在一般

突破理论预测模型及实战工具：波浪理论的创新与超越

情况下，我们的持仓获利周期等同于"任意三浪"的周期（即选用"富翁型操作法"、"小康型操作法"、"温饱型操作法"三种方法中的小康型进行实战操作），而"任意三浪"在突破理论的一个完整的复合型调整模式中最多可以出现三次。也就是说，在一个完整的复合型11浪调整中，我们有3次稳定的短线盈利机会。尤其是在目标股中，两个分浪图之间任意三浪的位置与七浪、十一浪之中的一浪、三浪、五浪、七浪、九浪、十一浪的任意1个浪产生共振时，这种可以稳定获利的机会是万万不可错过的。

市场中每一只牛股的出现都不会逃过我们的监测（突发利好、重组除外），在股价还没有启动的时候，我们能准确地知道哪只股票能成为市场的牛股，并能极其准确地预测它的涨升高度和调整深度（备注2）。在日常操作中，我们惊奇地发现，在两个波浪理论的八浪周期之间，突破理论的形态都会出现，而正是由于突破理论形态的出现位置决定了在七浪和十一浪的末期，不容置疑地都会出现股市的大涨、期货的大涨、外汇的大涨。真正明白了这个道理的人都已经跨入了专业的股市投资者的大门。

备注2：悟道与应用

股市的正常情况下，99%的股票的顶和底是可以极其准确地进行预测的，那又为什么多数人在股市赔钱呢？问题首先出在思想方法上。在现实生活中我们经常听到的一句赞扬的话是：×××的悟性很好。那什么是悟性呢？"悟"就是在全面领会的基础上，进行多学科、多领域、多角度、多层次、多渠道、多方面、多时段、多因素、多方法、多关系、多属性的综合研究。悟道是一个渐进的过程，每个人在渐进过程的应用中，面对的是多变的、复杂的事物和环境，但在一切事物的发展和变化之中，只要注意把握好事物的核心之处，即可以领略应用时的梗概。这个核心，就是"古易"之精髓——也就是事物的阴阳两极，现在称之为对立统一规律。牢记这一点，再加上精心策划、细致运行，就极有可能谋事在人、天遂人愿。如何把握各类事物中的核心"两点"呢，那就要应用毛泽东哲学巨著中的矛盾论的观点，对一切事物中的矛盾的双方，诸如生命活动中的生和死，情感活动方面的爱和恨，养生之道中的动和静，农业生产领域中的种和收，企业运营方面的产和销，国画艺术着墨的浓和淡，油画艺术构图的明和暗，歌唱艺术演艺时的声和情，中医治疗技法的补和泻，军事谋略方面的进攻和防守，待人处事方面的言语和行动；股市走势方面的上涨和下跌……进行深入的探索和研究，把握住了这一点，就是把握住了世上万事万物的本质和关键。

悟道后的思维方式

我们所做的每件事情都存在发生意外的可能性，我们习惯上把它称之为"风险"，而"风险"可分为客观风险和认知风险两种。认知风险是意识的产物，是我们的头脑对客观风险的反应，可以解释为对未来可能发生的事情的一种想象、一种假设、一种预测。所谓经验丰富，就是对身边的不同事物的矛盾双方的深刻认识及这种认识的大量积累。电视中曾播出了一起宝马车闯红灯撞人后逃逸的画面。受重伤后死亡的人在横穿人行横道前，先用手按亮了阻止机动车通行的红灯，之后就走入了人行横道，也没有往两边看是否有正在疾驶而来的车辆，于是惨剧发生了。"红灯停、绿灯行"这条交通规则虽然妇孺皆知，但并不是社会上的每个人都遵守。在规则、法律、纪律、制度面前，你本人遵纪守法不等于其他人也都遵纪守法，对那些有着身分优越感、藐视行人生命、撞死人都敢逃跑的司机而言，红灯对他是没有作用的！如果你有较强的风险意识，思想成熟，那么在横穿马路之前你就会在"客观风险"面前，从主观的"认知风险"中意识到，在"汽车和行人"这一对矛盾中，主要矛盾一方在汽车，风险的有无和风险的大小取决于汽车而不是行人。正是"认知风险"上存在的这个误区导致了这个年轻人的死亡！从这起交通事故中，我们应该沉思并汲取血的教训，用下面三句话来表述就是：

时刻牢记两点论，主次分清辨矛盾。

规律规则要熟知，观察对方认不认。

强势一方违规行，躲避礼让别较劲。

这是人间的正道，亦是股市的正道！

人的正确思想不是从天上掉下来的，也不是生来固有的，人的正确思想只能是客观世界的规律和变化在我们头脑中的正确反应。在股票市场中，"客观风险"和"认知风险"这对矛盾是时刻存在的，面对瞬息万变的股市，探索是没有终点的。伟人毛泽东教导我们说：通过实践而发现真理，又通过实践而证实真理和发展真理，从感性认识而能动地发展成理性认识，又从理性认识而能动地指导革命实践，改造主观世界和客观世界。实践，认识，再实践，再认识，这种形式，循环往复以至无穷。而实践和认识之每一循环的内容，都比较地进入高一级的程度。所有停止的观点、僵化的观点、悲观的观点、无所作为的观点，懦夫的心态、懒汉的习惯之所以必须拒绝和改变，因为它们的后面是失败与贫穷！

一个人在股市中的赢利水平的高低，主要取决于他善不善于抓住决定股价运动的主要矛盾和主要趋势。

那么如何抓住主要矛盾，如何辨认主要趋势呢？第一步就从认识股市涨跌的运动形式开始吧！

考虑到本书面世后，将会作为工具书，人手一册并终生不弃地出现在每一位崇拜并应用波浪理论的股民的案头和床头，故在第一讲中删去了36种调整形态后的股市例图，以期简洁、明快的视觉感受，并建议把突破理论的36种调整形态用彩图显示，以便于大家在实战时的选型及对照，特此说明。

1. 倾斜三角形加平台形调整

例图 2－06

△平

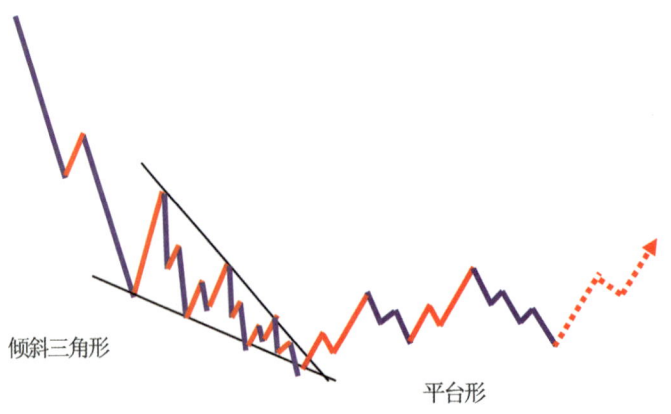

2. 倾斜三角形加锯齿形调整

例图 2－07

△锯

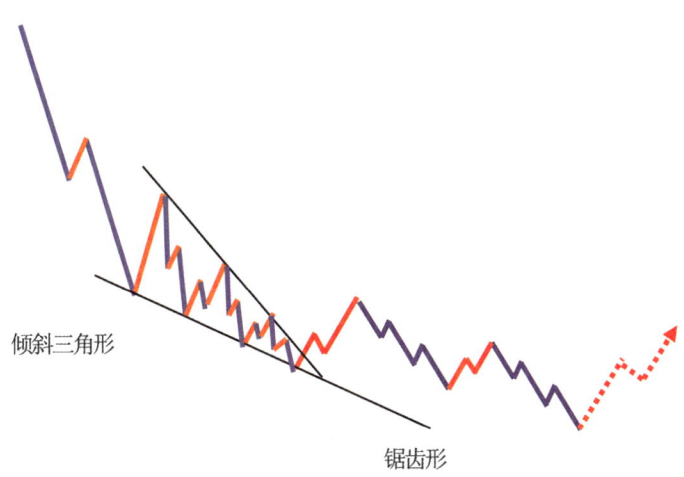

例图 2－08

△锯

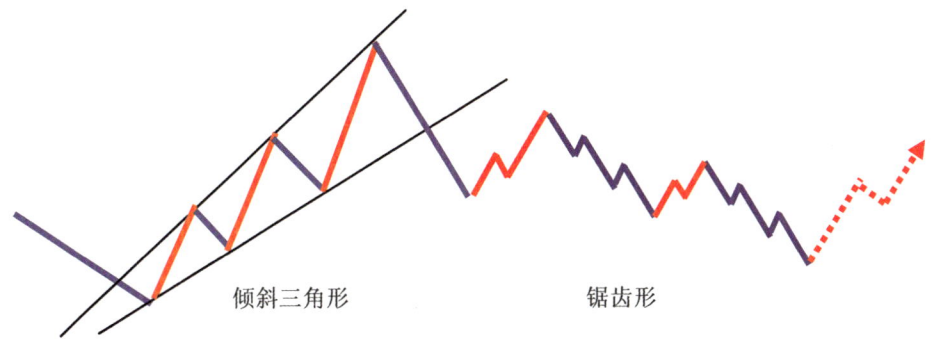

3. 倾斜三角形加三角形调整

例图 2—09

△△

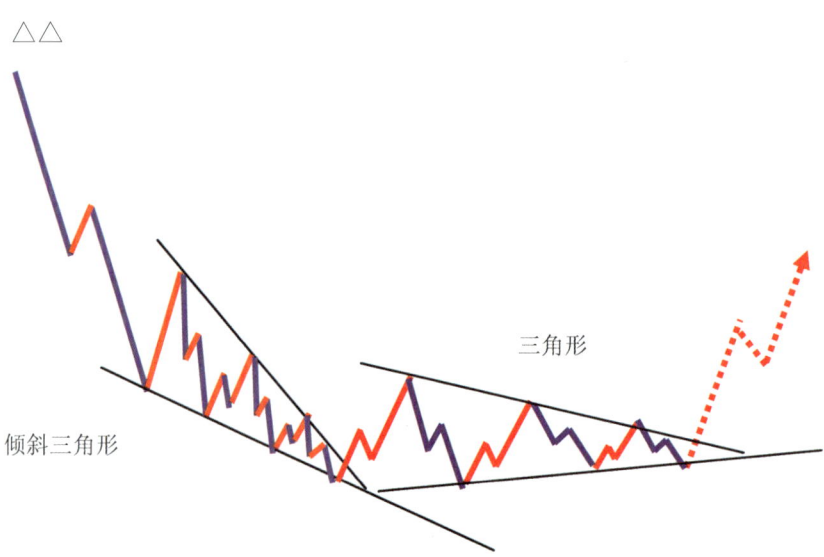

4. 倾斜三角形加双平台形的复合型调整

例图 2—10

△平平

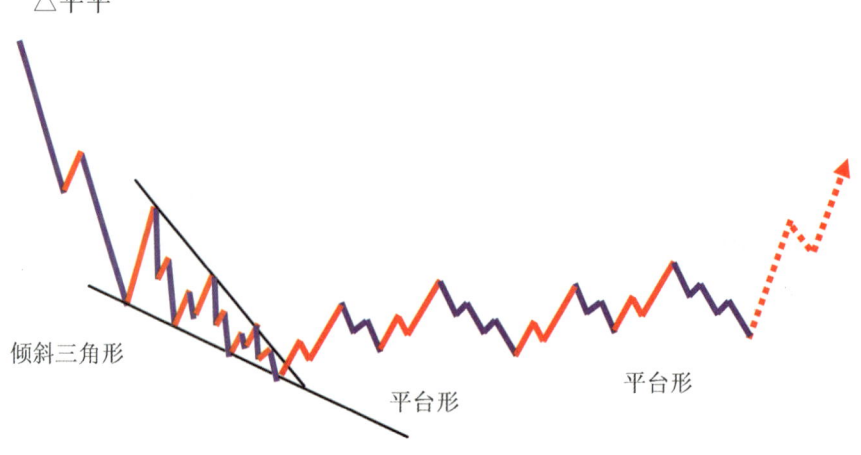

5. 倾斜三角形加锯齿形加平台形的复合型调整

例图 2-11

△锯平

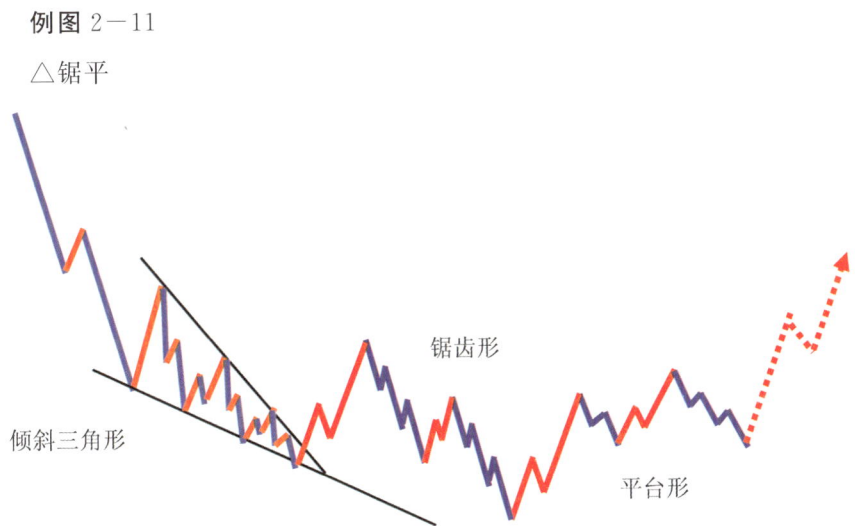

6. 倾斜三角形加三角形加平台形的复合型调整

例图 2-12

△△平

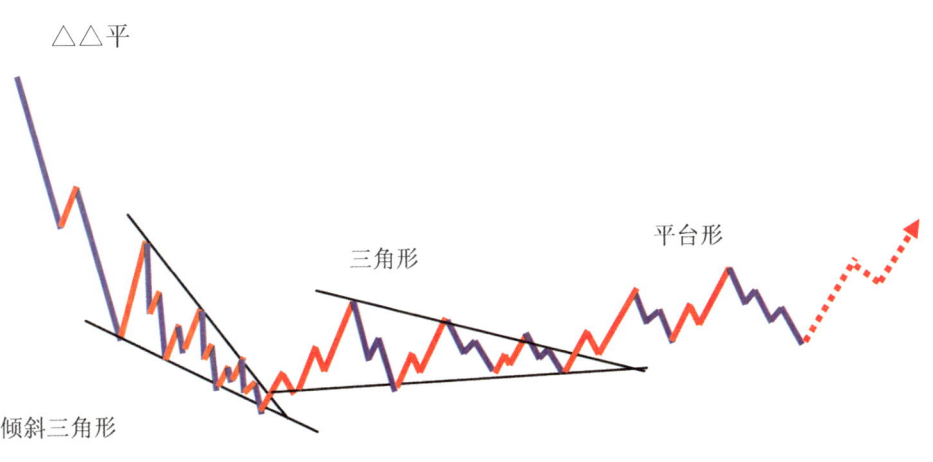

7. 倾斜三角形加平台形加锯齿形的复合型调整

例图 2—13

△平锯

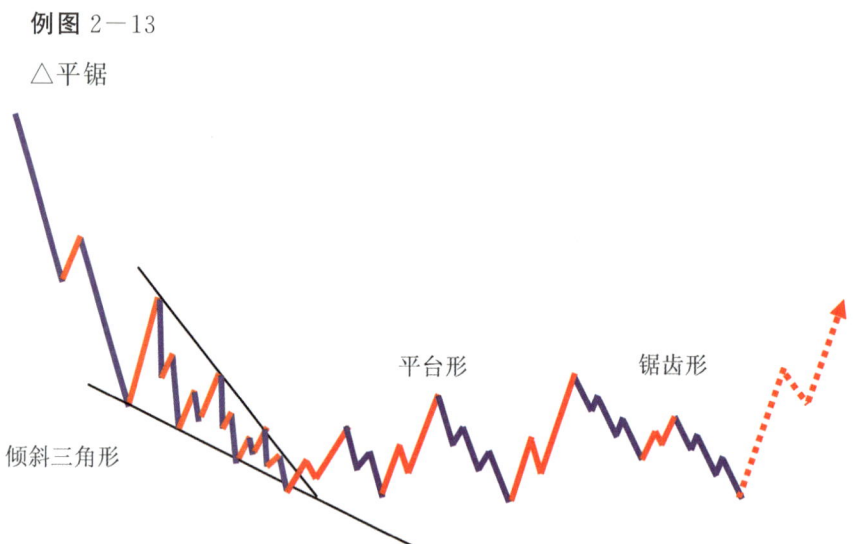

8. 倾斜三角形加双锯齿形的复合型调整

例图 2—14

△锯锯

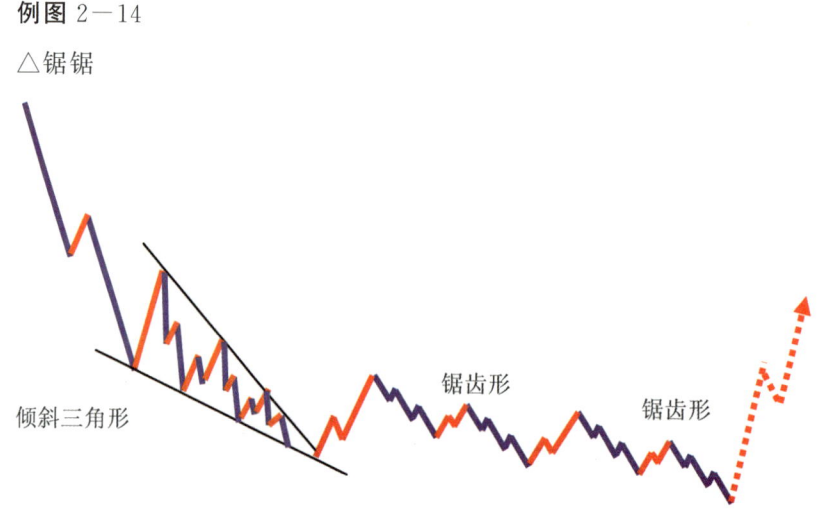

9. 倾斜三角形加三角形加锯齿形的复合型调整

例图 2-15

△△锯

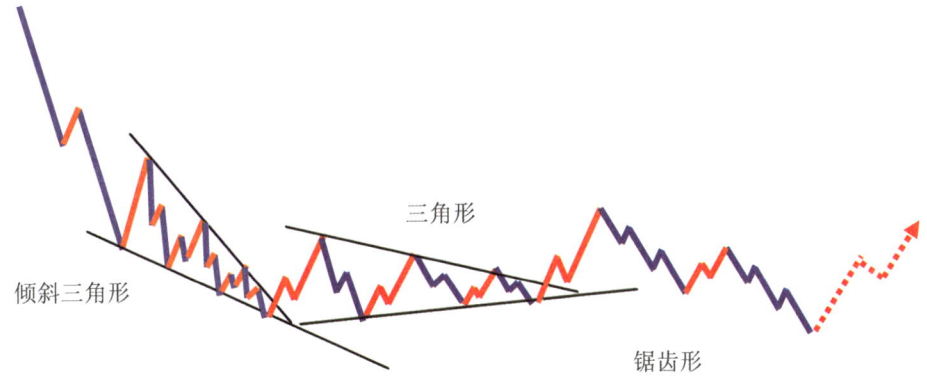

10. 倾斜三角形加平台形加三角形的复合型调整

例图 2-16

△平△

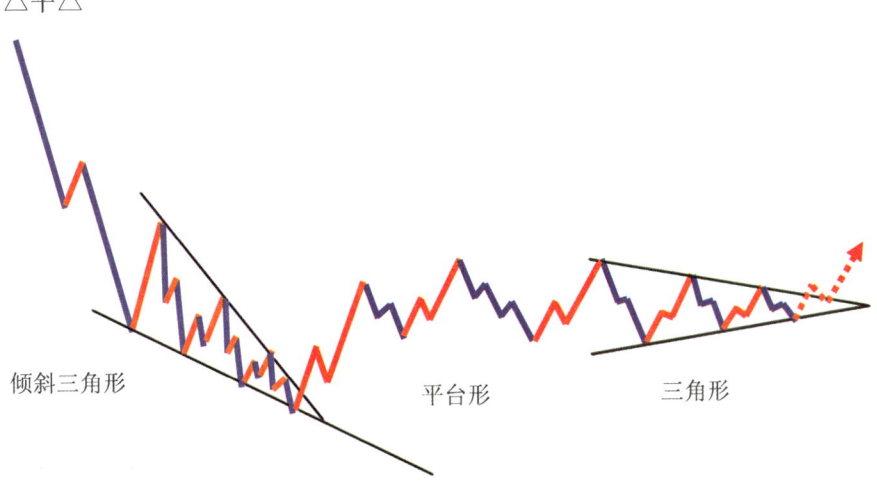

例图 2-17

△平△

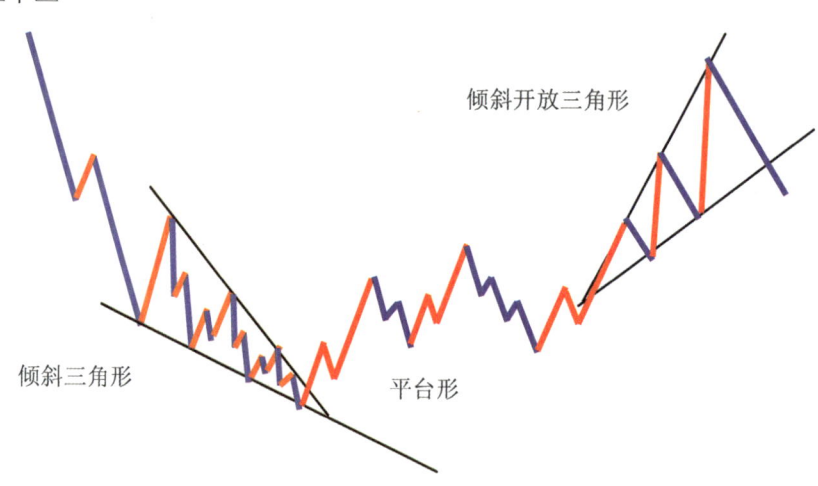

例图 2-18

△平△

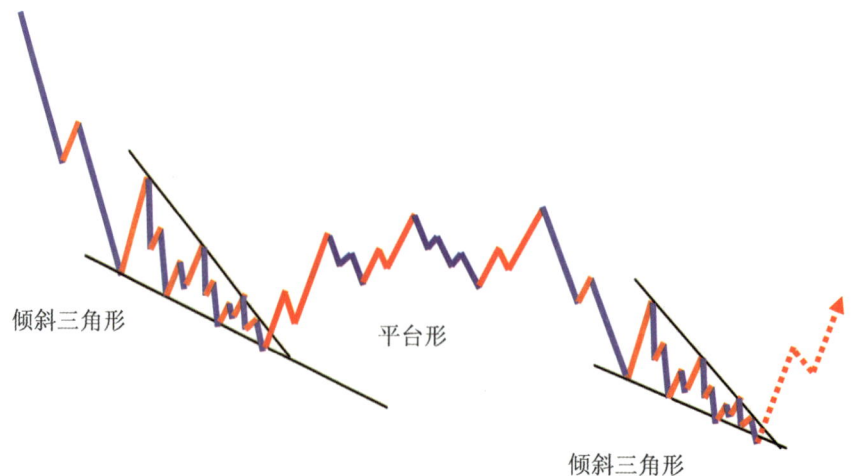

11. 倾斜三角形加锯齿形加三角形的复合型调整

例图 2－19

△锯△

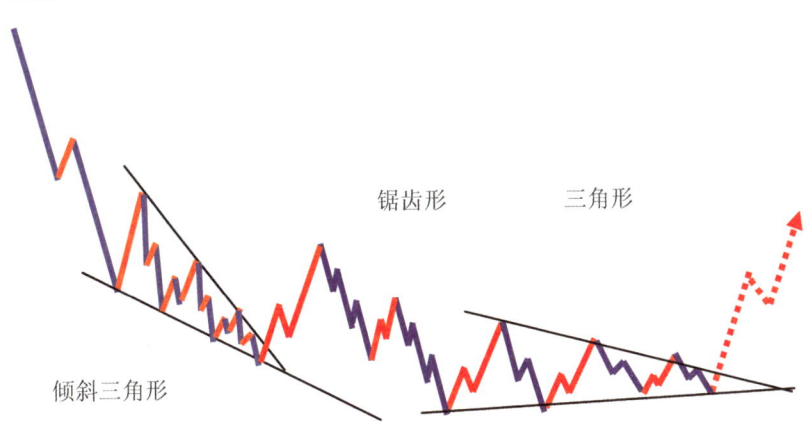

例图 2－20

△锯△

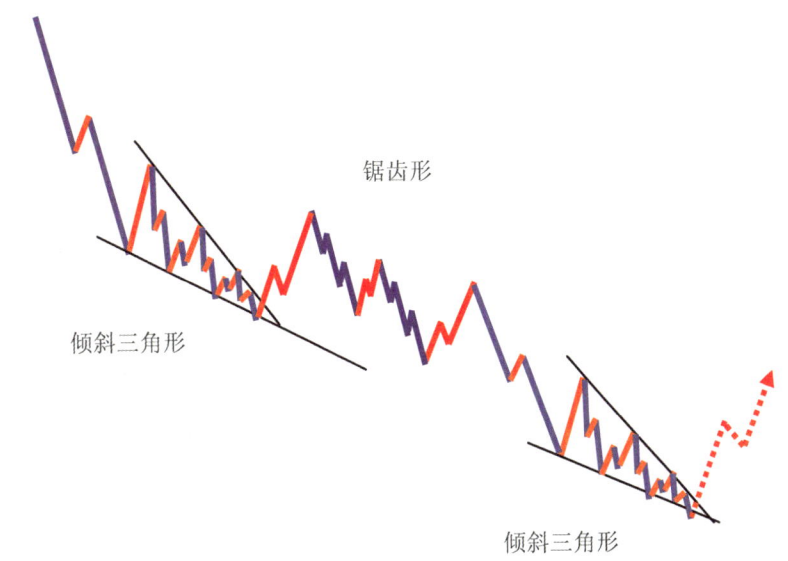

例图 2-21

△锯△

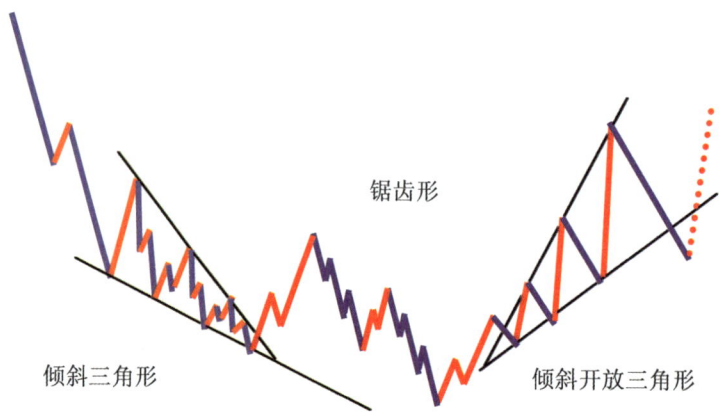

12. 引导倾斜三角形加三角形加倾斜开放三角形的复合型调整

例图 2-22

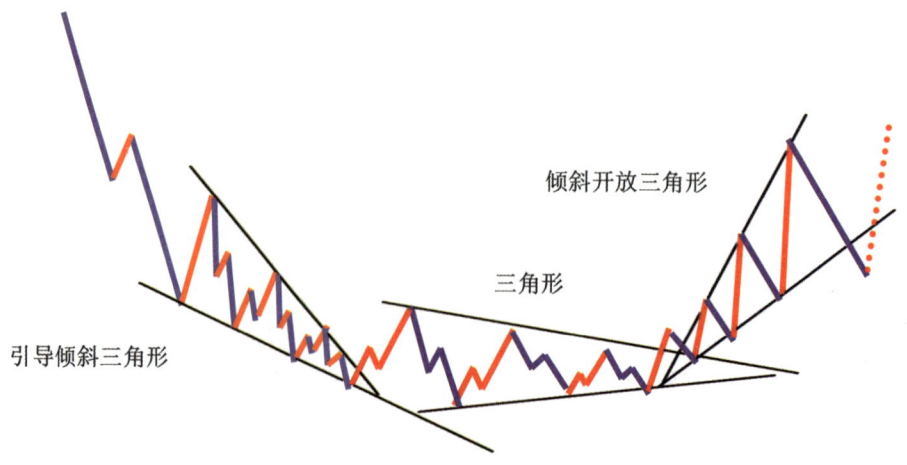

13. 双平台形的复合型调整

例图 2-23

平平

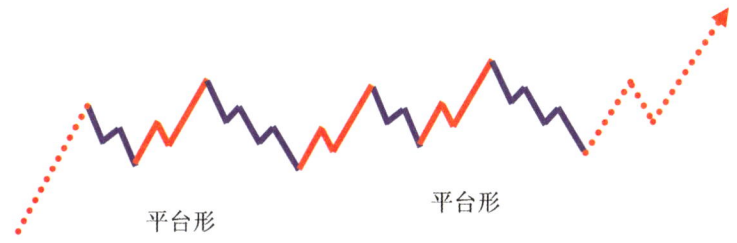

14. 平台形加锯齿形的复合型调整

例图 2-24

平锯

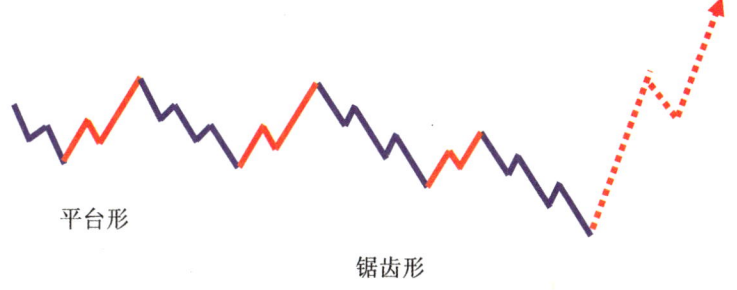

15. 平台形加三角形的复合型调整

例图 2-25

平△

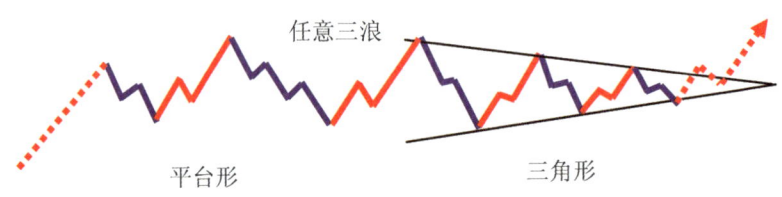

例图 2-26

平△

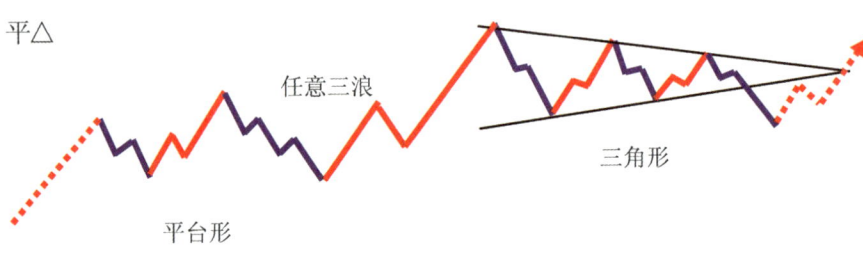

例图 2-27

平△

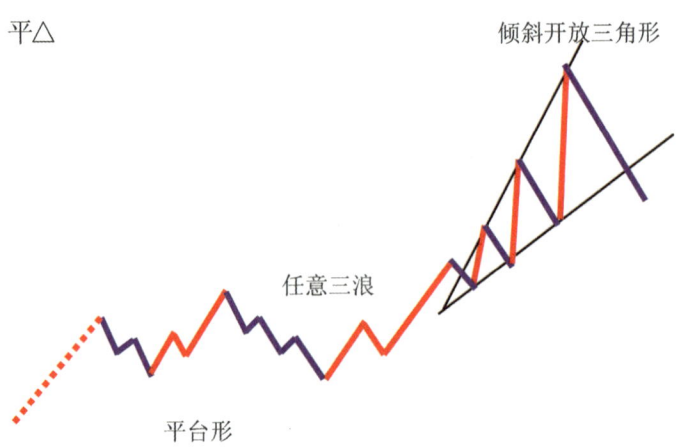

16. 三平台形的复合型调整

例图 2-28

平平平

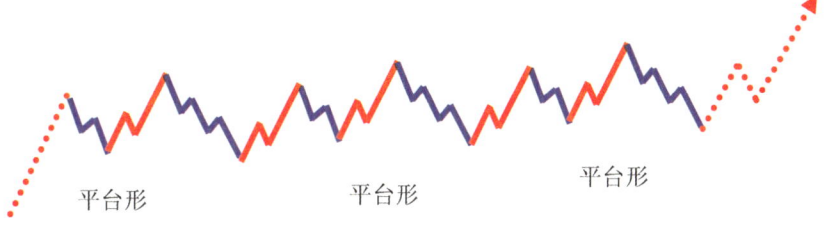

17. 平台形加锯齿形加平台形的复合型调整

例图 2-29

平锯平

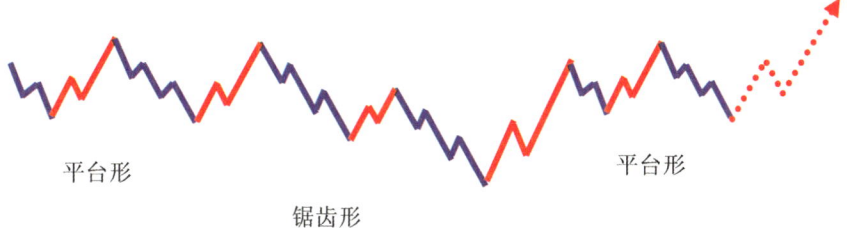

18. 平台形加三角形加平台形的复合型调整

例图 2-30

平△平

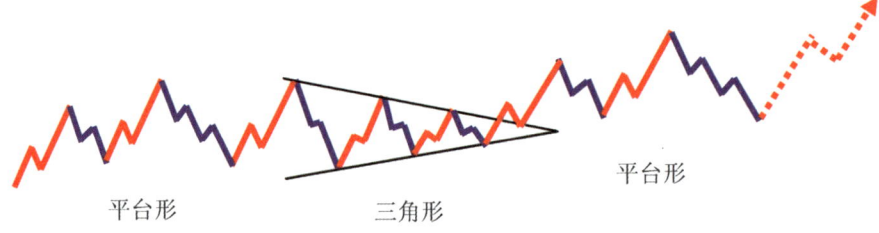

19. 双平台形加锯齿形的复合型调整

例图 2-31

平平锯

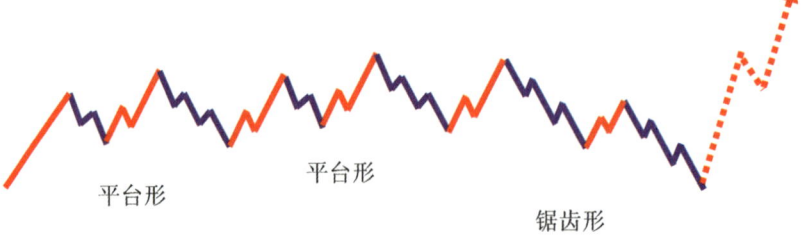

20. 平台形加双锯齿形的复合型调整

例图 2-32

平锯锯

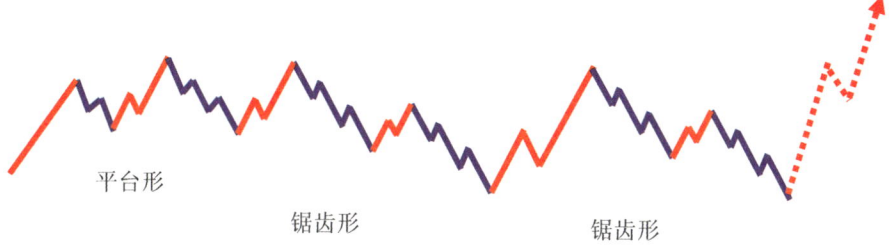

21. 平台形加三角形加锯齿形的复合型调整

例图 2-33

平△锯

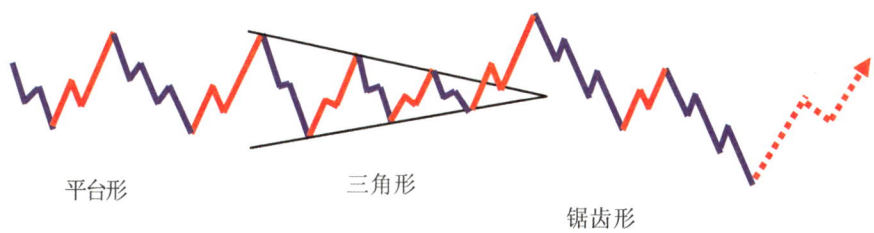

22. 双平台形加三角形的复合型调整

例图 2-34

平平△

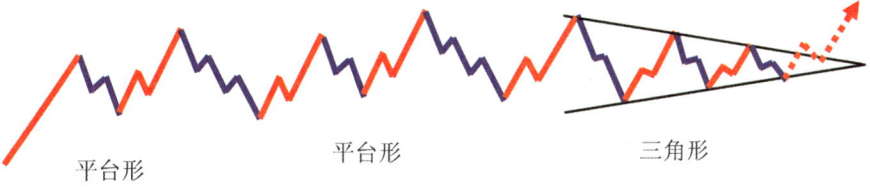

例图 2-35

平平△

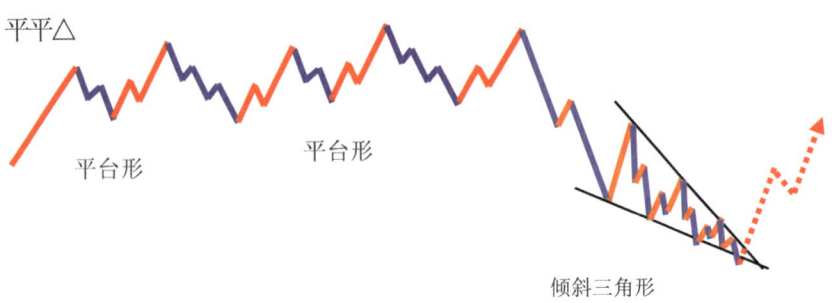

例图 2-36

平平△

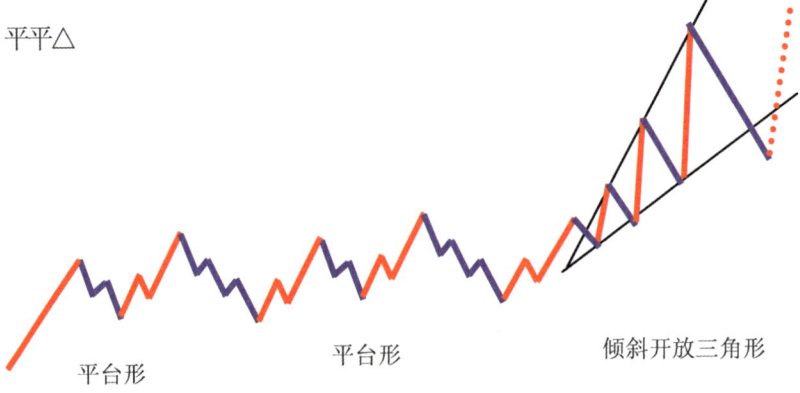

23. 平台形加锯齿形加三角形的复合型调整

例图 2-37

平锯△

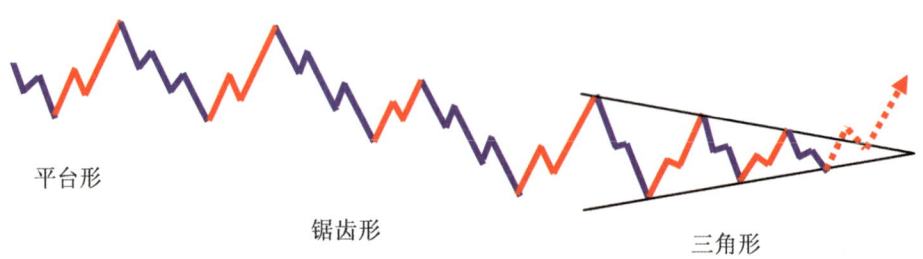

例图 2-38

平锯△

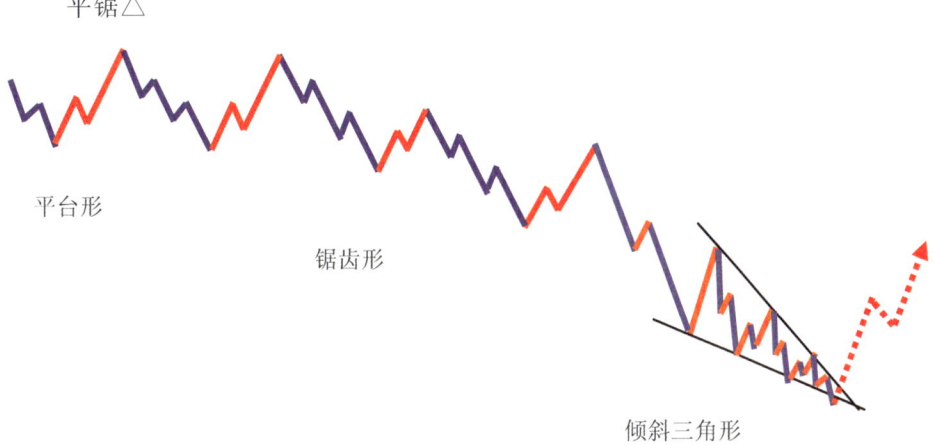

例图 2-39

平锯△

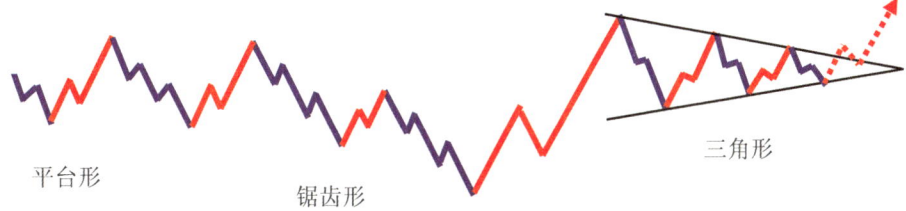

24. 平台形加双三角形的复合型调整

例图 2-40

平△△

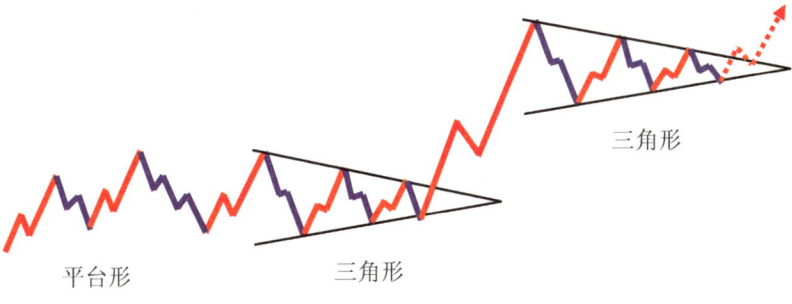

例图 2—41

平△△

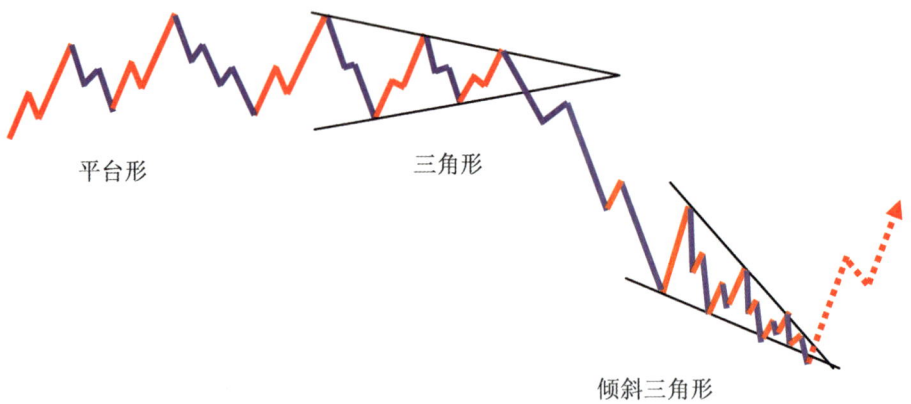

例图 2—42

平△△

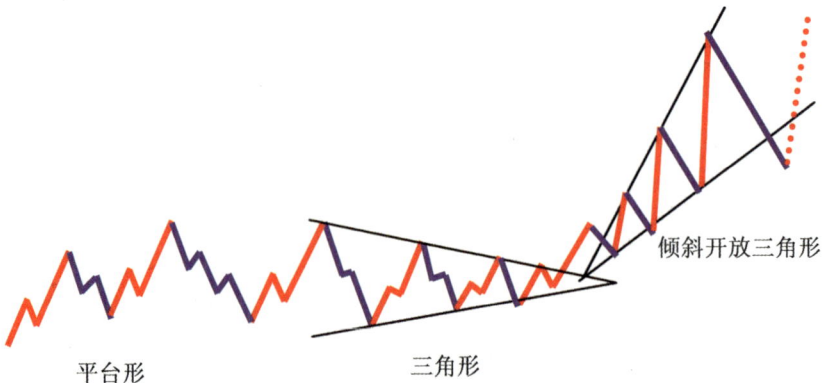

25. 锯齿形加平台形的复合型调整

例图 2-43

锯平

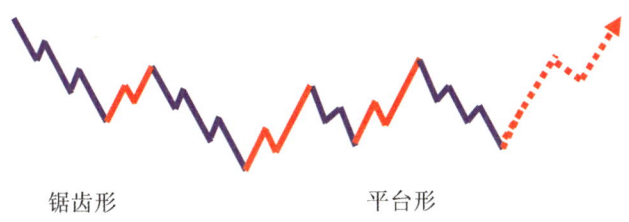

26. 双锯齿形的复合型调整

例图 2-44

锯锯

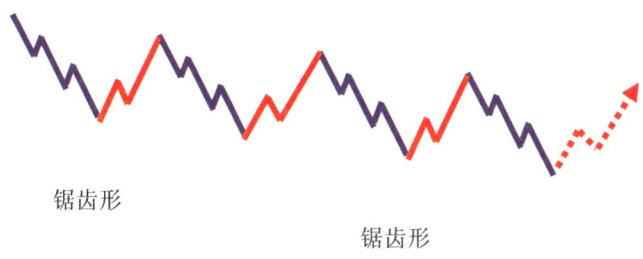

27. 锯齿形加三角形的复合型调整

例图 2-45

锯△

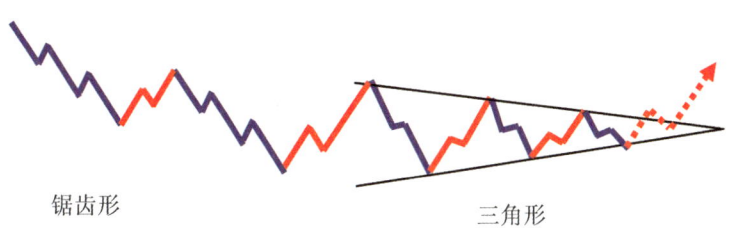

例图 2-46

锯△

例图 2-47

锯△

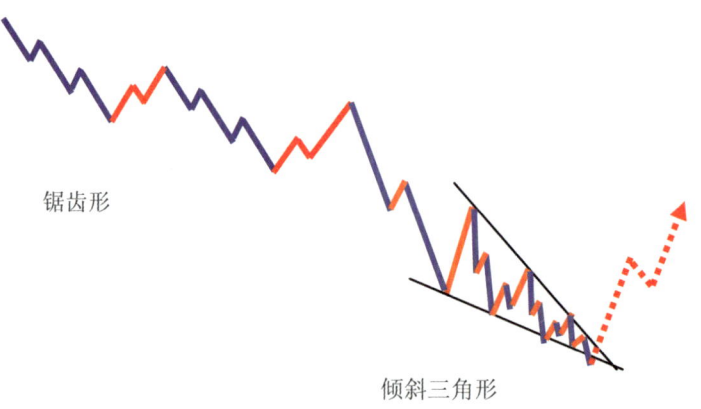

28. 锯齿形加双平台形的复合型调整

例图 2-48

锯平平

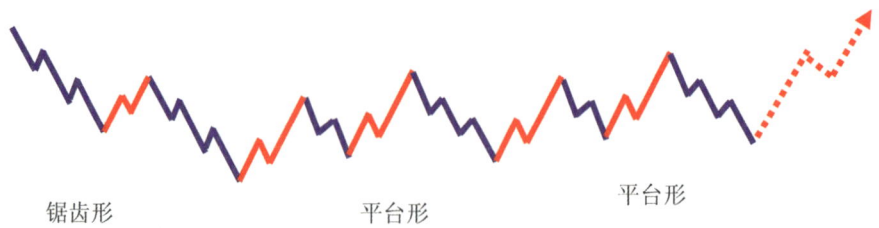

29. 双锯齿形加平台形的复合型调整

例图 2-49

锯锯平

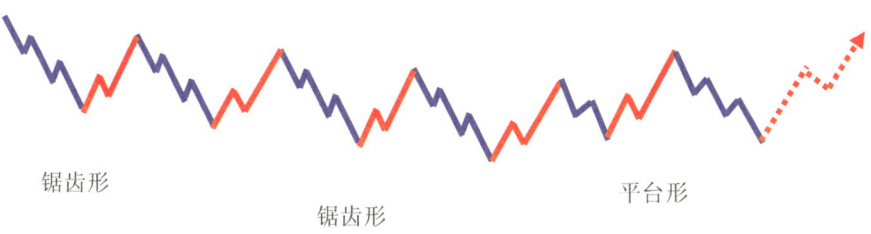

锯齿形　　　　锯齿形　　　　平台形

30. 锯齿形加三角形加平台形的复合型调整

例图 2-50

锯△平

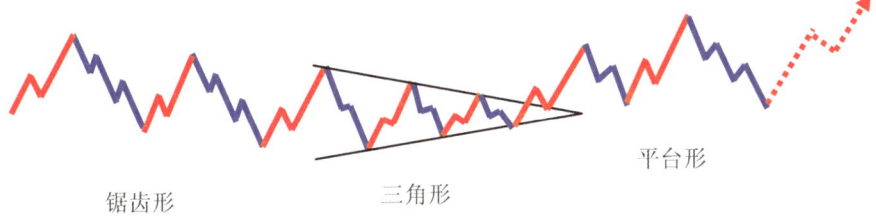

锯齿形　　　三角形　　　平台形

31. 锯齿形加平台形加锯齿形的复合型调整

例图 2-51

锯平锯

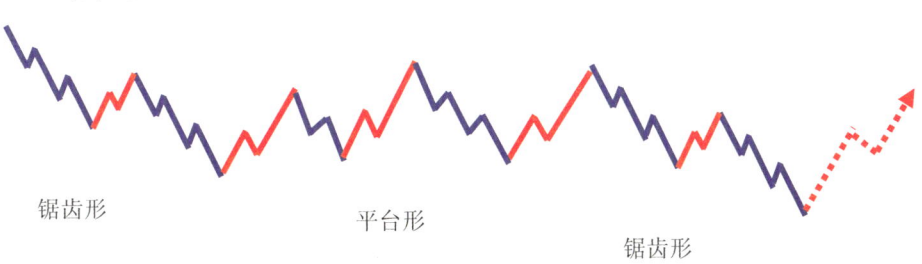

锯齿形　　　平台形　　　锯齿形

32. 三锯齿形的复合型调整

例图 2-52

锯锯锯

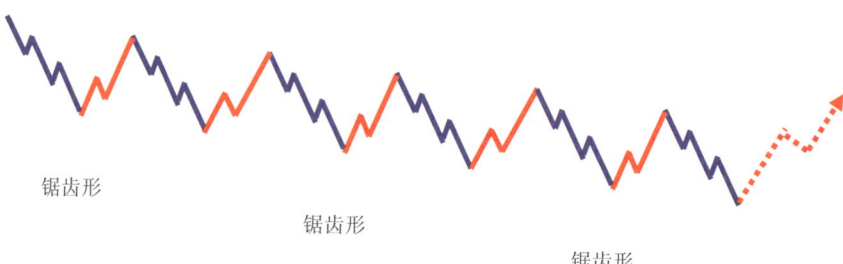

33. 锯齿形加三角形加锯齿形的复合型调整

例图 2-53

锯△锯

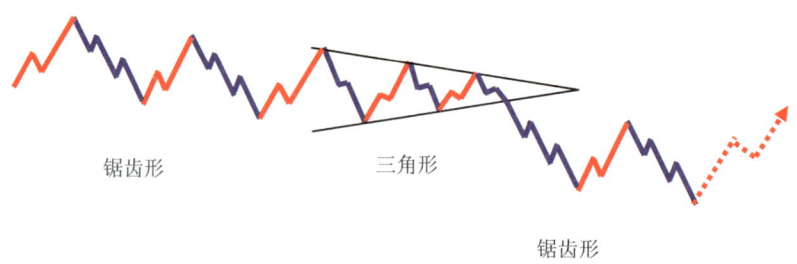

34. 锯齿形加平台形加三角形的复合型调

例图 2-54

锯平△

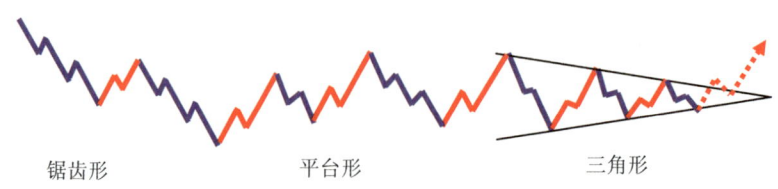

例图 2－55

锯平△

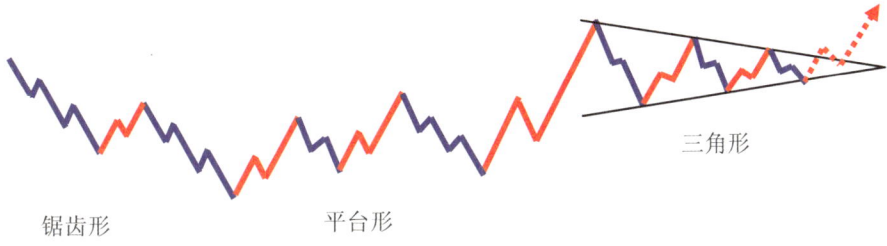

例图 2－56

锯平△

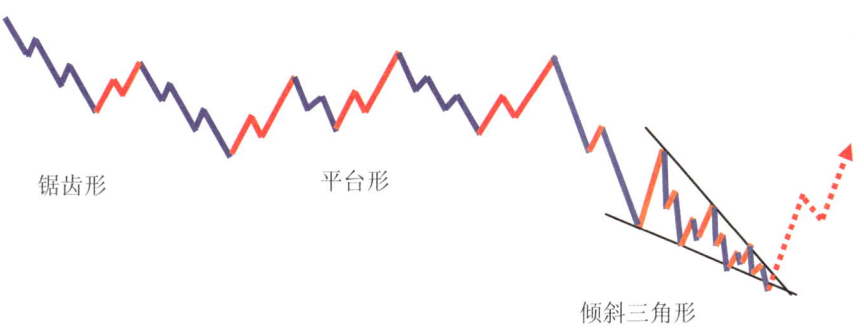

35. 双锯齿形加三角形的复合型调整

例图 2－57

锯锯△

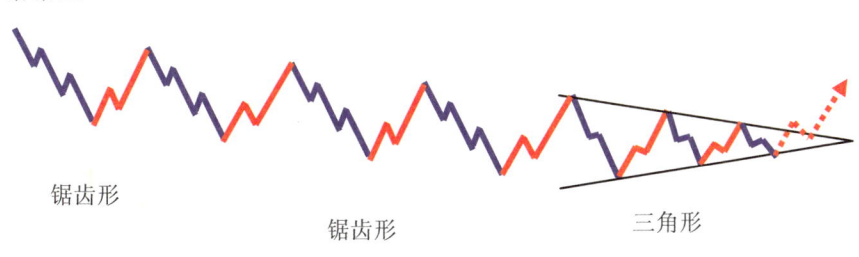

例图 2－58

锯锯△

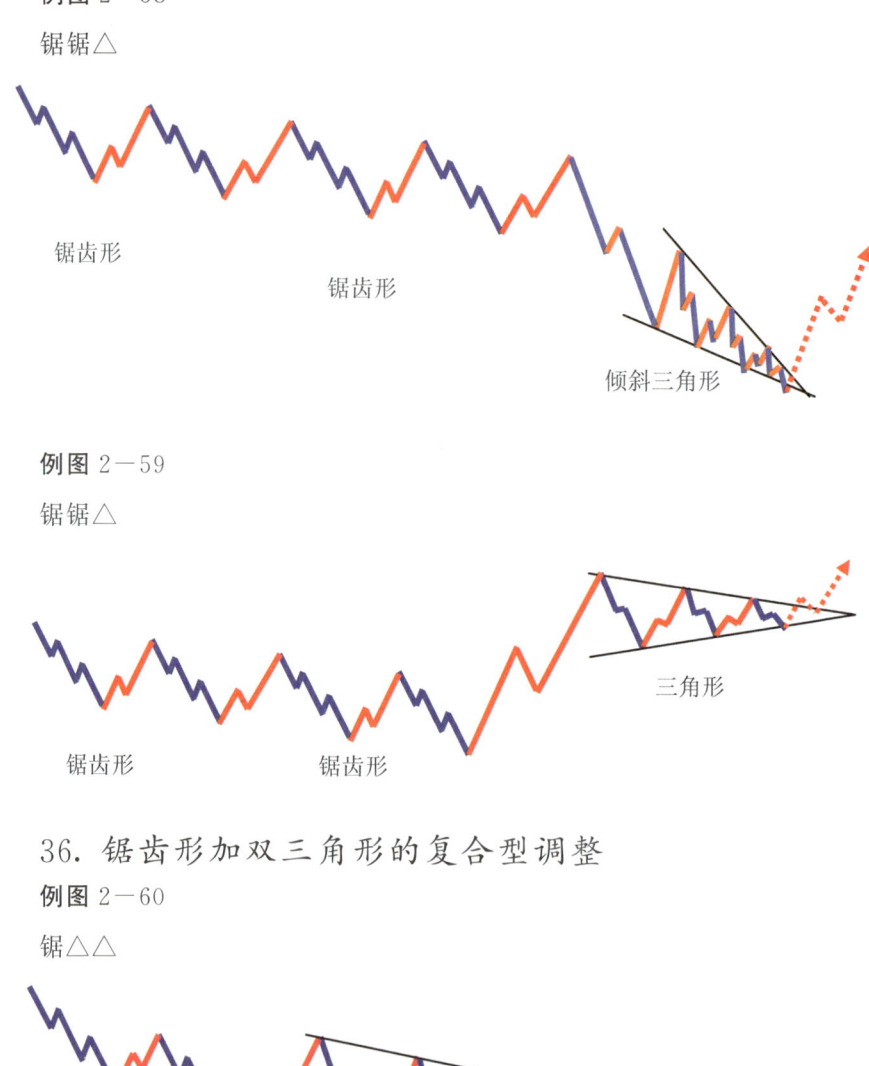

例图 2－59

锯锯△

36. 锯齿形加双三角形的复合型调整

例图 2－60

锯△△

第二讲　突破理论的全部形态

例图 2—61

锯△△

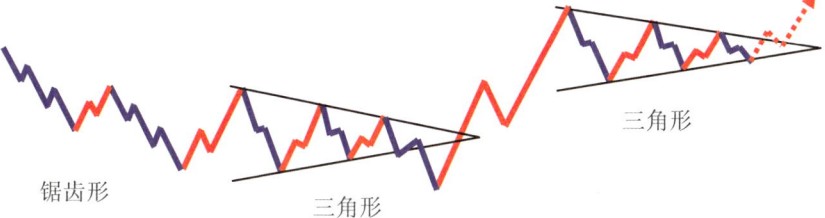

锯齿形　　三角形　　三角形

第三讲　复合型调整中的秘密

按照传统的波浪理论，复合式调整常发生在第四浪的位置上，但在股市的实战中，我们发现，复合式调整浪却大量地发生在两个八浪周期之间的一浪吸筹前甚至一浪吸筹的位置上。

0711 位置的宏观波动示意简图：

备注（示意图说明 0711 位置，不是八浪周期的标准图）

例图 3—01

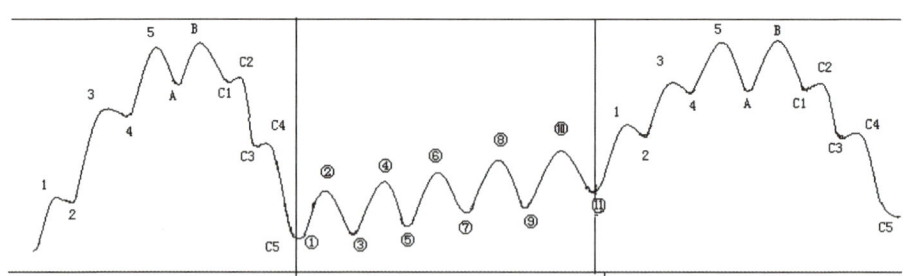

这是艾略特先生的波浪理论所没有探讨过的领域，复合式调整浪丰富多变的 36 种盘底形态，更是艾略特先生的波浪理论中所没有的内容。现代的中国股市当然不会完全按照 79 年前美国的经典理论来运行。如同突破理论中的 36 种形态年年、月月、周周、天天、时时、刻刻都在股市中不停地演绎着，限于篇幅关系本文不能海量列举。有兴趣的朋友可以与作者进行联系，共同

第三讲　复合型调整中的秘密

探讨。（作者手机号：18689961098、15120756098）

　　2002年，本人的《股市金龟》一书面世，2004年《突破理论》一书出版，2006年《突破理论实战战术》一书推出，从创建"突破理论"的理论雏形到目前的完美呈现共历时12年，作者在实战中创造出了独家拥有别无分店的"**形态辨别专用工具**"，请参看例图3－02。

　　例图3－02

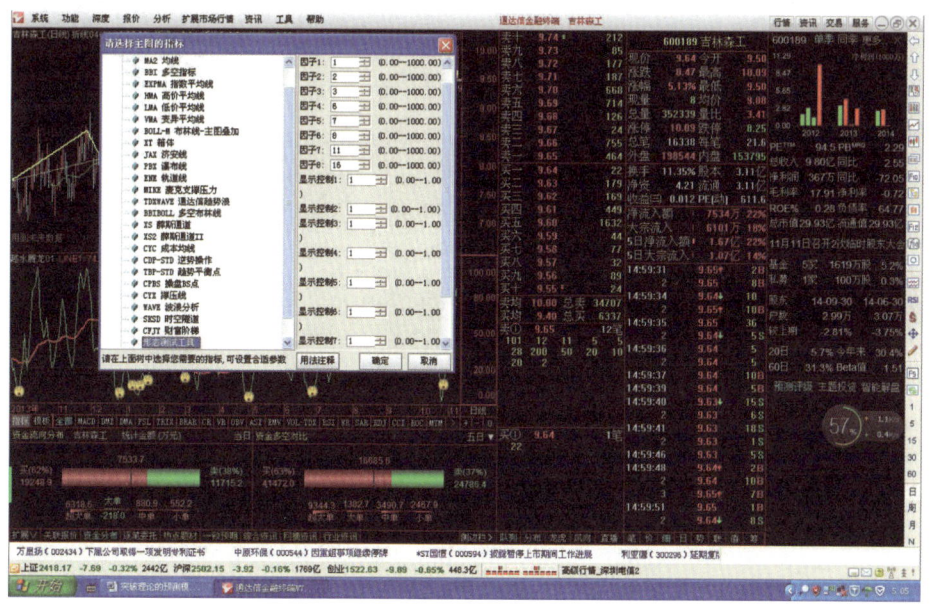

　　在这件前人从没见过的强大的武器的帮助下，**如今即将发行的突破理论新作已将过去的理论和实践推进到了全人类从未有人涉足过的峰峦之巅。**

　　比如"抚顺特钢"在2013年6月26日在一浪吸筹的位置上，开始了突破理论模式的调整，如果你是在七浪出现时也就是6元的价位买入的话，拿到顶部是23.2，你手中的6万元已经变成23.2万元了，请参看例图3－03。

— 47 —

例图 3—03

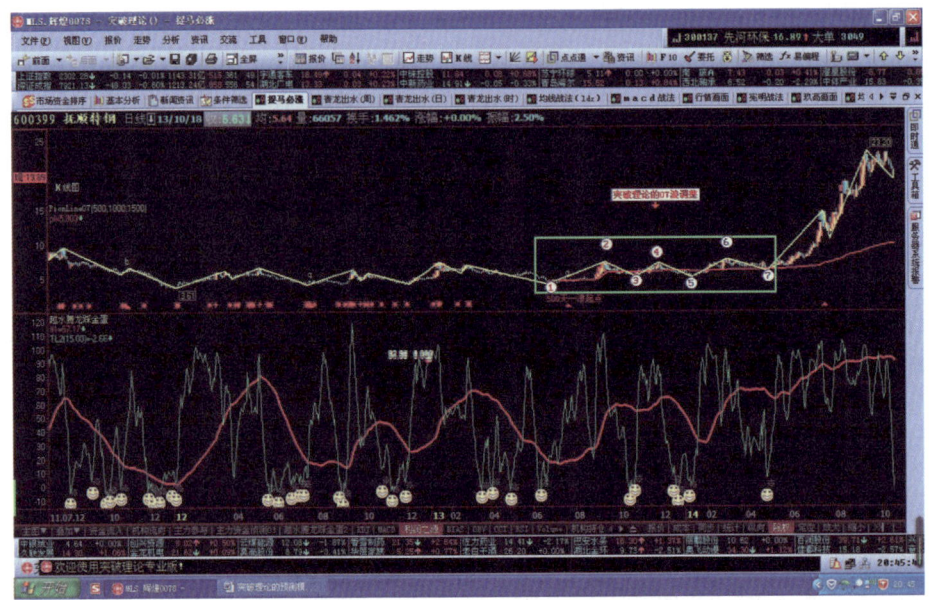

再请大家看看下面的"大富科技",该股在一浪吸筹的位置上,按突破理论模式进行了充分地调整之后,股价从 2012 年 12 月 04 日的 5.78 元一路飚升到 2014 年 10 月 10 日的 47.77 元,如果你是在七浪出现时也就是 5.78 元的价位买入的话,拿到近日是 47.77 元,你手中的 5.78 万元已经变成 47.77 万元了。

在这里,大家要从思想上明确地认识到,只要在一浪吸筹的位置上出现了突破理论模式的调整形态,大胆追入就是了,横有多长竖有多高的讲法在这种形态中得到了充分的体现,而且多数情况下竖起来的高度往往比横着的长度要大出数倍有余呢,请参看例图 3—04。

第三讲　复合型调整中的秘密

例图 3－04

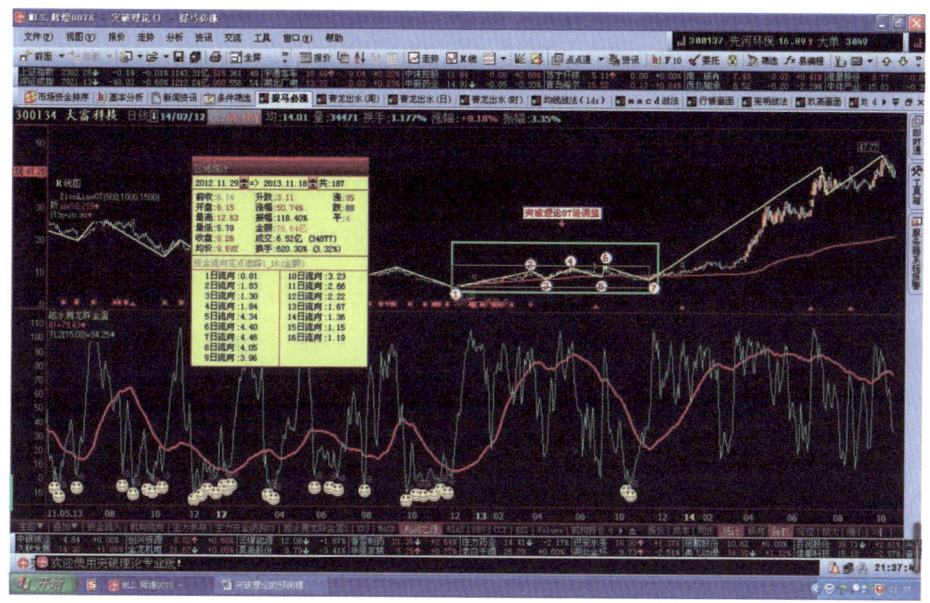

请大家参看上面的 3－04 例图，在"突破理论"中，这组漂亮的调整形态是不是可以称之为股市的特号大财神呢？如果你想打一场惠及终生地做股票的仗，那么你就必须得好好地研究"突破理论"。这一讲的内容，是艾略特先生和当代卓越的艾略特理论专家普莱切特先生在他们的著作中都没有认识到，当然也就不会向纵深展开过的内容，也可以说这一讲的全新内容是对波浪理论中调整浪部分的完善和创新。而它在实战中的用法是迄今为止国内外没有一本书提及的内容。通过认真的学习，你将会有更大的收获。

值得注意的是，在"突破理论"的 36 种调整模式的后面，经常发生三重三浪的情况，这可是千载难逢的绝好时机。

股价急窜三浪 3，共振①之后价升天，养精蓄锐候佳日，5、8、13 价

① 07 浪或 11 浪与 222 技法的 D 点脚落一处。

突破理论预测模型及实战工具：波浪理论的创新与超越

翻番。

按照波浪理论构思，股价飚升的最快阶段在第三主升浪，而在第三主升浪中一旦形成延伸浪，则"三浪3"将成为升速最快的一个阶段。尤其是"三浪3"又出现小一级的5浪延伸的时候，更值得介入。跳空和连续的涨停在这个阶段出现得最多。在这一阶段的操作中，要时刻关注上涨周期的变化，特别是第5天、第8天和第13天。发现此类股票的最佳方式是使用软件的"阶段涨幅排行"功能。只要发现一浪建仓完毕的股票和二浪洗盘尾声的股票，都要存入自选股，密切地逐日跟踪，决不放过一只将出现"三浪3"拉升的股票。请参阅例图3-03。每当资金主力的一浪建仓与股价在底部横盘时走出的0711模式发生同步时，股市中的最活跃财神，"三浪3"的出现就为时不远了。请参看例图3-05。

例图3-05

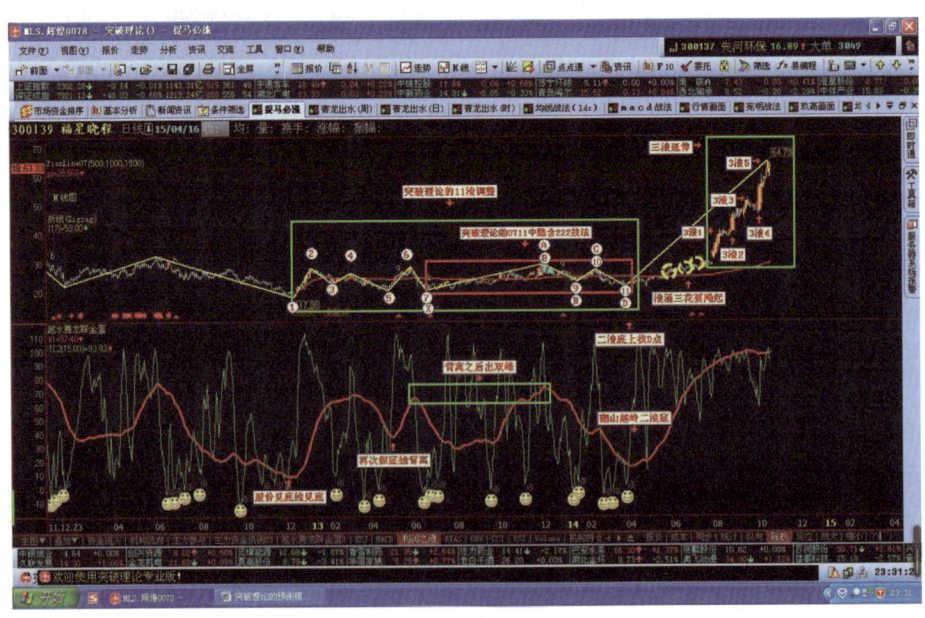

当代卓越的艾略特理论专家普莱切特先生在其严谨出色的著作中指出，艾略特先生犯了个小小的错误。因为艾略特在其最后的著作《自然法则》中，

第三讲 复合型调整中的秘密

在双重横向调整浪的简图 27 和简图 28 上，多画了一个任意三浪。既没有解释又没有说明，而他对自己提出的"A－B 底"观点的解释也是模糊不清的，应用的实例更是错得荒谬和令人费解。

普莱切特先生针对"A－B 底"明确地提出过自己的观点，他写道："在《自然法则》中，艾略特两次提到过他所谓的'A－B 底'结构，在这个结构中，当跌势以令人满意的数浪结束之后，市场在展开一轮真正的五浪牛市前，会先以三浪方式上升，然后再以三浪方式下降。艾略特在试图将其理论强置于 12 年三角形的概念之中时发明了这种模式，但今天根据波浪理论的各项规则，没有哪个人士会接受它有效。实际上很清楚，这样一种模式，如果曾经存在过，就会有使波浪理论失去效用的影响。本书作者从未见过一个'A－B 底'，而且实际上它也不可能存在。艾略特的这个发明只能表明，在他的所有细致研究和深奥发现中，他（至少是一次）暴露出了分析人士的一种典型的弱点——让一个已经形成的观点损害他对市场的客观分析。"

79 年来，"A－B 底"这个谜团一直无人破解，到底是怎么回事呢？探求真理的路程是异常艰难的。在二十余年股市生涯里，在日复一日地创造性思维和实战研究中，艾略特的未竟工作终于在我的手中全部完成了。

看来艾略特给我们留下的这个谜团应该出答案了。我们可以这样设想，在艾略特先生刚刚发现底部的七浪或十一浪一周期的调整形态时，出于八浪一周期是宇宙奥秘和自然法则的坚定信念，他不能接受七浪和十一浪为一个周期的波浪运动。他的思维中断了，本来他可以成为更加伟大和完美的波浪理论奠基人。"A－B 底"观念的产生是艾略特先生已经伸手触摸到"突破理论"（七浪和十一浪为一个周期的横盘波浪运动）的肩膀的证据。而波浪理论的继承人们因为循规蹈矩的思想方式和缺少创造性思维都断然拒绝对这个谜团进行深入的探讨，甚至连当代卓越的艾略特理论专家普莱切特先生也把它当成重大理论失误来看待，这就造成了 79 年来的一个大悬案及理论和实践上的空白。而波浪理论中所蕴藏的巨大的商业秘密，在 79 年中都被埋没了。艾

突破理论预测模型及实战工具：波浪理论的创新与超越

略特先生的八浪一个周期的"波浪理论"形态描述的是资金主力介入了股后，在上升的趋势中股价的波浪运行轨迹，而"突破理论"的七浪或十一浪一个周期的形态描述的是资金主力在目标股中，处于夯实股底并缓慢吸筹时期，股价在横盘或调整的趋势中按波浪运行的轨迹，或更简洁地讲，是在股价大涨必修正地调整时期遵循的规律。在股价已形成明显的上升趋势中，八浪一个周期的"波浪理论"当然会大显神威，而股价在调整或横盘运行的趋势中，尤其是在 C 浪下跌或 C5 浪下跌之后，在新的一轮拉升行情展开之前的，这段横盘调整的夯底阶段中，七浪或十一浪一周期的波浪运行的轨迹，只有用"突破理论"才能进行完美的解读和追踪。**这个秘密的公开将震惊国内外金融界的骄子们。因为只有这些耗尽心计于金融战场的骄子们，才会真正知道这个商业秘密背后隐藏的是能够让所有业内人士迅速致富的一笔巨大的精神财富。**"突破理论"囊括了金融市场中在调整时期会出现的所有形态，它如同耸立在股海怒涛中的一座明亮的灯塔，为在股海中奋力拼搏的勇士们指明方向。它会让所有的专业股民面对股市的下跌不再深陷迷茫，不再痛苦的束手无措，不再绝望的任人宰割，它会使股民对未来的预测有据可依，并准确无误。

形态分析是股市技术分析中的第二把交椅，它的重要性仅次于在股市技术分析中稳坐第一把交椅的动力（能量）分析。对待大牛股启动之前的盘整形态，我们的认识是分两个阶段的。首先是感性认识阶段，通过股票分析软件中的任意时段的涨幅排行功能，把历年的数百只龙头股，大牛股都挑选出来，存入自选股中，然后对这些大牛股和龙头股启动之前的盘整形态使用"**形态辨别专用工具**"逐一观察，并使用平台形、锯齿形、三角形和倾斜引导三角形等调整形态对这批股票进行严格的和细致入微的分类、归纳和总结，最终提炼出 36 种龙头和大牛的摇篮形态。虽然它们的调整模式各不相同，但却都是在七浪和十一浪开始往上突破的。这个奇妙的现象就如同三角形内角之和永远等于 180 度一样，不管三角形的大小和形状如何变化，其内角和的

第三讲 复合型调整中的秘密

值始终保持不变。在这个阶段的认识，已经完成了由感性到理性的第一次飞跃。伟人毛泽东讲过："我们的实践证明：感觉到了的东西，我们不能立刻理解它，只有理解了的东西才会更深刻地感觉它。"在我们的认识进入第二阶段即理性认识的阶段后，对股价最多只进行三个模式地调整，而且不管模式如何组合，时间如何变化，只走七浪和十一浪的现象有了更深刻地理解。对七浪和十一浪从理论高度有了透彻地认识后，我们再回过头来注目观看 C 浪后面的貌似无律可循的波浪涌动，胸中地感觉就像漫步于美术馆的画展大厅中，用平静的心态悠然地欣赏着一幅幅波起浪涌的画面，尤其让我们感到欣慰的是，画面中的调整浪，全部在按照我们预想的模式和方向运行，并且运行的高度和低点都是可以预测的。遵照伟人毛泽东的教导："通过实践而发现真理，又通过实践而证实真理和发展真理，从感性认识而能动地发展成理性认识，又从理性认识而能动地指导革命实践，改造主观世界和客观世界，实践、认识、再实践、再认识、这种形式，循环往复以至无穷，而实践和认识之每一循环的内容，都比较地进到了高一级的程度"。我们在等待突破理论的七浪和十一浪的最佳介入点时，不光是静心观赏，还频繁的在调整转折点即"任意三浪"的位置杀入股市，获取短期波段利润，通过理论指导下地实践来验证和升级我们对突破理论地认识。

近期，在一位挚友的建议下我们用排列组合的方法对突破理论的形态进行了完整性的验证，以期打消部分人对突破理论 36 种形态的完整性的疑虑，其结果如下：

请参看例图 3-06。

对突破理论全部形态之完整性的论证：

例图 3－06

平台形简称平、锯齿形简称锯、三角形简写成△

	平			锯			△		
	平平	锯平	△平	平锯	锯锯	△锯	平△	锯△	△△
平	平平平	平锯平	平△平	平平锯	平锯锯	平△锯	平平△	平锯△	平△△
锯	锯平平	锯锯平	锯△平	锯平锯	锯锯锯	锯△锯	锯平△	锯锯△	锯△△
△	△平平	△锯平	△△平	△平锯	△锯锯	△△锯	△平△	△锯△	△△△

平平	平平平	锯平平	△平平
锯平	平锯平	锯锯平	△锯平
△平	平△平	锯△平	△△平
平锯	平平锯	锯平锯	△平锯
锯锯	平锯锯	锯锯锯	△锯锯
△锯	平△锯	锯△锯	△△锯
平△	平平△	锯平△	△平△
锯△	平锯△	锯锯△	△锯△
△△	平△△	锯△△	△△△

结论：

突破理论的 36 种形态囊括了金融市场调整浪阶段各种形态的全部内容。

思维严谨，形态全面。方法科学，预测神奇，实战可靠，价值连城。

感觉到的事情我们往往不能理解他，只有理解了的事情我们才能够更深刻的感觉他在涨短跌长的中国股市，有了突破理论形态预测工具，所有股民面对股市的大跌，使用突破理论的 36 种调整形态，逐一对号入座，马上就可以找到相应的调整形态，预测的准确率将惊天地泣鬼神，"泪眼问花花不语"的日子即将成为过去时，挣扎在股市中的众人们，你们摆脱被动、远离迷茫有望了！

做股票就是做预测，而预测的准确就可以把握未来，能够把握未来的人就可以掌握自己的命运！伸开你们的双手，面带微笑，用喜庆的心态迎接从天而降的滚滚财富吧！

第四讲　波浪理论的起源

道氏理论、波浪理论和江恩理论是在世界范围内的股市投资中被普遍遵从的三大基础理论，这三大理论是支撑股市投资的众多技术分析方法的基石和支柱。

在这三大理论中，波浪理论以其独有的魅力吸引着世界各地的投资者。波浪理论的奠基人艾略特先生在其64岁时向当时的投资者顾问公司总裁柯林斯先生展示了他所发现和创建的波浪理论构思，当时的时间是1934年12月2日。到了1935年2月19日，艾略特先生给柯林斯先生寄去了17页名为《波浪理论》的专论。经过两个多月的市场预测跟踪，艾略特先生的预测极为精确，柯林斯先生折服了。他写信建议投资公司付钱订阅艾略特的预测，并解释了原因："我们认为，波浪理论是到目前为止最佳的预测手段，它已经得到了我们的关注。"在接下来的两年中，因为艾略特先生准确度极高的出色预测，投资者顾问公司总裁柯林斯先生认可了波浪理论。为了感谢艾略特先生对他的信任，受艾略特先生委托并以艾略特先生原始的论文为基础，于1938年8月31日出版了被市场严格检验了四年之久的《波浪理论》一书。在出书之前的这段时间里，艾略特先生还跟他的熟人鲁宾孙保持着联系。鲁宾孙在纽约市有一家服务于客户的金融顾问公司。鲁宾孙和他的同事贝克相当认真地对待艾略特先生的工作，并花了很多时间研究它。他们两人使用艾略特先生的新发现精确预测了1937年的顶部。这是出书以前，有据可查的两位了解并使用了波浪理论的人。艾略特先生在出书后的几周后，举家迁往纽约市，并于1938年至1947年住在布鲁克林区哥伦比亚高地169号的斯坦迪斯盾形纹章旅馆。柯林斯先生给了艾略特先生几个可以自由支配的账户,并帮助他在百老汇街 25 号设立了办公室,在那里艾略特先生开始为一些富有的客户管理投机资金。因为年前艾略特先生为鲁宾孙的金融顾问公司和他的客户带来了好运。鲁宾孙给了艾略特先生一种特权,让艾略特先生在任何时候都可以使用他的办公室。1939 年初,柯林斯先生向金融世界的编辑介绍了艾略特先生及其工作,结果艾略特先生受命于金融世界,撰写了 12 篇关于波浪理论的文章。这些权威性的文章使艾略特先生在金融界的名声大震。1942 年春,钦佩艾略特先生工作的基本面投资者公司总裁斯威特,在其公司所在地华尔街 63 号为艾略特先生提供了一间办公室。艾略特先生接受了邀请,离开了百老汇街 25 号,把他的业务搬到了华尔街新的办公地点。1946 年 6 月 10 日艾略特先生出版了《自然法则》,在这最后一部专论里汇集了艾略特先生有关波浪理论的所有想法。1948 年 1 月 15 日艾略特先生与世长辞。

第五讲　波浪理论的基本概念

艾略特波浪理论由波浪形态、比率以及时间三个方面组成。其重要程度依次降低。艾略特在其发表的论文中反复阐明，股票市场的发展是按波浪运行的，是遵循五浪上升、三浪下降的基本形态，而形成一个包括八个浪的运行周期。后面的三个浪可视为对前面五个上升浪的修正，如图5—01所示。图5—01中的第一、第三、第五浪称为推动浪，总是处在同一运动方向上。第二、第四称为修正浪，与一、三、五浪的方向相反。第一浪被第二浪修正，第三浪被第四浪修正，然后第一至五浪整个序列组成的推动浪则被A、B、C整个序列的调整浪所修正。一个由八浪组成的完整周期，实际上包括了两个不同的阶段，一个阶段用数字标识，通常用一、二、三、四、五浪来称；另一阶段用英文字母来标识，我们用A、B、C来称呼。

例图5—01

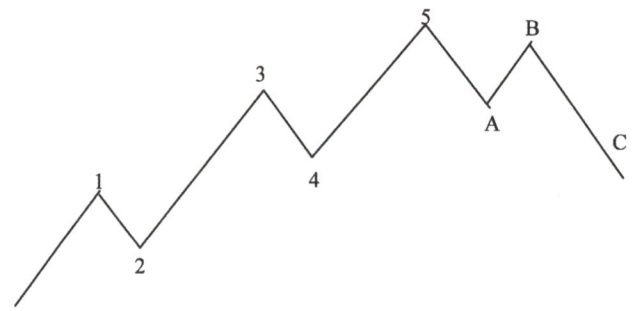

根据笔者长期的观察，现在股市中的大部分人都觉得波浪理论过于深奥，难以掌握，面对波浪理论不是敬而远之，就是在学习中如蜻蜓点水一掠而过，没有从本质上认识到波浪理论在实战操作中的重要意义。在股市中的技术分析方法中，绝大多数是顺应趋势的。也就是必须等到新的趋势确立之后，信

第五讲　波浪理论的基本概念

号才会产生，但是艾略特的波浪理论对即将出现的顶部和底部，却能提前发出警告信号，而这一点事后才为那些较为传统的方法所验证。如果说传统的分析方法是贼到发兵的话，那么波浪理论则是伏兵抓贼。波浪理论对我们的市场有着全方位的透视能力，它能告诉我们特定的形态在什么时候出现，和为什么要出现。它也可以帮助我们了解当前的股市价格，在其总体周期结构中所处的位置。而这正是波浪理论的主要价值所在，它为我们的市场分析提供了一种必然的联系，这种联系既为严密的思考提供了基础，又为市场的前景提供了展望。所以，学习了波浪理论我们就具有了某种预见未来的能力。而这种能力是我们身边的所有人，尤其是身在股市的人都在追求和企盼的。

例图 5-02

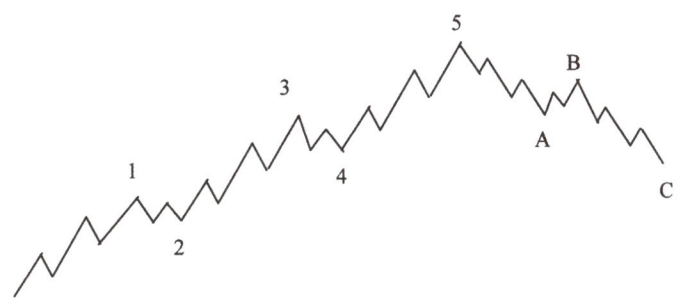

波浪理论的基本思路是：完整的牛市周期由八浪构成，其中先是五浪上涨，后是三浪下跌，一个运动之后必然有相反的运动发生，一个推动浪之后必然有修正浪产生。一个级别的五浪形成相邻的更大级别的一浪。在艾略特的波浪理论中，任意一个级次的浪均可以被细分和再次细分为较小级次的浪，或者称为小浪。只要当前趋势与比它更高一层次的趋势方向一致，都可划分成五浪结构，同时，它们也可被视为较大级次的价格波动的组成部分。主方向一致的一三五浪与主方向相反的二四浪之间的区别，在于前者中的任一浪都可以再细分为小一级别的五个浪，而后者却只能分成小一级别的三个波浪，调整浪无论在哪个位置始终以三浪的结构出现。有两种简单的调整形态，5-3-5 锯齿形和 3-3-5 平台形，如例图 5-02 所示。我们可以将其看作是两个大浪，也可将其看成是八个中浪，或看成是 34 个小浪，波浪理论的浪数序列服从于斐波纳奇数列。如何确定波浪数，完全由我们所取的是哪个级次而定。艾略特把趋势的规模化分成九个层次，上达覆盖 200 年的超长周期，下至仅仅延续数小时的微小尺度。需要我们牢牢记住的是，不管我们所研究的趋势处于何等规模，其基本的八浪一周期的结构总是不变的。现在的市场，习惯上对级次的区分如下：超级大循环级、大循环级、循环级、基本级、中型级、小型级、细级、微级。

我们在实战中较多关注的是中型浪、小型浪及细级浪。为方便区分，我们用中型波浪来分析大盘，用小型浪来看待日 K 线调整，细级做形态划分。在一个完整的波浪周期中，由五浪所组成的上升趋势我们把它叫作多头市场，而任何一个修正上升趋势的波动组合，都可以叫作空头市场。

我们到底应当把某一浪化分成五浪结构还是化分成三浪结构，这取决于上一层次波浪的方向。在我们应用艾略特方法的时候，能不能识别三浪结构和五浪结构，显然具有决定性的重要意义，因为五浪结构和三浪结构各自具有不同的预测意义。一组五浪结构通常意味着更大层次的波浪仅仅完成了一部分，后面还有拉升的行情（排除五浪五）。如果在盘面中我们看到一组五浪结构的下跌，那就意味着这只是更大一组三浪调整的第一浪，市场的下跌还没有到最后的阶段。

第六讲　波浪特性

在艾略特的《波浪理论》和《自然法则》两部著名的著作中，都没有论及各个波浪的特性。关于波浪特性的研究，首先出现在普莱切特的书中，这是他对艾略特思想的创造性发挥。不论波浪的层次高低，同一类波浪的特性总是一致的。

一浪

是营造底部形态的一部分，可以看成是筑底形态的浪，机构资金的吸筹有很大一部分是在一浪完成的。如果一浪出现在长期下跌之后，通常上升的幅度会较大，甚至会走到前期涨幅50%的位置。一浪在多数情况下都在底部运动，常常貌似在非常压抑的水平方向发生的不起眼的反弹，并且将会被随之而来的第二浪大幅度调整下去。因为众多的投资者认为下降已成定局，所以会产生大量的、明显的短线抛盘。第一浪在五浪结构中通常也是最短的一浪（延伸除外），一浪中成交量是温和增加的。第一浪的开始意味着调整的趋势已经结束。一浪有时也会走出五浪上升的结构。辨别一浪的最简单的办法之一是：股价上穿60日均线持续上行十五天左右。第二种方法是：突破理论形态可以看作是一浪的前2/3，完整的一浪一旦走完，就会构成非常可靠的形态，后面的调整浪和推动浪就会按顺序逐一露面。如果第三浪出现了延伸浪，那么第五浪的长度和第一浪的长度将会大致相等或是一浪高度的0.618。用这个特点，我们可以在三浪运行结束后马上预测出五浪见顶时的价位。如果第一浪属于打底形态的一部分，那么跟随出现的第二浪调整幅度会较大。但不管怎样，二浪底总会高于一浪的起始点。

二浪

几乎要吃掉一浪的升幅，当成交量极度萎缩时，股价才会不创新低。回调的最低点必须高于一浪的起始点。因为一浪往往是吸筹期，其回调的低点除了黄金分割位，如0.382、0.5、0.618之外，机构吸筹的平均成本之上往往就是二浪回调的最低价位。在一浪拉升时获利的投资者只要没有及时离场，就会在这次回调中将所得的利润丧失殆尽。正是因为二浪底高于一浪的起始点，才构成了典型的代表上涨的几何形态。如W底、三重底、头肩底等。在二浪出现时很多投资者相信熊市又回来了，因此悲观的情绪又会在市场中蔓延。第二浪常常在非常低的成交量和振幅极小的股价波动中结束。二浪的调整多数以三个浪的形态运行，如果二浪出现锯齿形调整，那么四浪一定会出现平台形调整。如果二浪出现平台形调整，那么四浪就一定会出现锯齿形调整。根据二浪或四浪的调整幅度，我们可以判断市场的强弱，如果二浪或四浪的调整幅度达到0.5以下，就说明一浪或三浪所代表的推动浪较弱，我们称之为弱势调整。如果二浪或四浪的调整幅度达到0.382以上，就说明一浪或三浪所代表的推动浪较强，我们称之为强势调整。二浪的出现经常会给投资者的心内造成巨大的恐惧，但其调整的最大深度往往在0.618的位置之上。而在期货市场上，二浪的底部却要深得多，往往和一浪的起始点相近。

三浪

成交量屡创天量，涨幅激烈，最高的成交量和最大的涨幅都出现在这一浪。经常出现跳空缺口，这是确认三浪开始的一个显著标志和特征。股价持续上涨的时间较长，延伸浪常常发生在这个阶段。第三浪中又发生爆炸性的延伸浪，即三浪中又出现三浪延伸，股市中的重要获利往往发生在这一阶段。一些短线庄家往往在第三浪进行当中完成拉升和派发，随后迅速套现逃离，把跟风的股民套牢在三浪的中上部。三浪向上超越了一浪之顶部，形成了真正意义上的突破。在上升五浪的结构中，即使没有发生延伸浪，第三浪也不能是最短的一浪。换言之，第三浪必须长于第一浪和第五浪。在股市中，实际情况显示第三浪经常都是推动浪中最长的一个波浪。如果第三浪和第一浪的长度相同，在这种情况下，第五浪便可成为延伸浪。三浪的长度往往等于第一浪的1.618倍。如果三浪没有成为延伸浪，那么它的顶部还有一种简易的测算方法，就是波浪通道测定法，其准确率相当惊人。至于任意三浪预测法，四维空间预测法则更是鬼斧神工，精确无比。

四浪

本浪是对第三浪暴涨行情的修正，四浪的形态和深度是较好预测的。四浪往往在三浪四的范围内结束调整，也可以是第三浪的38.2%。尽管有时会下调的较深，但四浪的底部必须高于一浪尖，这是艾略特波浪理论的中心大法之一。根据交替规则，如果二浪的调整比较简单，那么在这一浪的调整中，浪的结构将会较为复杂。四浪的调整出现较多的图形是三角形整理形态，其中包括四种三角形，即上升三角形、下跌三角形、对称三角形及喇叭口三角形。双重三浪或三重三浪形态，尤其是以三角形整理作为复合性调整尾端的形态，多出现在第四浪调整中。第四浪往往呈现横向走势，为最后的五浪打好底部，表现不佳的股票在这一浪做头并开始下跌。当一组五浪结构的升势完成以后，那么四浪底的价位大约等同于C浪底的下跌目标价位。在时间的预测上，从一浪起始点到二浪调整终点的时间乘以1.618倍等于高一级浪的调整终点的时间。

五浪

五浪的涨势通常小于三浪，而且经常出现失败浪。但是在期货市场，则出现相反情况，以第五浪成为延伸浪的机会较大。坐庄资金的撤离必须在这一浪中完成，否则胜利成果将付诸东流。特别值得关注的是，现在的庄股除大庄、长庄、控盘庄之外根本不做第五浪。所以中国的股市经常不按完整的波浪理论形态运行。如果五浪没有产生延伸，其运动方式并不十分复杂和多变，给人的印象没有第三浪深刻。但由于投资者极端乐观，疯狂追涨，其股价有时也会超越第三浪的高度。在五浪当中，许多验证指标开始出现顶部背离。由于第五浪的力度有减弱的倾向，经常会形成倾斜三角形的形态，在倾斜三角形内第四浪将会与第一浪重叠。这是在波浪理论中唯一可以接受的越轨走势（按照波浪理论的铁律，第四浪的底不可以低于第一浪的顶）。倾斜三角形走完全程之后，市场的价格会以极快的速度下跌到倾斜三角形开始的地方。根据国内股市的走势，第五浪往往会出现失败的形态，即股价的顶点不能超过第三浪的浪尖，这时就出现了我们所熟悉的 M 头。此种形态一旦出现，要马上离场，千万不可恋战，否则必遭重创或套牢。

A 浪

在第五浪中，技术指标及量价背离等预警信号已出现，但投资者往往没有注意。A 浪的下跌如按（5－3－5）锯齿形形态运行，则随后而来的 B 浪多以（3－3－5）平台形调整浪的形态出现。如 A 浪以（3－3－5）平台形调整浪形态出现，随后而来的 B 浪将会以向上的（5－3－5）锯齿形形态出现或形成（3－3－3－3－3）模式的三角形调整浪。如果 A 浪以 3－3－5 的平台形整理进行，反映向下调整的力度较弱。那么随之而来的 B 浪的上升，可能收回 A 浪的绝大部分失地。如果 A 浪按照 5－3－5 的模式进行锯齿形调整，那么 B 浪的反弹只能达到 A 浪的 38.2%、50%、61.8%附近。

B 浪

B 浪可视为兄弟峰，或称 M 头。B 浪是牛市的陷阱，是上升趋势的赝品，B 浪的反弹通常只集中在少数几只股票上。B 浪是顶部开放三角形的最后一个向上的 N 字形走势，随之而来的将是凌厉的 C 五浪下跌。B 浪阶段是多方侥幸逃命的最后机会。大盘指数常常拒绝为 B 浪的上涨做验证，这一浪的上涨往往上追五浪顶点，甚至创出新高，然后才向下急跌。

C 浪

这是具有毁灭性的也是杀伤力最大的一浪，持续时间较长，常出现向下的跳空及巨大的阴线。上升推动第三浪的特征都会在 C 浪中出现，多方在上升浪中所获得的利润，只要没在五浪尖或 B 浪反弹时离场就将会在 C 浪中赔得精光。C 浪往往跌穿 A 浪的低点，C 浪的到来告诉我们股市步入了漫漫熊途。在多数情况下，如果我们把四浪底和 A 浪底连出一根直线，一个头肩顶的熟悉形态就会凸现在我们的面前。C 浪是调整浪的终点。在平台形的调整浪中，C 浪多数会低于 A 浪，换言之 A 浪和 C 浪的长度大致相等。假如 ABC 调整浪呈现不规则调整状态，在这种情况下，C 浪必定会跌破 A 浪的底，C 浪的长度通常为 A 浪的 1.618 倍。当 ABC 调整浪以锯齿形的形态运行时，C

浪的低点应该低于 A 浪底。

突破理论的 X 浪

　　八浪一周期完成之后，在 C 浪的后面必将形成 X 浪。而 X 浪只可以划分为低一级的三个小波浪 A、B、C。X 浪也可能以三角形的形态出现。X 浪的准确称呼就是"任意三浪"，它的任务是连接一组或几组相同模式或不同模式的突破理论的调整浪。"任意三浪"在十一浪的调整中最多只会出现三次。江恩铁嘴钢牙不漏丝毫口风的实战秘籍也正在于此！

　　在 C5 浪下跌中，有时会出现（5－3－5－3－5）模式的引导倾斜三角形。由于这种形态对股价造成了极度的压制，按突破理论调整模式运行的第一个任意三浪的涨升也会非常有力。突破理论的"迎彩虹战法"，就是专门针对"任意三浪"而展开攻击的操作。

第七讲 波浪理论的铁律及规则

使用波浪理论进行实战分析时,要牢记几条基本的铁律。如果不懂这几条铁律,我们使用的方法也就不能称其为波浪理论了。

一、波浪理论的铁律

1. 推进波中的第三浪通常是五浪中最长的一浪,即使不是最长的一浪,也绝对不是一、三、五浪中最短的一浪。第三浪是最具有爆发力的、涨幅最大的、持续时间最长的、成交量有明显放大的一浪。

2. 推进波中第四浪的底部要高于一浪尖,并且不能和一浪尖重叠,除非发生倾斜三角形的变异形态。例如浪四如果是楔形调整,就有可能与浪一的顶点重叠。

3. 推进波中的二浪调整不应该低于第一浪的起涨点。但第五浪可以有较大的弹性,它可以低于三浪尖而成为失败的一浪,也就是说第五浪不一定非要创新高。

4. 四浪调整往往在三浪四中结束,四浪与二浪往往以不同的姿态出现。

第4项中所讲的交替原则,提醒我们在数浪时要清醒地认识到,股市中不断地变换才是永恒的真理。交替规则让我们牢牢记住,不要指望同一形态连续出现。著名的俄罗斯数学家韦罗斯利夫,经过潜心研究,在神奇数字系列之内发现了交替之所以会出现的真髓。任何三个连续出现的神奇数字,其间的关系非常奥妙。中间数字的平方等于前一个数字乘以后一个数字,再加1

或减1，举例如下：

$3^2 = 2 \times 5 - 1$

$5^2 = 3 \times 8 + 1$

$8^2 = 5 \times 13 - 1$

$13^2 = 8 \times 21 + 1$

从上述的数字分析中，减1、加1、减1、加1永远是在不停地交替出现。这就告诉我们，变化才是股市中的真理。不少软件中的僵死的买卖点提示或选股条件，只是股民学校中的教学系统，绝不可能成为实战中的获利系统。

二、波浪理论的规则

在实战中应用波浪理论必须记住以下规则：

1. 一个完整的循环，永远是由五上三落，共八浪组成。

2. 浪可以合并，成为高一级的波。也可以分割成低一级的小浪。

3. 跟随主流行走的浪，可以再分割为低一级的小浪。

4. 在一、三、五浪中如有一个浪发生延伸，则另外的两个浪其涨幅和运行时间会大至相等，或以 0.618 的关系出现。三浪的长度通常是五浪中最长的，而且绝不可能是最短的。并且三个浪中，只有一个浪会出现扩延的情况。

5. 修正浪通常以三个小浪的形态运行（锯齿形，平台形或三角形）。

6. 交替规则。如果第二修正浪以简单的形态实现了快速调整，那么第四修正浪多数会以复杂的形态出现，反之亦然。如果第二修正浪是一个狭窄的平台整理，则第四修正浪常常会是急速下跌。第二浪和第四浪绝不会以相同的调整形态出现。大幅度的快速向下调整一般呈现锯齿形态，呈现弱势市场特征。而横向盘整大多出现在强势市场，以双三、三三或三角形形态出现。交替规则的另一个应用就是，如果一个大的调整浪的 A 浪是一个简单的 ABC 平台形调整，则 B 浪将会出现锯齿形调整；反之，如果 A 浪是一个快速的锯

第七讲 波浪理论的铁律及规则

齿形调整，则 B 浪可能出现平台形调整。波浪理论的交替规则提醒我们，下一个波浪运动一定会与过去不同。

7. 三角形整理多出现在第四浪和 B 浪。倾斜三角形多出现在五浪和 C 浪。引导倾斜三角形则出现在 C 浪和出现了 5－3－5 锯齿形调整浪的 A 浪。

8. 修正浪的调整往往在前一浪的四浪范围内结束，在五浪形态中，四浪底不能够低于一浪的顶点。如果四浪是楔形调整，有可能与一浪的顶点重叠。

9. 神奇数字组合在波浪理论中占有极重要的地位，此数字组合从 1 开始直至无限。常用数字如下：3、5、8、13、21、34、55、89、144、233、377……

10. 常见的黄金分割数字为 0.146、0.171、0.191、0.236、0.309、0.382、0.5、0.618、0.764、0.809、0.854、1、1.236、1.382、1.618、2.618、3.237、4.236、5.849、6.854。

第八讲　波浪理论的灵活性

波浪理论的基本概念相当简单，但在市场中出现的实际走势却会有更多的波浪。上升推动波中一、三、五浪的变化大致可以分成三种情况。

一、延伸浪

1. 延伸浪只出现在第一浪、第三浪和第五浪中的其中一浪，也就是说在第一浪、第三浪和第五浪中，只有一个浪会出现延伸浪。如果某一主升浪会延长，那么另外两个主升浪则在时间和上涨幅度方面大致相等。

2. 如果第一浪与第三浪的涨幅差不多，且第五浪的成交量比第三浪多时，则第五浪出现延伸浪的机会会很大。

3. 如果延伸现象出现在第三浪，则第五浪的形态会比较简单，而且五浪的涨幅大致与第一浪相等。

4. 如果延伸现象出现在第五浪，则第五浪会以二次回档（双重回折）的形态运行。

二、终结倾斜三角形

当股价走到第五浪时，只要成交量逐渐递减，并开始减速，股价会逐渐演变成终结倾斜三角形。倾斜三角形是推动浪的一种特殊形态，主要发生在

第八讲 波浪理论的灵活性

第五浪的位置和C浪的位置。在股市中一旦有快速拉升或打压的现象，其后经常会产生倾斜三角形，显示出上升的趋势在减缓。其常见的形态为3－3－3－3－3。倾斜三角形的第五浪通常在翻越中结束，也就是股价对一浪尖和三浪尖连线的短暂突破。上升倾斜三角形是看跌的，参看例图8－01；而下降倾斜三角形是看涨的，参看例图8－02，在下降倾斜三角形的后面会产生向上的任意三浪的攻击。

例图8－01

例图8－02

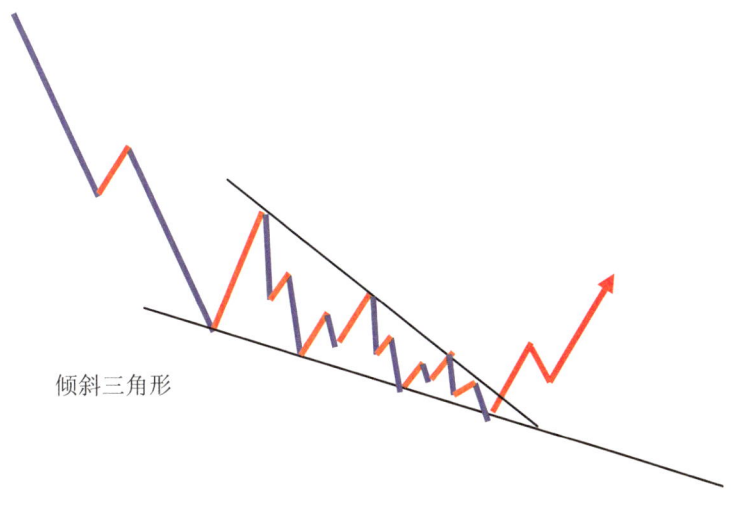

倾斜三角形

三、失败形态

如果第五浪未能达到或超越第三浪高点时为失败形态,可以用小一级的5浪进行确认。大致几何形态可理解为双头(M头),即兄弟峰。五浪失败是上升趋势即将逆转的前兆。

如果在第五浪发生延伸浪,那么在接下来的修正三浪A中,股价会跌至延长浪的起涨点附近(延伸浪中的浪二),并随后发生反弹,创下整个循环期的新高B点,即只有第五驱动浪发生延伸,才会伴随着二次回档的调整。如果在五浪时发生二次回档则第一次回档的低点,标示为浪A。二次回档创出的新高则标示为浪B。参看例图8-03。

例图8-03

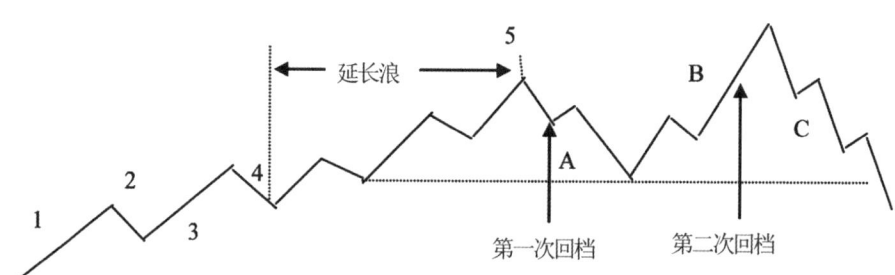

五浪的二次回档之后,C浪则以5小浪下跌的形态出现。

第九讲　实战中的跌幅和升幅预测

斐波纳奇神奇数字在波浪理论中具有极为重要的地位。在这些数字中，使用频率最高的三个比率是 0.382、0.5 和 0.618。在浪与浪之间的比率经常还经常用到的数字如下：0.146、0.171、0.191、0.236、0.309、0.764、0.809、0.854、1、1.236、1.382、1.618、2.618、3.237、4.236、5.849、6.854。

一、预测二浪底

根据第一浪可以预测第二浪的回调幅。

强势调整：一浪涨幅×0.382＝二浪底。根据统计表明，一浪涨幅乘以 0.5 或 0.618 出现的次数较多，但二浪底绝不能低于一浪的起始点。参看例图 9－01。

例图 9－01

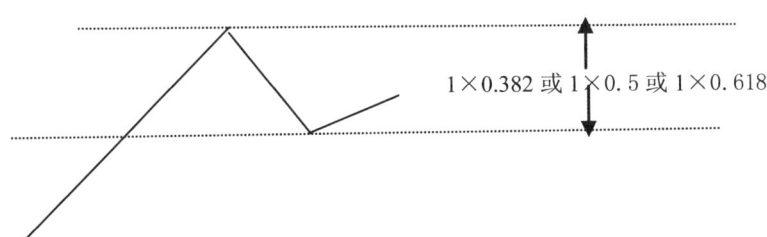

二、预测三浪尖

第三浪的升幅常以第一浪升幅的 1.618 倍出现,常见倍率为 1.382、1.5、1.618。

一浪的长度×1.618 后所得的积,再与二浪底的数值相加,即可预测出三浪的最低升幅。

一浪的长度×1.618 后所得的积,再与一浪尖的数值相加,即可预测出三浪的最高升幅。

三浪的升幅与第二浪调整浪的形态、第三浪时成交量的变化、K 线组合形态等有密切关系,但最根本的原因是庄家一浪吸筹结束时,是由持仓筹码的数量所决定。参看例图 9-02。

(5.57-4.14)×1.618+4.56=6.87。预测值与实际值只有 0.04 元的误差。

公式:(B-A)×1.618+C=D

一浪底:A

一浪尖:B

二浪底:C

三浪尖:D

另外,在升势强劲的第三浪内,如果出现了延伸浪,则极有可能出现 4.236 的比率。这个比率是这样求出来的:144÷34=4.235,233÷55=4.236。

第九讲　实战中的跌幅和升幅预测

例图 9－02

三、根据一、二、三浪预测第四浪回调的深度

四浪底高于一浪尖。

四浪与二浪形态不一样，二浪复杂则四浪简单，二浪简单则四浪复杂。

四浪在三浪 4 中完成，四浪与三浪存在着 0.382、0.5 和 0.618 的关系。

在时间的预测上，从一浪起始点到二浪调整终点的时间乘以 1.618 倍等于高一级浪的调整终点的时间。

第四浪的低点，将是未来调整浪 ABC 的极限位置。参看例图 9－03。

例图 9－03

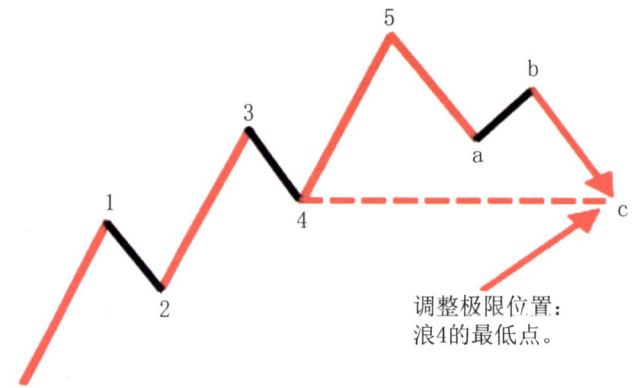

四、根据一浪和三浪预测五浪

如果三浪发生扩延浪，则一浪和五浪的运行幅度及时间应大约相等；假如并非完全相等，则极有可能以 0.618 的关系出现。也就是说，如果第三浪扩延，那么，第五浪的高度等于第一浪的高度或是第一浪的 0.618 倍。

如一浪与三浪涨幅大约相同时，五浪多出现扩延，其涨幅一般为：

一浪的底点到三浪高点的距离×1.618 后所得的积再加上四浪底的价格

一浪的长度×1.618 后所得的积再加上一浪尖的价格，即可预测出五浪的最低升幅。

一浪的长度×3.236 后所得的积再分别加上一浪起始点的价格和一浪尖的价格，即可预测出五浪的最高升幅和最低升幅。

一浪起始价×6.854 倍；

一浪起始点的价格×7；

我们只要知道了第一推动浪的长度，那么整个推动五浪的每一个子浪上涨和回调的幅度，就都可以推算出来，波浪理论的最大魅力就在于此。

五、调整浪的预测

在5-3-5锯齿形调整浪中，参看例图9-04。

例图9-04

调整浪如果以"5-3-5"的曲折形式出现，则C浪与A浪相等。

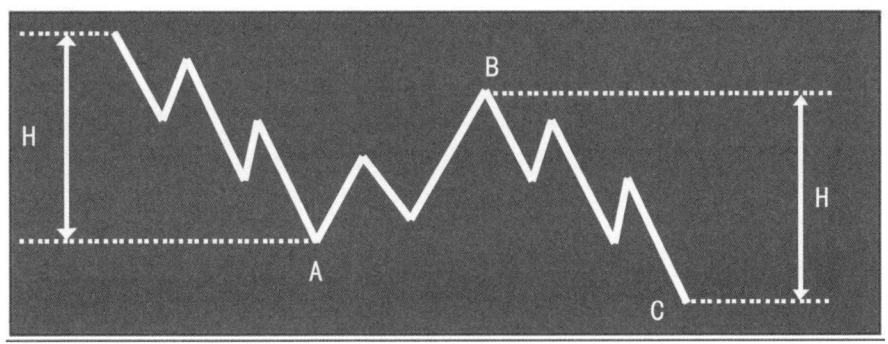

如遭遇暴跌，C浪＝A浪×1.618；2或2.191或2.382或2.5或2.618等黄金分割中的某个数值。

C浪的下跌目标也可以用下列公式进行预测：

C浪底＝A浪的低点－（A浪的长度×0.618）；

在3-3-5平台形调整浪中：

平台形调整浪又可再分为四种类型：第一、普通平台调整，B浪刚刚升至A浪开始的地方。第二、超越调整浪，B浪超越A浪起始点，而C浪则跌破A浪的底。第三、内含调整浪，B浪只升到A浪开始的地方，而C浪则不能跌破A浪的底。第四、顺势调整浪，B浪远远超过A浪开始的地方，而C浪更高于上一个推动浪的顶，此种形态表示后市极为强劲。参看例图9-05。

调整浪如果以"3-3-5"的平坦型出现，则C浪为A浪的1.618倍。

例图 9-05

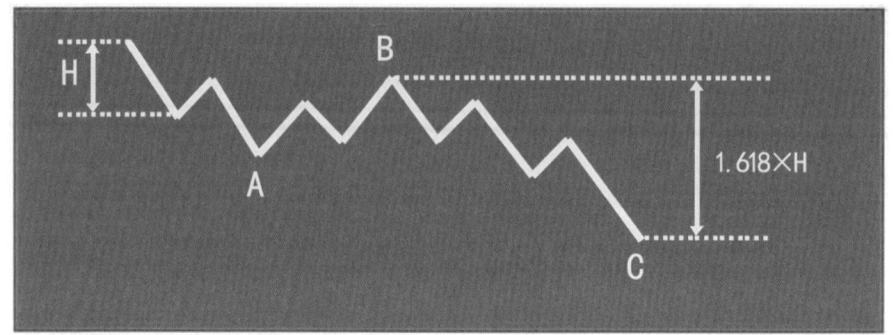

在三角形调整浪中：

每一浪＝前一浪×0.618。

A、B、C 调整浪的底部不应该跌破五浪中第四浪的底部。也可以说，熊市不应当跌破前一轮牛市的第四浪的底部。

在升势强劲的时候，调整的比率极有可能是 0.236，而不是常见的 0.382 或者 0.618。

六、常用比率的位置

了解了以上跌幅和升幅的计算方法之后，我们可以比较准确的知道股票下跌到哪个价位会遇到支撑，涨到哪个价位会遇到阻力或回调，其预测的准确性往往让我们感到神奇。

下面列出上述比率的特性：

（1）0.382 是在第四浪中经常出现的调整比率，在牛市背景下，二浪的调整也会出现这一比率。如果 A、B、C 浪以锯齿形出现，则 B 浪反弹经常到 A 浪的 0.382 位置。

（2）0.618 是出现在第二浪中的调整幅度，或者 B 浪的调整比率。第五浪如果没有出现延伸，会以一浪的 0.618 出现，三角形调整浪内，浪与浪之间的比率。

（3）0.5 是 B 浪的调整幅度（ABC 浪以锯齿形出现）。

（4）0.236 是在牛市背景下，处于二浪和四浪的调整中，出现的回调比率。

（5）1.236 及 0.382 如果发生不规则的调整形态，可以利用 B 浪和 A 浪的关系预测 B 浪的目标位。

（6）1.618 是第三浪与第一浪之间的关系，也是 C 浪与 A 浪常用的比率。在实战中，调整幅度常用的比率经常可以协助我们寻找支撑。

七、浪形和面积的关系

根据波浪的面积验证三浪和五浪的高度，其公式如下：

1 浪的面积＋2 浪的面积＝3 浪的面积

3 浪的面积－4 浪的面积＝5 浪的面积

参看例图 9－06。

例图 9－06

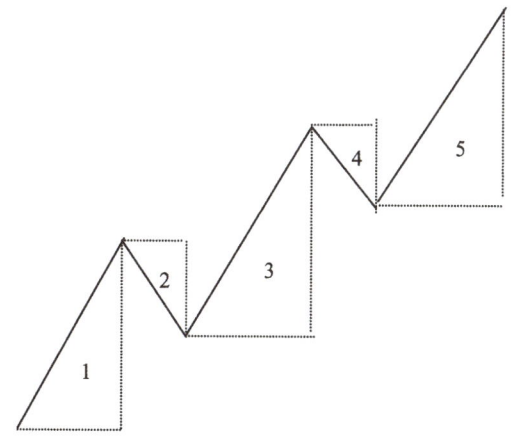

第十讲 波浪与通道

在波浪运行的过程中，我们可以清楚地看到大的运行趋势，根据一浪起始点和一浪的最高点，我们可以很方便的测算出二浪底的位置。当二浪底的价位被确认之后，我们根据一浪的起涨点和二浪底画一条趋势线作为通道的下轨，然后经过一浪尖做底轨的平行线，这样就形成了一条通道，这条通道为趋势未来的发展提供了可靠的线索。通道的上轨和下轨通常会成为按波浪运行的股价的顶和底，如果第三主升浪涨势强劲，它会穿出原通道的上轨，这样我们就要以一浪尖和三浪尖画一条趋势线作为原通道的修正，并经过二浪底画一条与修正线平行的修正线底轨，这条新的通道将使我们清醒地看到股价在四浪调整的终点时应处的价位，这在实战中极其重要。将二浪底和四浪底连结成一线，经过三浪尖画一条与之相平行的修正通道线，这条新的通道线将使我们预先知道股价在五浪的终点时应处的价位，如果第五浪的价格在接近趋势线上端时，伴有成交量萎缩，则预示着第五浪达不到预定值；如果成交量增大，则第五浪则极有可能穿透通道的上轨。参看例图 10-01、10-02。

例图 10-01

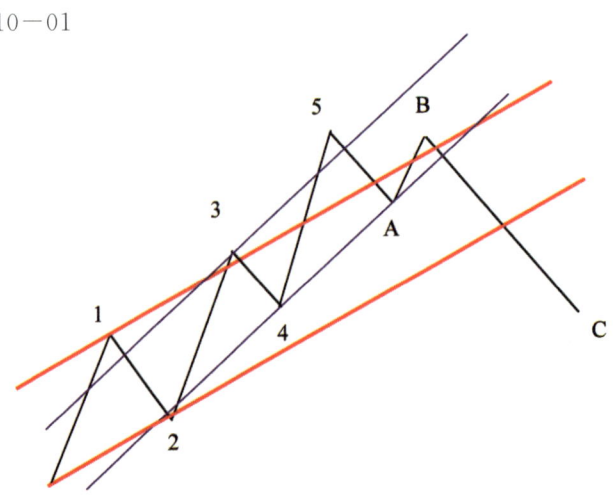

第十讲　波浪与通道

例图 10－02

学习波浪理论对我们的股市实战具有非常重要的意义。比如，调整浪常见的结束位置可以让我们预测到何处有支撑，也就是帮助我们找到买点。一、三、五浪的长度特征可以让我们预测浪尖的价位，交替规则可以让我们预测下一阶段调整浪的运行模式。而波浪与平行通道的关系，使我们能够从总体上掌握股价的运行趋势。在运用波浪理论进行的实战中，我们重点关注的是二浪底。为了预防庄家利用二浪的形态做骗线，请记住下面三个口诀。

（1）一浪口诀之年线之下：

均线黏合又发散，反弹期长成反转，横盘双底现盘面，价创新高易判断。

（2）一浪口诀之年线之上：

价穿季线或年线，振荡上行频回探，换手二百一浪止，原驰蜡象驼峰现。

（3）识别二浪骗线口诀：

起始之上二浪坑，底破启点庄要疯，斩钉截铁速离场，市场长期要走空。

底部特征久横盘，双底多底加头肩，二浪底部多留意，起点一破股变钱。

第十一讲　斐波纳奇级数与比率分析

一、斐波纳奇级数

在意大利的比萨城，竖立着一座著名的斜塔。在离塔不远的地方，有一座小塑像，它就是13世纪的数学家里昂纳多·斐波纳奇。那么斐波纳奇同研究股市行为的艾略特波浪理论又有什么牵连呢？艾略特在他的《自然法则》中，详细交代了波浪理论的数学基础就是斐波纳奇在13世纪发现的一组数列，这组数列以其发明者命名，人们都称之为斐波纳奇数列。斐波纳奇发表了三部主要著作，其中最著名的是《Liber Abaci》（称为《计算全书》）。在《计算全书》中，斐波纳奇数列第一次出现，是作为兔子繁殖的数学问题的解答写出来的。这组数字是：1、1、2、3、5、8、13、21、34、55、89、144……并无限延伸。这个级数起源于这样一个问题：

一对兔子在封闭的环境下，假设从出生后的第二个月开始，每月繁殖一对兔子，那么，从这一对兔子开始，一年后会繁殖出多少对兔子？

首先兔子在两个月后才能繁殖，那么在头两个月都仍只有一对兔子，第三个月繁殖出一对新生兔子，则有两对兔子。按每月生产出一对兔子进行繁殖，第四个月有了三对兔子，到了第五个月，最初生产出兔子也可以繁殖了，则有了五对兔子。如此下去，繁殖的兔子数目为：1、1、2、3、5、8、13、21、34……持续数年后，这个数字变成了天文数字。

由兔子问题发现的斐波纳奇级数有很多有趣的性质，并且级数各项之间存在一种恒定不变的关系，其特征如下：

第十一讲　斐波纳奇级数与比率分析

第一，在斐波纳奇数列中，任何一个数字都是其前面两个数字之和（序列中头两个数字除外）。例如：2＝1+1、3＝1+2、5＝2+3、8＝3+5、13＝5+8、21＝8+13……以此类推以至无穷。

第二，在相邻的两个数中，前一个数与后一个数之比大约为0.618（序列中前四个数字除外）。例如：8/13≈0.615、13/21≈0.619、21/34≈0.618、34/55≈0.618……以此类推以至无穷。对 1/1＝1.00、1/2＝0.50、2/3＝0.67、3/5＝0.60、请大家特别注意1.00、0.50、0.67这几个数值，等后面谈到比例分析百分比回调时我们再详细解说。

第三，在相邻的两个数中，后一个数与前一个数之比大约为1.618（前三个数字除外）。数字越大，这一比值的近似程度越好。例如：21/13≈1.615、34/21≈1.619、55/34≈1.618、89/55≈1.618……以此类推以至无穷。

第四，任何一个数字大约是前面第二个数字的2.618倍（前四个数除外）。例如：21/8≈2.625、34/13≈2.615、55/21≈2.619……

第五，任何一个数字大约是其后第二个数字的0.382倍（前四个数除外）。例如：8/21≈0.381、13/34≈0.382、21/55＝0.382……

第六，任何一个数字大约是其后第三个数字的0.236倍（前四个数除外）。例如：8/34≈0.235、13/55≈0.236、21/89＝0.235……

第七，任何一个数字大约是前面第三个数字的4.236倍（前四个数除外）。例如：34/8≈4.25、55/13≈4.23、89/21≈4.238……

第八，任何一个数字大约是其后第四个数字的0.146倍（前四个数除外）。例如：8/55≈0.145、13/89≈0.146、21/144＝0.145……

第九，任何一个数字大约是前面第四个数字的6.854倍（前四个数除外）。例如：55/8≈6.875、89/13≈6.846、144/21＝6.857……

从以上推论，我们得到了非常重要的四个比率关系：

0.382

0.618

1.618

2.618

由这四个比率又可得到如下几个比率：

0.382/2＝0.191

1.618/2＝0.809

0.618×0.382＝0.236

在以上这些比率中，黄金分割率是闻名于世的，0.618 和 1.618 为黄金分割率的基本数字。其原理也表现在金融市场中，当价格上涨到原价格的 0.382 或 0.618 位置时，就会出现压力并可能产生反转行情；当价格下跌到原价格的 0.382 或 0.618 位置时，就会出现支撑并可能产生反转行情。0.382 或 0.618 两个数字，在上升修正波中是重要的计算依据，但其他几个数字，如 0.191、0.236、0.5、0.809，在上升修正波的调整中都具有判断调整位置的重要作用。

在斐波纳奇级数中，任意数与前三数之比为 4.236，任意数与后三数之比为 0.236，并且 4.236 与 0.236 之差为 4。由此种特性，又引伸出斐波纳奇另外一组神秘数列。任意一个数字（1 和 2 除外）乘 4，再加上一个级数中的数字，则又形成一个斐波纳奇级数序列。如：3×4＋1＝13、5×4＋1＝21、8×4＋2＝34、13×4＋3＝55、21×4＋5＝89……

在斐波纳奇级数中，由 1 开始可以随意挑选连续出现的神奇数字。这些数字的平方之和，一定等于最后一个数字乘以接着出现的数字。如：

$1^2+1^2+2^2=2\times 3$

$1^2+1^2+2^2+3^2=3\times 5$

$1^2+1^2+2^2+3^2+5^2=5\times 8$

两个相隔出现的神奇数字的平方之间，有着非常神奇的联系。高两位数字的平方减去低两位数字的平方，其结果必然是一个神奇数字。例如：

$8^2-3^2=55$

$13^2-5^2=144$

平方在波浪理论中占有很重要的地位，每当大盘出现的点位可以开平方的时候，往往就是一个重要的时间之窗。

这组数字序列在研判股市的运行周期时，是运用得最多的，也是最具神奇效果的序列数字。每当股市的年、月、周、日、时碰到神奇数字时，当日的盘面都会发生逆转或出人意料的一些变化。这组数字是股市时间周期理论的数学基础。斐波纳奇数字在波浪理论中得到了充分的体现，如上升五大浪、下跌三大浪共八个大浪一周期，往下走一级按中浪计算，上升二十一浪，下跌十三浪，共三十四浪一周期。按小浪算，上升八十九浪，下跌五十五浪，共一百四十四浪一周期。以上的数字全部都是斐波纳奇数字。在自然界中，斐波纳奇数字也随处可见。如百合花有3个瓣，紫荆花及毛茛属植物有5个花瓣，翠雀属植物多有8瓣，紫万寿菊有13个花瓣，紫菀属植物有21瓣，就连我们吃的水果菠萝，也有8行向左边倾斜的方形鳞苞和13行向右边斜的方形鳞苞。又如我们的身体，从上到下都遵循着数字3和数字5。从躯干开始有5个突出部分——头、两只手臂两条腿，每一条腿和每一只手臂细分成三个部分。腿和手臂又有5个脚趾和5个手指。脚趾和手指又细分成三节，人的感觉有五种（视觉，听觉，嗅觉，味觉，触觉）……

二、黄金比率与黄金矩形

任何长度都可以这样分割：就是使较短部分与较长部分之间的比率等于较长部分与整个长度之间的比率，这个比率永远是0.618。从人的外形尺寸到人的面部器官的位置，人体各处都体现了黄金分割。比如，人体的肚脐部位在统计学上的平均值大约是全身长度的0.618。人体的头顶到肩膀部位在统计学上的平均值大约是全身长度的0.236，人体的肩膀部位到肚脐部位在统计学上的平均值大约是全身长度的0.382，人体的上举直臂指端到头顶的距离在统计学上的平均值大约是全身长度的0.382。

黄金分割在自然界随处可见，这组黄金比率在音乐、艺术、建筑、生物学科上得到了完美的体现。小到原子结构、大脑中的毛细血管以及DNA分子，大到行星的距离和运行周期，大自然在其最本质的表现和最高级的模式中，均体现了黄金分割。

黄金矩形是相邻两边之比为1.618∶1的矩形。要构建一个黄金矩形，首先要画一个2×2的正方形ABCD，再从一边（CD）的中点（E）至对边直角的顶点（B）做一条连线（X），形成一个直角三角形。这个三角形的斜边X的平方等于两直角边BD和ED的平方和即5的平方根＝2.236，构建黄金矩形的下一步是延长正方形底边CD到G，使EG的长度等于EB的长度即可，（2.236个长度单位）。画完后矩形相邻两条边呈黄金比例，所以大矩形ACGF和小矩形BDGF都是黄金矩形。CG/FG＝1.618，DG/FG＝0.618。参看例图11－01。

例图11－01

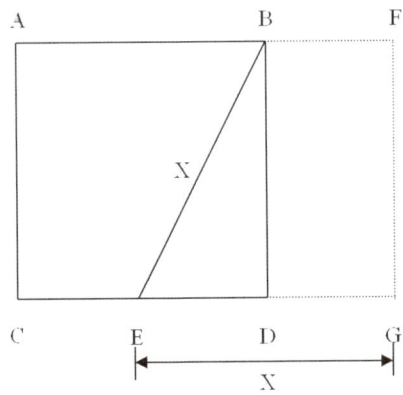

1.618是众所周知的黄金比率，利用1.618这个黄金比率我们也可以计算出众多神奇数字之间的比率。如：1.618的倒数是0.618，1.618的平方是2.618，1.618的平方倒数是0.382，1.618的立方是4.236，1.618的立方倒数是0.236，1.618的四次方是6.854，1.618的四次方倒数是0.146。

黄金比率包含在非常广泛的现象中。至少在距今五千年以前，自然法则就已为人所知。比如，埃及大金字塔的设计者和建造者们用这种特殊的建筑方式给了后代子孙极为重要的自然信息，他们有意识地将黄金比率融入大金字塔，他们使大金字塔侧面的斜高等于底边长度一半的1.618倍，这样金字塔的垂直高度同时就是 1.618 的平方根乘以底边长度的一半。金字塔的底边为 783.3 英尺，标高为 484.4 英尺，标高与底边的比率是 61.8%，侧面的轮廓是一个 3 条线的循环；在金字塔中共有 5 个面，四个在地的上面，一个在地的下面，也就是金字塔的底面；从顶部可以看到 8 条线；金字塔的线面总和是 13。那些设计和建造金字塔的人是才华横溢的科学家、天文学家和数学家，他们是要将黄金比率作为一种有至高无上价值的东西，成千上万年地保存下去。

1.618 是一种内在的自然法则，一种蕴藏在万物中的给予生命的力量以及主宰并渗透世界的宇宙结构力量。

波浪理论解释了人类进化的大循环，并提示了它怎样以及为什么要这样展开的道理，它不仅包括了小规模的循环，还包括了大规模的循环。正是这种理论，告诉我们自然界中没有什么东西是无序的或无形的。例如，人的生命是有形态的，人类前进也是有秩序的，而且遵循了一定的社会形态。延伸下去，人类的一切社会活动也是有秩序和有形态的。

股市中的技术分析手段，都是基于秩序和形态的基本原理，而波浪理论告诉我们，形态无论是大还是小，基本结构是恒定的。艾略特在他生前的第二部专论中，用自然法则来代替波浪理论，并将自然法则运用到各种各样的人类活动中。这样，他就犯了一个错误，因为自然界已经创造了数不清的形态和过程，而绝不仅仅是一种波浪布局。如突破理论就是另一种波浪布局。但是，平心而论波浪理论确实是宇宙中最重要的奥秘之一。在各种波浪的前进中，有着相同的数学基础，费波纳茨数列主宰着股市中大盘及个股在运动中形成的波浪数，市场的本质结构在体现着完整的费波纳茨数列。一个推动浪的最简单表现形式，是直线上升；一个调整浪的最简单表现形式，是直线下降；一个完整的循环就是这两条直线。在下级的复杂形态中，对应的直线数字是 3、5 和 8，这个数列可以无穷无尽。波浪理论的每一幅图形都解释了黄金螺旋线的自然法则，并且受到神秘数字的控制，每一浪都与前一浪的 0.618 相关。

三、黄金螺旋

黄金螺旋是对数螺线或称等角螺旋线的一种类型，它形状恒定，而且没有边界，从螺旋线上的任何一点，螺旋线都可以向内或向外无限推移，每转90度，它的半径就增加1.618倍。它没有起点，也无终点。对数螺旋线是整个宇宙中发现的自然生长现象的精辟表述。它覆盖了小到原子、分子，大到银河系的各种规模的运动。例如，蜗牛壳、软体动物的壳、松果、动物的角、向日葵和菊花上的种子分布曲线，飓风，星云等都形成了黄金螺旋形。江河中的旋涡、外太空的星系都在以对数螺旋线旋转。螺旋就意味着运动、生长与衰老，扩散与收敛，前进与倒退，作为自然界的一种扩散或收敛的力量，作为一种主宰动态过程的规律，黄金螺旋在1.618黄金比率的支撑下，在我们面前以符号的形态展开。1.618的比率是主宰动态自然现象的基本规律。

根据黄金螺旋的原理，当一浪走完之后，用一浪尖的价格乘以1.618，就可以大致算出三浪尖的价格，或失败五浪的浪尖价格。

从一浪起始点到二浪调整终点的时间乘以1.618倍等于高一级浪的调整终点。

第十二讲　比率分析及时间目标

一、比率分析

　　评定一个浪和另一个浪在时间和幅度上的比率关系，即比率分析。当我们了解了黄金比率在股票市场循环的五浪上升和三浪下降运动中的作用时，谁都能预见到在上升阶段结束时随后出现的调整浪的时间和幅度，是先前上升行情的 3/5。在中国的股市中，常用的回调比率通常为 3 个数：0.382、0.5 和 0.618。在上涨的过程中，股价的一浪往往达到前期高点的 50% 位置，产生回调。而回调的深度往往是一浪高度的 0.618 位置。费波纳茨数列给了市场的技术分析人士一个额外的视角，它提供了一把开门的钥匙，至于能不能打开股市的预测之门完全看你对波浪理论的研究深度了。股票市场中的各种模式在所有的浪级上都是相同的，从小规模的小时波浪图，到较大规模的年度波浪图。长期走势使我们看清的是股市运行的趋势；而以小时计算的短期走势，则给我们提供了最佳的进场买点。

　　波浪理论能够相当精确地告诉分析人士股票下一步的走向，并及时发出警告，以避免他们操作上的失误和经济上的损失。使用波浪理论预测目标价位十分有用，如果你的预测出现的错误，那么你就必须重新检查你所确定的一浪起点是否正确。对波浪理论的正确应用，使你对危险的到来能有准确的预测，这样做的结果往往保住了你已经获得的股市利润。

在艾略特的波浪理论中，斐波纳奇时间目标是通过向未来计算显著的顶和底的位置而得出来的。在股票分析软件的日线图上，我们从重要的转折点出发，向后计算到3、5、8、13、21、34、55、89、144……时，那么未来的顶或者底就经常会出现在这些斐波纳奇神奇数字日上。在周线图、月线图、甚至年线图上，我们都可以运用这项技术。

在波浪理论中，浪形分析、比率分析、时间周期分析，如果三方面不谋而合，那么市场重要的顶部就会立刻出现。比如，通过浪形分析，第五浪已经开始运行，并且第五浪已经快要走到一浪底到三浪顶的1.618倍。同时，从一浪起始点到现在刚好运行了13周，从前一个高峰到现在刚好运行了34周，那么我们就很有把握了。这种由顶到顶、由顶到底、由底到底、由底到顶的多种时间周期测算，我们都可以跟浪形分析同时进行。但是要确定哪种关系适合当前的形势，就必须依靠波浪理论之外的能量分析了，就股市和期货市场而言，艾略特的波浪理论是最兼包并蓄的技术方法了。绝大部分的价格形态都可以用艾略特的波浪结构加以解释。通过斐波纳奇比率的投射和回调，构造出了最神奇和精确的预测。

二、周期分析

1. 周期的基本概念

在通常情况下，股票市场的运动特征就是曲折蜿蜒，而不会朝着或上，或下，或横盘的某一个方向直来直去，它的运行轨迹呈现出前仆后继的波浪形态，具有非常明显的波峰和波谷。在艾略特的波浪理论中，一个完整的牛市周期由八浪构成，其中先是五浪上涨，后是三浪下跌。

第十二讲　比率分析及时间目标

在股票分析软件中，有三种画面：行情画面、走势画面和技术分析画面。我们选择技术分析画面，并把时间设定为500～800天，股票价格的变化形成了一幅幅波动的图形。在这些图形中一定会出现重复的价格变化周期，我们把周期的底部称为"波谷"，把周期的顶部称为"波峰"。从波谷到波谷的距离，从波峰到波峰的距离就形成了价格变化的周期。在这个周期中，波谷的周期比波峰的周期要稳定、可靠得多。因此，在我们日常的技术分析中，我们选择股价波动的低点来测量周期的长度。股价的波动周期具有三个方面的特征：周期长度、波幅和相位。周期长度是指价格波动变化过程中的两个低谷之间的水平距离。波幅是指波谷到波峰的垂直距离，在股市中表现为价格或点数。相位是指波谷的时间位置，因为在股票市场中往往在同一时间出现多种周期的低点，比如周二是某支股票13天循环周期的低点，同时又是34天循环周期的低点，又是55天循环周期的低点。不同周期的低点在同一时间出现，这一个时间之窗的可靠性较之单一周期的低点所形成的时间之窗要可靠得多。所以相位分析有助于我们比较不同周期长度之间的关系。例如，以波谷确定下来的20天的周期，那么在未来的价格走势中，20天后将可能出现一个新的波谷。一旦我们了解了某支股票的周期长度、波幅和相位，从预测的角度来说我们就能够较有把握地推断未来。从股市的实战中我们已经知道，股价的波动周期都有着较强的连续性，正是基于对这种连续性的认识，我们就可以根据过去的周期变化来推测未来的波峰或波谷出现的日期。周期理论的基础就在于此。

2. 周期理论

在周期理论中，有四条重要的原理：叠加原理、谐波原理、同步原理和比例原理。这四条原理使我们在进行股价的周期分析时始终保持着清醒的头脑。

叠加原理的内容是，把股票波动的有效周期简单相加，其结果就是股价的变化。所有的价格变化形成的几何形态都是由两个或两个以上的不同的周期叠加而成的，换句话说，所有的价格变化都是不同周期之和。进一步讲，如果我们从价格变化的几何形态中，细分出多个有效周期，那么我们只要把每个周期都简单地向未来推延，然后再合并起来，结果就是未来的价格变化趋势了。以上是周期理论的要诀。例如，在 60 或 120 分钟 K 线图画面上，取两日平均线值与周 K 线图画面上的两周平均线值相加除以 2，所得值即为日 K 线图画面上两日平均线值。

谐波原理是指相邻的周期长度之间通常存在的倍数关系。一般是 0.5 倍或者是 2 倍。例如，对一个 20 天的周期来说，与之相邻的较短的周期通常就是 10 天周期，较长的周期通常就是 40 天周期。将这个原理用于均线的设置：首先我们确定使用的均线参数为 10，那么另外两条均线的参数就应该设置为 5 和 20，5 是 10 的 1/2，20 是 10 的两倍。这个简单的例子非常清楚地说明了谐波原理的主要内容。按照这个原理，如果我们把 20 定为首选参数，那么备选参数就应该是 10 和 40。将此原理运用于预测股价的走势，可以按如下操作：假如两个以上波谷之间的周期长度是 30 天，那么紧随其后的下一个波谷出现的天数就在以后 30 天左右。我们在上升的趋势中可以进行操作的、较为保险的黄金时间段就在有效周期的中线左侧。由于市场周期一般具有多波长周期并存的特性，并且所有有效周期的波长具有一定程度的摆动性，也就是所有有效周期的波长具有一定程度的扩张性或收缩性，因此我们不应该将周期波长看成是一个恒定不变的固定值。在股市中的目标股或大盘的有效周期波长得到暂确认以后，我们可以把波长的 1/2 作为暂定值来搜索有实战价值的有关技术指标的最佳参数值。

同步原理的内容是，不同的时间周期常常在同一时刻达到谷底。我们在股市中经常使用的时间之窗就是基于这个原理的。比如，按中国的农历每年的立春、立夏、立秋、立冬都可视为一个时间之窗，其运行的时间为 90 天。如果在这四个节气出现了变盘时间的偏移，那么我们可以根据实际发生的变

第十二讲　比率分析及时间目标

盘时间所对应的节气，按 90 天的周期向前或向后推移测算。比如，立春的后面是雨水，如果在雨水这天发生了变盘，那么时隔 90 天之后，在立夏后面的小满这一天将发生另一次变盘。而再一次发生变盘的时间又会出现在 90 天之后的处暑这一天。再过 90 天在立冬后面的小雪这一天将会发生较大的变盘。如果以上所说的变盘日期与我们在股市中经常遇到的 3 天、5 天、8 天、13 天、21 天、34 天、55 天、89 天、144 天、233 天、377 天周期相吻合，同时又和 5 周、8 周、13 周、21 周、34 周、55 周、89 周、144 周、233 周、377 周发生了共振，那么这个三期合一的时间周期就值得非常注意了。值得我们注意的是，一个完整的圆是 360 度，一年又正好是 365 天，因此对市场周期有影响力的神奇数字，都在 3 到 377 之间。

如果我们用神奇数字比率将一年的时间周期进行分割，那么起始点的选择和确定将是十分重要的。如果一年的行情是从 1 月 6 日起始的，那么 1 月 6 日就是分割的起始点。

比率：	时间之窗：
0.00	1 月 6 日
0.146	2 月 28 日
0.236	4 月 2 日
0.333	5 月 8 日
0.382	5 月 25 日
0.50	7 月 8 日
0.618	8 月 20 日
0.666	9 月 6 日
0.764	10 月 12 日
0.809	10 月 28 日
0.854	11 月 14 日
	11 月 6 日

市场的变点，经常会在分割点附近出现。

一年二十四个节气，我们按六个节气一个小周期，可以把一年分割成四等份，如：

小寒（1，6）

清明（4，5）

小暑（7，7）

寒露（10，9）

也可以把一年分割成三等份，如：

小寒（1，6）

立夏（5，6）

白露（9，8）

把一年分成四等份，就在节气圆内画出了一个正方形，正方形的四个角就是股市的变点或称为时间之窗。

把一年分成三等份，就在节气圆内画出了一个三角形，三角形的三个角就是股市的变点或称为时间之窗。

把一年分成六等份，就在节气圆内画出了一个正六角形，正六角形的六个角就是股市的变点或称为时间之窗。

把一年分成八等份，就在节气圆内画出了一个正八角形，正八角形的八个角就是股市的变点或称为时间之窗。

每一个变点都可以视为时间之窗，另外从每一个变点按神奇数字展开的日期也可以视作股市中可能出现的时间之窗，到底使用哪一套比较准确要根据盘面的变化来确定或调整。

另外，在节气圆中跟月球的月相相对应的时间也可以视作为股市运行周期的变点，尤其是望月（也就是满月）日，与月球的变化周期相对应的股市波动也值得我们密切注意。

请参看例图12－01、12－02。

例图12－01　这是2003年的节气圆。

例图 12－01

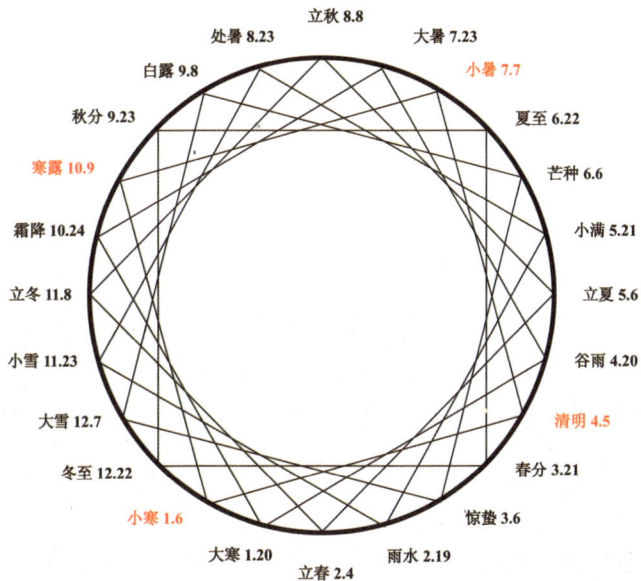

例图 12－02　这是 2014 年的节气圆，使用时，请注意不同年份的微小变化。

例图 12－02

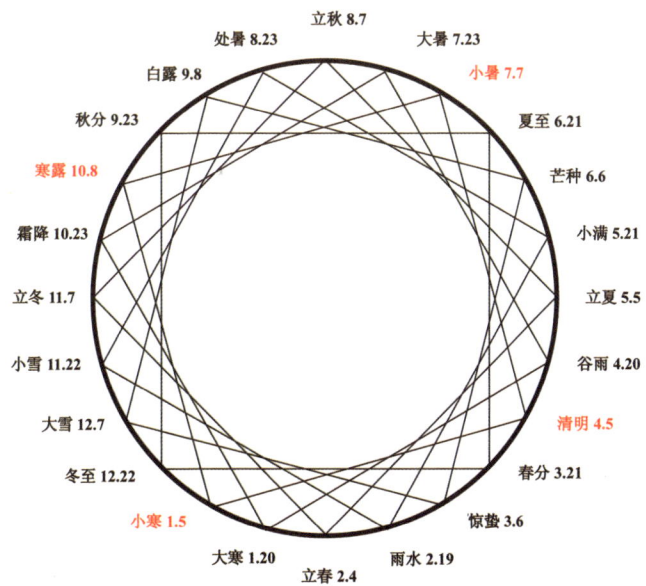

实战应用举例：

把 2013 年 6 月 28 日视为上海大盘 45 天启动一次的时间之窗，看看随后的 6 个 45 天的时间之窗是何等的神奇和实用。

例图 12－03

比例原理的内容是，在周期长度和波幅之间都具备一定的比例关系，周期越长那么其波幅也应成比例地放大。比如 40 天周期的波幅应当是 20 天周期波幅的两倍。形态的规模在股市实战操作中是一个必须注意的问题。相邻的两个波峰之间，或者相邻的两个波谷之间，相隔的时间越长，这个波浪的波幅就应该越大，一旦发生反转，上升的幅度就会很高，下跌的幅度就会很深。按照常规，最有效力的双重底形态中，双谷之间的时间应持续一个月以上。此原理运用于实战中，可以进行股价的简单预测。基本思路如下：当一只股票过去按 40 天周期运行时，它的上涨幅度是 5 元，而现在它按 20 天周期运行，它的上涨幅度就应该是 2.5 元。当然这种预测是很粗略的，精确的预测则要依靠艾略特的波浪理论。

另外还有两个描述周期行为的原理、变通原理和基准原理。

第十二讲　比率分析及时间目标

变通原理是指叠加原理、谐波原理、同步原理、比例原理四原理都只是股市运行过程中的总体倾向，而不是严格不变的规则。在实际应用时，情况经常会有变化。在变化的股市中，想要找出一种规范化的操作方法其思路之所以错误，就在于规范化只适用于教学，而不适用于实战。在实战中使用规范化的操作，无异于死路一条。正确的思维模式为：庄变我发现，庄变我也变，我变得快，庄变得慢，庄家要挣的钱我先赚。

比如，我们常用的神奇数字由 1＋2＝3 开始，接下来是 2＋3＝5，5＋3＝8，由这个思路拓展开来。由 1＋3＝4 开始，接下来是 4＋3＝7，7＋4＝11 依此类推，我们可以按照以上的计算方法和思维模式扩展出多套神奇数字来。这样在股市的实战操作中，就形成了多变的而不是一成不变的神奇数字。请参看例图 12－4。

例图 12－04

1＋2	1＋3	1＋5	1＋8	1＋13	平方根	倍数
1	1	1	1	1	1	2
2	3	5	8	13	1.414	4
3	4	6	9	14	1.732	6
5	7	11	17	27	2.236	10
8	11	17	26	41	2.828	16
13	18	28	43	68	3.606	26
21	29	45	69	109	4.582	42
34	47	73	112	177	5.831	68
55	76	118	181	286	7.416	110
89	123	191	293	463	9.434	178
144	199	309	474	749	12	288

神奇数字和扩展的神奇数字序列在使用的时候要注意五条原则：

第一，在选定波段周期时，要注意观察哪一组神奇数字在起主要作用。

第二，不同组的神奇数字，在同一个位置出现较多时，这个位置的重要性要引起注意。

第三，不同的神奇数字在同一个时间周期反复出现，这个时间周期成为市场变点的可能性极大。

第四，神奇数字除了用于寻找市场的变点之外，股价涨跌的幅度及股价的支撑位和阻力位都可用到神奇数字。

第五，变动思维和优化思维是用好神奇数字的先决条件。僵化地使用不如不用。

基准原理认为，尽管在应用上述周期原理的时候，允许有所变通，但是仍然存在一系列基准的波浪周期。这种基准的波浪模型是我们研究股市的起点。

3. 周期理论实战

我们如果把周期理论应用到趋势线、股票通道、几何形态和移动平均线上面，那么周期理论就会发挥更高的效力，尤其是发生了多周期的共振或在周期转折点上同时出现了指标的转势信号时。

我们在进行技术分析的过程中，应当牢牢地记住，年线反映的是股价运行的长期趋势，月线、周线反映的是股价运行的中期趋势，日线、分钟线反映的是股价运行的短期趋势。在我们观察股价的运行趋势时，应当从长期形态开始逐渐过渡到短期形态。这一原则在波浪分析、能量分析和周期分析中都同样成立。在股市的实战中，最实用的分析过程为：首先看长期的主流趋势，其时间跨度为数年；其次观察中期趋势，时间跨度为数周或数月；再次轮到短期趋势，其时间跨度从几天到几小时。这种分析方法可用来解决入市和出市的时机问题，并有助于我们验证较长期周期出现转折点的位置。一般地讲，股价运行的主要趋势表现在长期趋势和季节性趋势上。例如，一年一度的周期已经从低谷抬头了，那我们至少可以预料从这个谷底到下个波峰市场将在年周期的 1/2 的 1/2 时间中呈现上升的态势。市场中还有以月为计量

第十二讲　比率分析及时间目标

标准的季节性周期,它们的变化通常延续数个月。在股市的实战中,三个月到六个月的基本周期最有用,相当于中期趋势,如果这种趋势向上运行,那么我们在这一时间段中就要坚持做多。下一个更短的周期是以 20 天为基数的月周期,可以用来确定基本趋势方向的介入点和撤出点。如果基本趋势向上,我们就利用运行周期的波谷来达到买进的目的;如果基本趋势向下,我们则利用运行周期的波峰来卖出,或者根本就不再操作了。在技术分析理论中,处处都强调顺势而为。如果中等趋势向上,我们则应在市场的短暂回落中买入。如果中等趋势向下,我们就应该离场休息,根本不参与操作了。在波浪理论中,只有在与上一层次的趋势方向一致的条件下,才会出现五浪结构的市场运动。所以,当我们利用短期的回落来选择时机时,必须首先确定上一层次的趋势方向,并顺着这个方向交易。一旦我们确定了趋势方向,那么下一层次的较短周期的方向就明确了。20 天的交易周期是一个重要的短期周期,换句话讲,绝大多数股票都倾向于每四周出现一个周期的低点。20 天周期是按照股市的实际交易日计算的,我们习惯上使用的移动平均线都是以 20 天、10 天和 5 天为基准的。我们也可以把 30 天、15 天、7 天作为基准,总之,不管我们习惯使用哪组参数的移动平均线,都要考虑到谐波原理的存在。

我们研究周期理论的目的,就是要用它来指导实战。它的实战功效体现在什么地方呢?就在波峰的偏移现象上。波峰的变化取决于本周期的上一个周期的趋势方向,如果其趋势是向上的,那么波峰向理想的中点右侧偏移;如果上一个周期的趋势向下,则波峰向理想中点的左侧偏移。也就是说,波峰的右移现象是看涨的,而左移现象是看跌的。例如,几个连续的周期都是 30 天(从波谷到波谷的水平距离来计算),那么波峰的理想位置应该在两个波谷的中间位置 15 天处出现。在这种理想的情况下,市场就先是 15 天上涨,然后是 15 天下跌。但这种理想中的情形很少出现,波峰的位置不是左移就是右移,这也正是我们认为波谷更为可靠的原因。也正因为如此,我们使用从波谷到波谷的水平距离来测算股价运行的周期。上升的趋势就是波谷不断抬高,而下降的趋势则是波谷不断降低。如果价格处于上升趋势中,那么每一个周期的波峰就会朝理想的周期中点右侧偏移;而当价格为下降趋势时,那么周期的波峰就会朝理想的周期中点左侧偏移。只有在市场上不存在明显趋势的时候，即当买方和卖方的力量处于相对平衡的时候，周期的波峰才恰巧出在周期的中点上。在实战中，我们只要确定了波峰在周期中的位置，就可以判断出趋势的运行方向。只要波峰出现在理论周期中点的右侧，我们就可以预测出当前的上升趋势仍会继续，但要记住"通道上轨不要碰，四次触顶仓清空"的口诀。

股价在第三个周期中线的右侧，预示会急跌快涨。请参看例图12－05。

例图12－05

而当波峰向周期中点左侧偏移时，就意味着当前趋势即将发生向下的变化，无论在周线图、日线图、分钟线上都是如此。举例来说，如果上一轮下跌持续了13天，那么接下来的上冲期就不应当多于13天。如果最近一轮上升期从底到顶共持续了3周，那就意味着市场向下调整的时间，或横向巩固的时间不应当超过3周。如果我们把时间的界定以一定的价格比例结合起来，那么经常出现的回调百分比为38％、50％和62％。等到调整发生以后，我们既可以知道回调的最终位置，也可以知道回调的时间范围。如果调整在接近第3周的时候价格恰恰出现在上升趋势线上，那么我们在这时买进则获利的可能就非常大了。波峰的左移现象和右移现象是极有价值的预测工具，它适用于任何趋势，或任一长度的周期。把这种波峰分析法融汇到波浪理论中，我们对后市的预测就会得心应手，料事如神。在研究市场周期的时候，最简便的方法是凭眼睛观察，我们很容易就能辨别出明显的顶和底，把这些顶、底之间的时间间隔平均一下，就能得出一定的平均周期长度。在周期的底部，股票的价格必须收盘于前三天的最高价之上时，买点才出现。周期分析的特点是，在熊市中尽量少用，周期分析的真正功效是在牛市中。

4. 市场周期的特性

（1）重复性。在股票市场中股价的运行轨迹呈现出前仆后继的波浪形态，具有非常明显的波峰和波谷。市场的周期波动按照波谷、波峰、波谷、波峰的顺序循环变化，每一个循环出现的有效周期其天数，周数或月数、季数、年数并不一定与上一个周期完全相同，但其扩张或收缩的时间偏差也不会太大，否则就不能称其为有效周期了。

（2）可靠性。长短时间差不多的股价周期，出现的次数越多，那就说明较为可靠的股价波动周期出现了，中国股市目前的45天一次上涨的波动周期极有规律，用于实战较为可靠。在自然界中，春、夏、秋、冬的四季循环周期恐怕已经存在几十万年了吧？只要有市场，就会有周期，时间周期是市场中最可靠也是最重要的一种特性。

（3）独立性。市场周期的出现是由市场内在的运行条件所决定，市场周期的出现不受政治的和经济的基本因素影响，相反的，市场周期具有领先作用，它可以领导经济事件以一定周期运行。政治和经济的重大事件可以干扰市场周期的运行，但不能否定市场周期，任凭风浪起，稳坐钓鱼台，可以看作是对市场周期独立性的形象写照。

第十三讲　波浪与成交量

一、放量的概念

股市中的能量实质上就是较大资金的流动。当较大资金注入某一支股票，这支股票的筹码将被这个大资金短期锁定。随着股价的上涨，大资金持有的筹码不断流入跟风盘，即散户的手中。这支股票的能量即在发生转换，股价升得越高，大资金手中的筹码也就越来越少，股价也就快见顶了。股票的历史就是成交量与成交价发生相关变化的历史。能量转换理论的核心，就是量价分析，也就是通过成交量与成交价的变化情况，进行相关的分析研究，从而预测股票的未来趋势。

在量价分析中，放量、缩量、背离、同步是四个非常重要的概念，它们形成了整个量价关系的基础，对股价的未来走势有着深刻的影响。下面重点讲放量。

放量有四种类型：单日放量、区域放量、横向放量、纵向放量。

单日放量：当日量/（120日均量）大于3，我们理解为单日放量。

区域放量：10日内换手率超过50%，我们理解为区域放量。

横向放量：近3个月均量/3个月前24个月均量大于1，我们理解为横向放量。

纵向放量：近5天内换手率超过20%，我们理解为纵向放量。

理解了放量就理解了缩量，反过来就是缩量。

背离有两种类型：价涨量缩叫做正背离，量增价缩叫作负背离。

二、一浪的机会与放量

股价经过某一级别的八浪运行周期之后，在 C5 浪的终点，也就是倾斜三角形或者引导倾斜三角形的第五小浪后面，出现止跌企稳的 K 线组合后，在低位突然放量。该种放量标志着突破理论中的第一个向上攻击的任意三浪出现了。在突破理论的调整周期中，平台形、锯齿形或三角形调整模式最多只会出现三个，调整模式中的 B 浪最多会出现三次，最少是一次。三角形整理的 1、3、5 小浪，再加上联结两个调整模式之间的任意三浪，我们在突破理论的调整模式中最少可以有六次获利的机会，而这最少会出现六次的反弹在产生之时都会伴随着成交量的放大。习惯于仅从成交量或换手率上寻找获利机会的所谓股市高手之所以频频遭遇惨败，就在于他们不知道在何种位置下的放量才能给他们带来稳定的投资回报。这就好比一个参赛之前的举重运动员，他进入了赛场，正在稳步地走向杠铃，现在我们把他当作一支看准的股票，按照突破理论，当举重运动员临近杠铃的时候，我们就可以大胆地买进了，因为我们准确无误的知道运动员下一步将要干什么。等到杠铃被运动员的暴发力举起来的时候，追放量的所谓"高手"买入进场了，而我们却根据空间波动比率果断迅速地卖出手中的股票，离场了；紧随我们之后运动员也离场了，沉重的杠铃被转到了追放量的"高手"手中，一个个被压得龇牙咧嘴、东倒西歪，最后通通趴下，狼狈逃窜。

突破理论的调整周期可以被视之为 2/3 的一浪建仓期。

另 1/3 的一浪，将在 60 日均线之上完成。

在年线、半年线之上突然放量大都为行情启动。

三、二浪调整缩量

在一浪尖后出现了回调，紧随回调的是成交量萎缩。在这个调整中，大约有 75％以上的股票会在一浪幅度的 0.382～0.618 之间结束调整，换手率应小于 60％。

如果二浪回调的幅度小于一浪幅度的 0.382，那就是明确的预示着 5－3－5 锯齿形调整浪出现了，只有在第二次 5 小浪下跌的后面出现的放量才是可稳定获利的时机。

四、二浪调整双谷缩量

在二浪底形成 W 底，左谷量大于右谷量，且两谷相近，则后势必大涨。

五、三浪颈线位突破时放量

股价走出二浪低，接近前期颈线位时，放量冲关（多有跳空出现）。第一天收中大阳，第二天跳空收阳十字星，第三主升浪开始了。

六、三浪初单日量背离

在三浪初期，二浪底附近，股价大涨，最好是接近涨停，而成交却严重萎缩。这种单日上涨正背离的出现，是股价要大涨的先兆。

七、三浪末期强势量背离

在第三主升浪末期，如出现区域正背离，即价涨量缩，则预示着在四浪底后必有一轮创新高的第五浪。

八、五浪尖放巨量

在三浪尖，特别是在五浪尖放巨量，是一轮上攻行情的结束。三浪尖和五浪尖对一般的股票而言，涨幅大约为30%～40%，强势大牛股例外。

九、五浪尖单日量背离

股价经大幅上涨，在高位出现价涨量缩的背离走势时，股价到顶了。股价走势的轨迹除了头肩顶、兄弟峰之外，开放三角形的形态更是暴跌之前的可靠征兆。

十、高位平台缩量

股价已进入顶部区域，区域成交量萎缩，这是庄家在用蒙骗的手法暗中出货，只要一看月线它就原形毕露了。

在股票分析软件中，可以对成交量的变化状态进行各种详尽的描述。对"放量"这一概念，我们可以做如下设定：

（1）前0日量大于前1日量；

（2）前 0 日量大于 5 日均量（或 10 日、20 日……120 日）均量；

（3）前 0 日量/5 日（或 10 日、20 日……120 日……）均量大于 X 倍；

（4）5 日均量线上穿 10 日（或 10 日、20 日……120 日……）均量线。

以上是从横的方面作出的放量设定。从纵的方面还可以做如下设定：

（1）1 日换手率大于 3%、5%、8%、10%，等等；

（2）5 日换手率大于 30%，等等。

第十四讲　突破理论的分时波浪图（时机）

在中国的股市中，我们把持续上涨的股票叫作热点产生，我们把同行业或同类型的股票普涨称为热点板块，抓住了热点就挣到了钱，没抓住热点就挣不到钱，潜质再好的股票不成热点也产生不了赢利。比如，有的人买入了某只股票就涨，而有的人在数月前就买入了这只股票，等待了数月才刚刚解套，这不是运气的问题，而是入市时机的选择问题。由于投资知识结构的不同，在充满投资风险的股市中，我们每个人所面临的投资机会是大不相同的，不管大盘上涨或下跌，有的人经常可以寻找到机会，有的人在一年中却只能抓到一两次机会，有的人甚至在一年中一次机会也抓不到，究其原因，就在于入市的时机选择上。要选准时机就要善抓热点，尤其是即将出现的潜在热点和新生热点。热点就是股市的金库。而潜在的热点则是一座更大的金库。如果说预知三日即能富可敌国的话，那么预知一日呢？潜在热点之所以是一座特别诱人的大金库，就在于它具有准确预测次日新生热点的功能。而打开这座金库的钥匙就是"多周期分钟排行"。玄机需要点拨，智慧需要开启，迷途需要指引，转运需要契机。只要我们认识到热点就是股市金库的大门，并且手中又有了开门钥匙——"多周期分钟排行"以后，接下来就要进行股市肉搏前的必需的知识储备了。现在做一个让大家更容易理解的比喻，一场长距离的野外汽车拉力比赛开始了，如果我们把刷新纪录的赛车当成热点的话，先将赛事评论员分成两组：一组按照赛手历史表现进行赛事预测，另一组根据卫星定位系统进行位置跟踪的实况报道，哪辆车将创纪录，哪辆车将形成新热点的赛事预测，当然是进行了赛程卫星定位跟踪的第二组报道出的赛况的准确性和与之相关的赛事预测，都要远远超过第一组的瞎猜。股市中的热点预测也是同样道理，用"多周期分钟线排行"和"多周期分钟线波浪"来

突破理论预测模型及实战工具：波浪理论的创新与超越

提前发现热点和捕捉入场时机，是追踪热点的秘诀所在，"多周期分钟线排行"和"多周期分钟线波浪"，就是股市实战中的卫星定位跟踪系统。

利用股票分析软件的多周期分钟线功能，我们可以非常方便地进行潜在热点的追踪。请参看下图14—01。

例图14—01

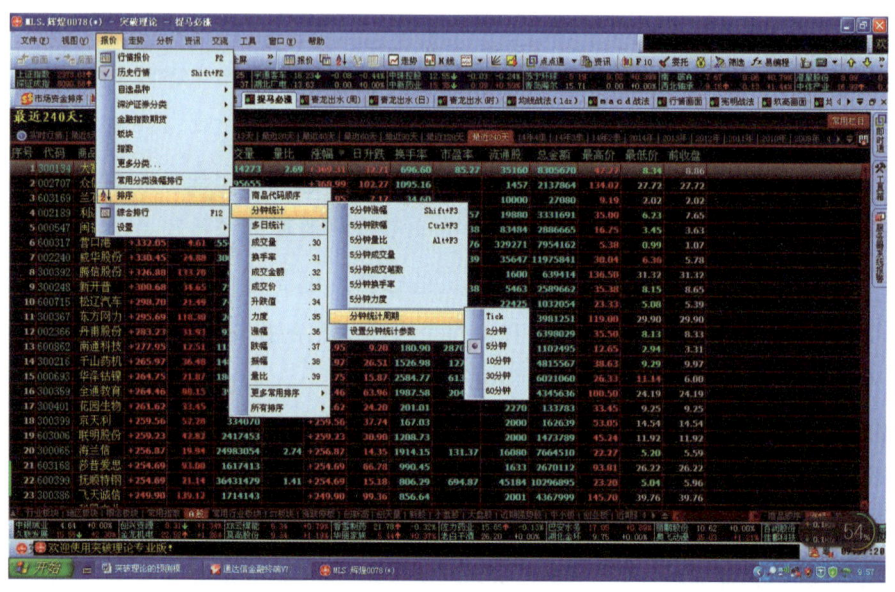

只要当前趋势与比它更高一层次的趋势方向一致，都可划分成五浪结构，同时，它们也可被视为较大级次的价格波动的组成部分。如果在日K线画面上股价呈现一浪或三浪或五浪上升的趋势，但是，在30、60或120分钟K线图画面上，股价已经呈现A浪或C浪的走势，那么在大一级的日K线图画面上，股价的上涨就要到头了。反之，如果在日K线画面上股价呈现七浪或十一浪的下跌走势，但是，在30、60或120分钟K线图画面上，股价已经呈现五浪上升的走势，那么在大一级的日K线图画面上股价的上涨就要到来了。在股市的实战中，多周期分钟线所反映出来的股价走势往往提前于日线图上的股价走势。有了分钟走势图的走势预警，我们就能在股价转折的前夕先有了心理准备，不管是上涨的转折点还是下跌的转折点，我们都会先于大多数投资者而抓住入市的时机或离场的时机。

第十四讲　突破理论的分时波浪图（时机）

在股市的实战操作中，分时图上的几何形态如果出现了清晰可辨的七浪、十一浪走势，则入场时机的选择就更容易掌握了。请参看例图 14－02：

当七浪出现的时候，即是最佳买入点。

例图 14－02

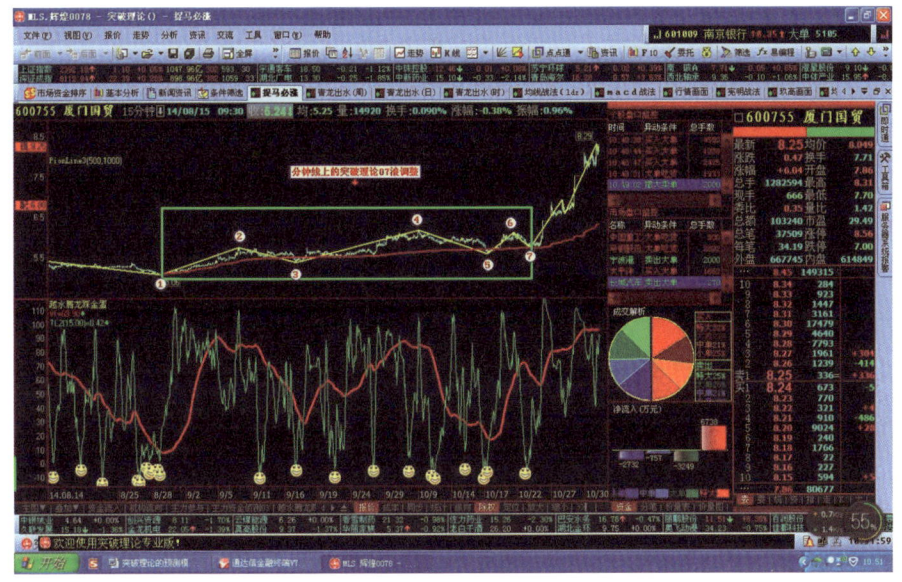

在每一天的股市实战中，我们都要非常明确地知道近两天、三天、四天来有无持续热点。不管是在上涨的行情中，还是在下跌的行情中股市都会有热点存在，而我们需要重点关注的热点是持续热点。在一轮行情中，龙头股和龙头板块就如同是一列火车的车头，如果车头开始走下坡路，那么这一轮上升的行情就该结束了，而在一轮行情的启动之初，我们可以利用宏汇千禧股票分析软件中的阶段排行功能，紧紧盯住主力资金的流向，尤其是在大盘久跌见底之后，主力资金流向哪个板块，或者主力资金流向哪支股票，那么该板块或者该股票就很可能成为龙头，如果有哪支股票或哪个板块连续三到四天都在资金流向的首页，那么我们便要从月线、周线、分钟线来检查该版块中的领涨各股，是否已经走出了突破理论的形态，如果是的话，该领涨板块或领涨各股必是龙头无疑，在一轮中级行情到来的时候，热点板块往往会出现两至三个，只有如此才能有效地激活人气，否则就会孤掌难鸣，形不成气候。一只龙头股的产生，往往集热点、题材、业绩、行业成长性、资源垄断等多种优势于一身，如果资金流向排行榜首页的面孔不断地变换，很难持续两到三天，就说明市场主力没有形成共识，都无心恋战，也就不会有持续的热点产生了。

在一年中的绝大部分时间里，股市都处在调整之中，而股市中的调整不管是中期的还是短期的，都不会阻止住短期热点的产生，这种短期的热点最多持续一两天，如果单纯地见热即追，几乎是百分之百地要产生亏损，而根据多周期分钟线往里追，更确切地说是根据多周期分钟线的热点往里追，并结合突破理论的"任意三浪"战术及位置分析，则几乎是百分之百地盈利。根据分钟线的热点往里追，必须牢牢记住，能量、趋势、形态、位置、周期和指标几大要素。在对时间进行预测时：要明确地知道1、3、5、C小浪的运行时间相近，2、4、A、B小浪的运行时间相近。15分钟和30分钟涨幅排行位于首页的股票，15分钟和30分钟量比位与首页的股票，15分钟和30分钟换手率排行位与首页的股票，多分钟资金流入排行位于首页的股票如果都共振于排行首页上，那么这些股票即是热点，尤其是30分钟K线图上价位处在二浪底附近，并且突破理论的36种调整形态之一出现在这个位置，那么随后的完整形态组合之间的"任意三浪"就会带来滚滚的财富。随着股票分析软件功能的更新换代，抓热点的功能更是炉火纯青了。看盘秘诀口诀如下：

增仓，流向，放前边，

狙击，踪迹，两挂单，

聚焦，龙虎，识变势，

热点，机推，随后观，

买入占据流通比，

5日龙头腰下弯，

两轮攻击修整日，

准则举旗猛攻关。

百战万胜的准则：

第十四讲　突破理论的分时波浪图（时机）

三条原则两条线，
等距周期做波段，
未来顶底全知晓，
人生从此没苦难。

大涨之前必有因，
形态分析要细心，
盘面观察立体化，
抓住孪生两手金。

涨幅要看多周期，
大小龙头心中记，
参照模特挑工具，
变动思维藏玄机。

庄变我发现，庄变我也变，我变得快庄变的慢，庄家要挣的钱我先赚。

突破理论预测模型及实战工具：波浪理论的创新与超越

第十五讲　突破理论形态的实战应用及工具

　　早在1934年1月，毛泽东在《关心群众生活，注意工作方法》一文中就指出，科学观和价值观是统一的。毛泽东说："我们不但要提出任务，而且要解决完成任务的方法问题。我们的任务是过河，但是没有桥或没有船就不能过。不解决桥或船的问题，过河就是一句空话。不解决方法问题，任务也只是瞎说一顿。"（《毛泽东选集》第1卷，第139页。）邓小平在"过河"的问题上，也有一句名言，"摸着石头过河"。"过河"是目的，是任务，是由"过河"的人群、主体的价值需求决定的；但是，仅有价值需求，没有实现价值需求的科学方法，任务就不能完成，目的就不会达到。如果说，毛泽东强调的"桥"和"船"，是指必须找到实现目的的科学方法，才能完成过河的任务；而在尚没有找到十分可靠的"桥"或"船"之前，就要如邓小平指出的那样，在不断实验、不断总结中摸索前进，避免因"过河"而淹死，或遭受重大损失。如果说，毛泽东在如何解决任务和方法的问题上，强调必须使用可以实现"过河"的科学方法；而邓小平更指出人们要在不断实验、不断总结的过程中，找到完成任务的科学方法。在股市中的人们，基本上都是在三种盈利模式下运作，其一是富翁型操作；其二是小康型操作；其三是温饱型操作。我们先分析富翁型盈利模式。在这种盈利模式中，每一天的搜寻目标很明确，简言之就是抓大牛，抓到一只大牛股，就意味着自己手中资金的翻倍。横在富翁型操作面前的大河就是股市大牛股，接下来就是解决抓大牛的科学方法问题，科学的抓大牛的方法就是过河的桥和船，如果我们没有桥和船，也就是没有科学的方法，那么过河的任务就不能完成，抓大牛的目标就只是一句空话，只是一种美好的幻想。临渊羡鱼，不如退而结网就是说的这个道理。下面我们开始讲在股市中轻轻松松抓大牛的科学方法。

第十五讲 突破理论形态的实战应用及工具

一、股市中的所有反转形态所共有的基本特征

1. 首先是要存在一个上升或者下降的趋势

市场上必须有上升或下降的趋势存在，这一条是所有反转形态有效的先决条件。而判断上升或下降趋势的最可靠工具是越水腾龙能量线的形态，在我们软件的技术分析画面经常会出现一些类似反转形态的几何图形，但是如果在图形的前面并没有上升或者下降的趋势存在，它也就无所谓反转了，在我们辨别趋势反转的进程中，要清醒地认识到这一点。

2. 现行趋势将要反转的第一个信号经常是最重要的趋势线被突破

当一个反转趋势发生时，经常首先突破一条重要的趋势线，在突破这条趋势线的同时，伴随着出现了突破的几何形态，这就告诉了我们原来的下降趋势已经发生改变了。而这种改变刚好出现在横向调整浪的07或11位置之上，那么突破的有效性就被确定下来了。

3. 形态的规模越大，随在后面的市场动作就会越大

形态的规模决定市场的动作，形态的规模越大随之而来的价格变动幅度越大。形态的规模是指价格运行过程形成的几何形态在高度和宽度上的大小，高度越大、时间越长的价格形态对我们来说相对重要些。

4. 顶部形态所经历的时间通常要远远的短于底部形态，而且它的振幅也会较大

顶部的形态与底部的形态相比，它虽然持续的时间较短但波动性较大。顶部的形成时间较底部的形成时间要短得多，底部的形态波幅较小，波动的时间较长。正因为如此，我们捕捉股价的底部相对来说要容易得多。

5. 成交量在验证突破时的重要性

在底部的反转过程中，量增价升是正常的表现，如果价格向上突破的时候，成交量没有呈现区域持续增长的态势，那么这种突破就值得怀疑了。但突破的当天不一定非要放量，区域持续放量的重要性较之单日放量要大得多。

6. "07、11"是上升趋势的初始阶段,是上升趋势的坚实的和牢固的地基七浪和十一浪的出现,预示着上升趋势将要形成。

7. 越水腾龙"能量线"的背离和上扬是下降的趋势已经终结的具有一票否决权的最权威的标志。

能量线的背离和上扬也可理解为上升的趋势已经开始。

在股市的实战中要想头脑清醒地进行战斗,首先要认清股价当前所在的位置。而要做到这一点,就必须对股价的运行轨迹进行趋势分析,看看它是处在一浪还是二浪,三浪还是四浪,或者是处在第五浪或 A、B、C 的某一阶段的过程中,月、周、日 K 线都要顾及,而我们的关注重点要放到一浪之前的股价调整形态上,和二浪底的股价调整形态上,在对这两个位置的股价运行状态的研判中,我们可以发现所有将要启动和正在启动的超极大牛股,抓住这些大牛股,按波段操作,这样一波行情下来,我们手中的资金最少也要翻上几倍。

面对着大批股票的股价走势中所出现的复合形调整,如何进行实战呢?怎样从中获利呢?本书中最闪亮,最关键的一章,就要呈现到大家的面前了,必定会改变股市被动命运的智慧之剑,就要被虚怀若谷、认真学习的你们紧紧地握到手中了。

二、价值连城的精确短线交易技术—Gartley "222" 简介

波浪理论的奠基人艾略特先生在其 64 岁时向当时的投资者顾问公司总裁柯林斯先生展示了他所发现和创建的波浪理论构思,当时的时间是 1934 年 12 月 2 日,到了 1935 年 2 月 19 日,艾略特先生给柯林斯先生寄去了 17 页名为《波浪理论》的专论。与此同时,美国形态技术分析的先驱 H. M. Gartley 在 1935 年也推出了震撼投资界的形态分析力作《股市利润》,以每本 1500 美元的天价限量售出 1000 册,以当时正处于经济大萧条时期美国的购买力,这本书可以买到三辆全新的福特汽车!全书厚达 700 多页,其最为精华的部分出

第十五讲　突破理论形态的实战应用及工具

现在第 222 页，这就是被誉为具备最佳时间与价格形态的短线交易技术 Gartley "222"！

这项技术的核心内容相当简单，首先是一轮持续的上升行情，(X→A)，然后展开以（A→B→C→D）四点组成的结构回调，其规则如下：

　　AD=（0.618）　XA

　　D=B+C-A

　　AB 与 CD 的运行时间和长度趋于相等

　　AB 平行于 CD

XA 如运行了 17 天那么 AD 应运行 11 天，关系的比率是 1：0.618，请参看下面的例图 15-01：

例图 15-01

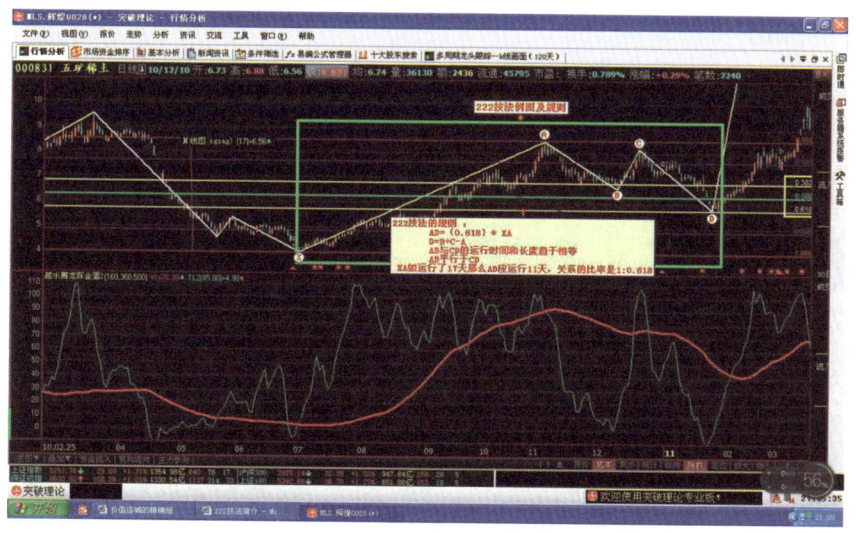

在这幅例图中，222 技法的 D 点正好落在以 XA 为高低点画出的黄金分割线的 0.618 的最标准位置上。下图是该股飙升后的全景图 222 技法的典型形态及规则应用到对当前及未来的股市实战中有作用吗？回答是肯定的！更确切地说，是形态极其重要，规则需要修改。先让我们仔细地观看下面的六幅

突破理论预测模型及实战工具：波浪理论的创新与超越

例图，看完例图应该修改的规则就会立即蹦出答案。

例图 15－02

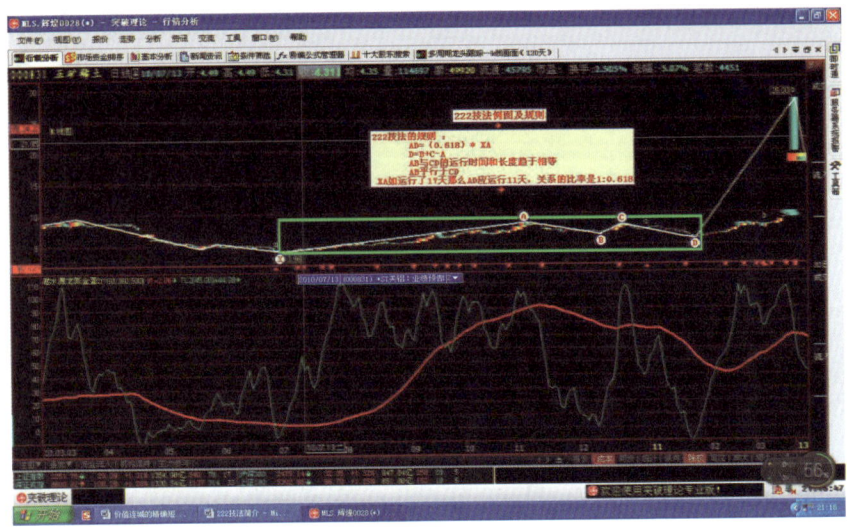

例图 15－03

这只大牛股启动前的 BD 两点位置都在以 XA 为高低点而画出的黄金分割线的 0.382 位置上。

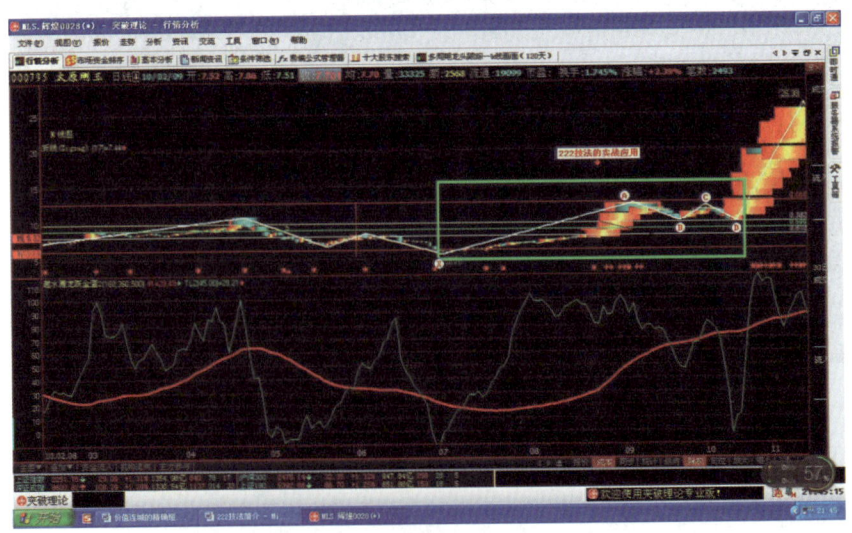

第十五讲 突破理论形态的实战应用及工具

例图 15—04

这只大牛股启动前的 D 点位置在以 XA 为高低点而画出的黄金分割线的 0.65 位置上。

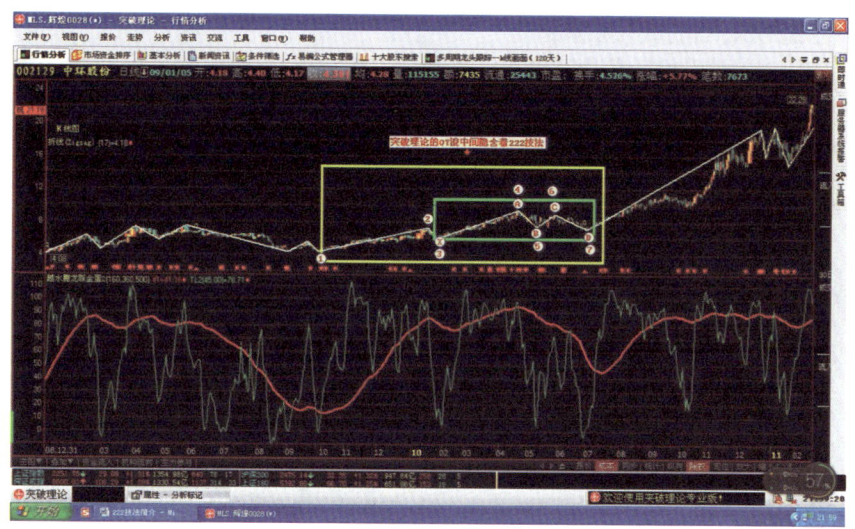

例图 15—05

这只大牛股启动前的 D 点位置在以 XA 为高低点而画出的黄金分割线的 0.87 位置上。

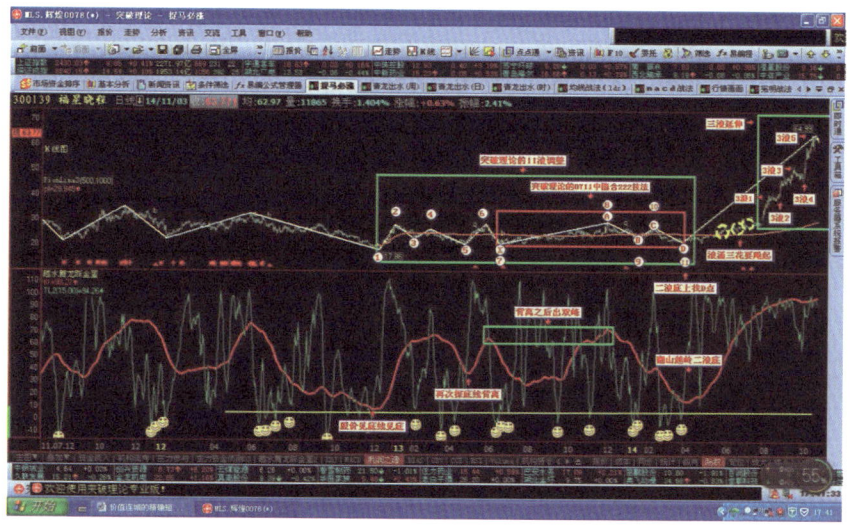

例图 15－06

这只大牛股启动前的 D 点位置在以 XA 为高低点而画出的黄金分割线的 0.7 位置上。

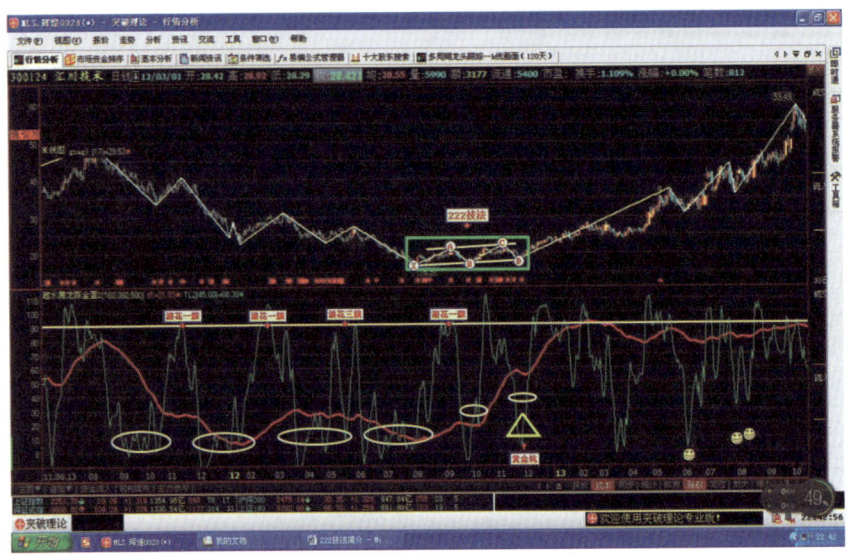

例图 15－07

突破理论的七浪与 222 技法的 D 点出现在神奇共一点。

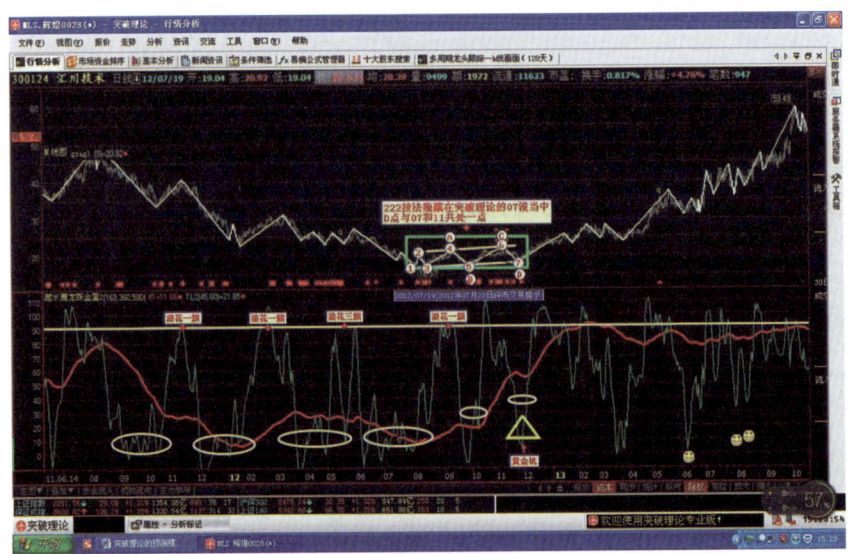

第十五讲 突破理论形态的实战应用及工具

例图 15-08

突破理论的十一浪与 222 技法的 D 点出现在神奇共一点。

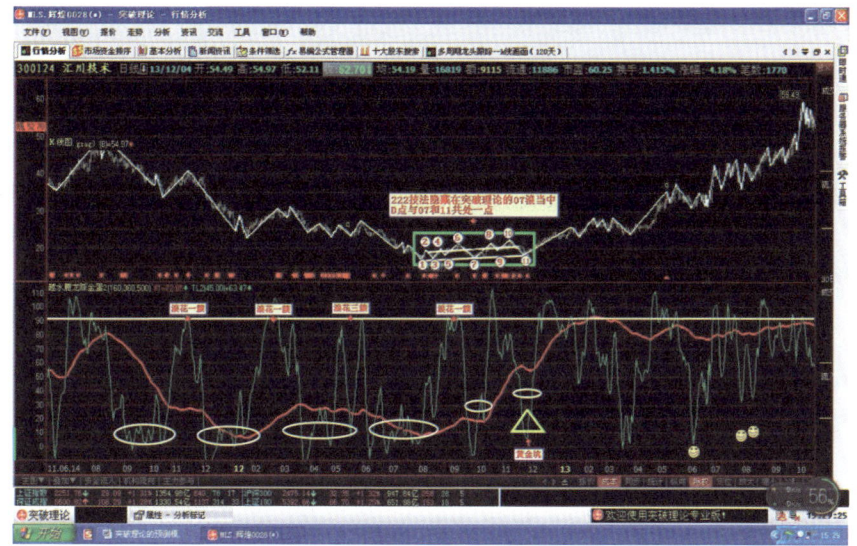

通过学习伟人毛泽东的著作《矛盾论》，我们明白了在一个事物的发展过程中，如果有多个矛盾存在的话，那么就必然要有一个矛盾，处在主导地位，这个矛盾就叫作主要矛盾，抓住了这个主要矛盾，其他矛盾迎刃而解。

应用毛泽东的哲学思想，我们认识到在 222 技法的形态和规则这对矛盾中，形态处在主导地位，而规则处在从属地位，在规则中的 "D 点必须处在以 XA 的高低点为基准所做的黄金分割线的 0.618 位置" 这一条必须修改。

由于 Gartley 在介绍基本价格形态的时候并没有同时说明如何事先确认趋势，使得孤立运用这类价格形态的风险极大！比如在 C5 浪下跌时，D 点几乎全部都会下跌到 X 点之下，在波浪理论的八浪周期中的 C5 浪暴跌时段应用 222 技法，定会赔得倾家荡产！

所以，我们在学习 222 技法之前必须首先树立正确的思维方式：请看如下 6 种思维精华的简述：

（1）只有打破旧思维桎梏，思路才会见到光明。这是司马光的思维。

（2）成大事者决不被陈规旧习所束缚，这是亚历山大思维。

(3) 在众人认为不可能的地方闯出一条路来,这是哥伦布思维。

(4) 只有最简单的东西才具有最大的孕育性和想象空间,简练即丰富,这是拉哥尼亚思维。

(5) 舍弃一切复杂的表现,直指问题的本质,这是奥卡姆思维。

(6) 实践是检验真理的唯一标准,简化称之:"实事求是"。这是伟人毛泽东教导我们要遵循的核心思维。

这六种思维模式可统称为:创造性思维,而"实事求是"。则为创造性思维的灵魂。

有了正确的思维方式,我们再对222技法的形态与突破理论的七浪或十一浪所涵盖的36种形态进行相互转换的深入研究时,就可以打破一切规则定式,粉碎教条主义的僵化思维,实事求是的发现新的规律并根据新的发现创造出最简洁、最便捷的方法来应用于股市的实战。

下面开始详细讲解:

三、分浪技法、0711技法、222技法正逆向转换的结论先阅

(1) 含金量最高的222技法的X—A—B—C—D形态就隐含在突破理论的七浪、十一浪之中,甚至直接就是七浪或十一浪之中的5个小浪。

(2) 222技法的软肋在于趋势的确认即何时应用在市场中获利最高、最安全。现在这个近百年的悬念已经有了最圆满的答案:趋势的确认必须要有"越水腾龙能量线"这个趋势判断工具,这个工具在月、周、日及分钟分析画面上均可以使用,不管机构如何分仓买入,资金的堆积必然会在能量线上表现出来,机构的程序化交易只能改变能量线的周期,特定形态不会改变。

(3) 突破理论的36种形态分浪图在T+0的市场中威力巨大,但在T+1的市场中抢利润要用多周期分钟K线等待任意三浪的出现并配合0711或2—2—2技法的X—A—B—C—D上行浪进行再次确认,以获得较大的上行振幅。

(4) 突破理论的36种形态中的任何一个形态都可以转成七浪或11浪的

第十五讲 突破理论形态的实战应用及工具

表现形态，也可以转化成2－2－2技法的X－A－B－C－D形态，反过来亦可逆向转化。正是由于复杂形态可转化为简单形态，那么，配合能量线的0711或X－A－B－C－D就可以扩展用到能量线以外的到其他监测工具了。"因果思维"扩展到"形态思维"再扩展到"稳定盈利模式思维"再扩展到"属性思维"再扩展到"关系思维"，然后实现简单的可变化的"程序化思维"并可依据程序化思维制作出相应的多种快速筛选工具进行实战。在越水腾龙能量线之外我们又开发出了一系列重要工具，下面重点介绍抓大牛与涨停的极为有效的工具指标：利润之源，并在观察指标之外又开发出与之相配套的一系列快速筛选工具，这些久经考验的股市征战利器已伴随我们走过了近16年的战斗历程。

（5）调整见底后股价拉升高度的预测在月K线图上或周K线图或日K线图上我们用下面极简单的计算公式就可以预知当前股价的拉升高度：

牛市时 $C＝(A－B)×50\%＋B$，

$D＝(C－B)×0.618＋B$

$E＝(A－B)×75\%＋B$

熊市时 $C＝(A－B)×0.382＋B$，

例图15－09

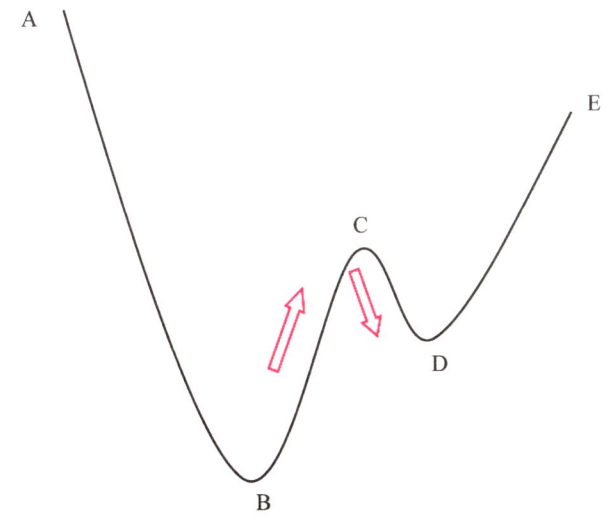

"越水腾龙能量线"见底后的第二次挖浅坑买进。（即能量线底背离时）

详解：

预测条件：

(1) 测定股价所在位置：（在周线图上计算）

注1：测上涨时位置，阶段高点在前，在现股价的远处；阶段低点在后，在现股价的近处。

注2：最高价＝限定时间段内的最高价

最低价＝限定时间段内的最低价

最近（　）日内（当前收盘价－最低价）÷（高点在前的最高价－最低价）（等于，大于，小于）

(0.618、0.5、0.382、0.809、0.191) 差值 (0.07)

例如：2002年6月24日最高点1748.89

2003年1月06日最低点1311.68

将公式变形进行预测，大盘将涨到1530.28（实际涨到1529.75）

当前收盘价＝（最高价1748.89－最低价1311.68）×0.5＋最低价1311.68

$$=437.21 \times 0.5 + 1311.68$$
$$=1530.28$$

(2) 测定股价所在位置：

（测下跌时位置，阶段高点在后，在现股价的近处；阶段低点在前，在现股价的远处）。

最近（　）日内（当前收盘价－最低价）÷（高点在后的最高价－最低价）（等于，大于，小于）

(0.618、0.5、0.382、0.809、0.191) 差值 (0.07)

将公式变形进行预测，大盘将跌到1446.77（实际跌到1447.01）

2003年3月3日最高点1530.28

2003年1月06日最低点1311.68

当前收盘价＝（最高价1530.28－最低价1311.68）×0.618＋最低

价 1311.68

$$=218.6 \times 0.618 + 1311.68$$

$$=1446.77$$

(3) 延伸条件：预测上涨空间时使用。

近（20）天内低于预测高点｛（阶段高点在前的最高价－最低价）×（0.618、0.5、0.382、0.809、0.191）＋最低价｝的股票，差值 0.5 元以上寻找调整到位的股票时使用；

近（15）天内接近预测低点｛（阶段高点在后的最高价－最低价）×（0.618、0.5、0.382、0.809、0.191)＋最低价｝的股票，差值 0.2 元之内

下面的例图 15－10 即是当时的 K 线实际运行图。

例图 15－10

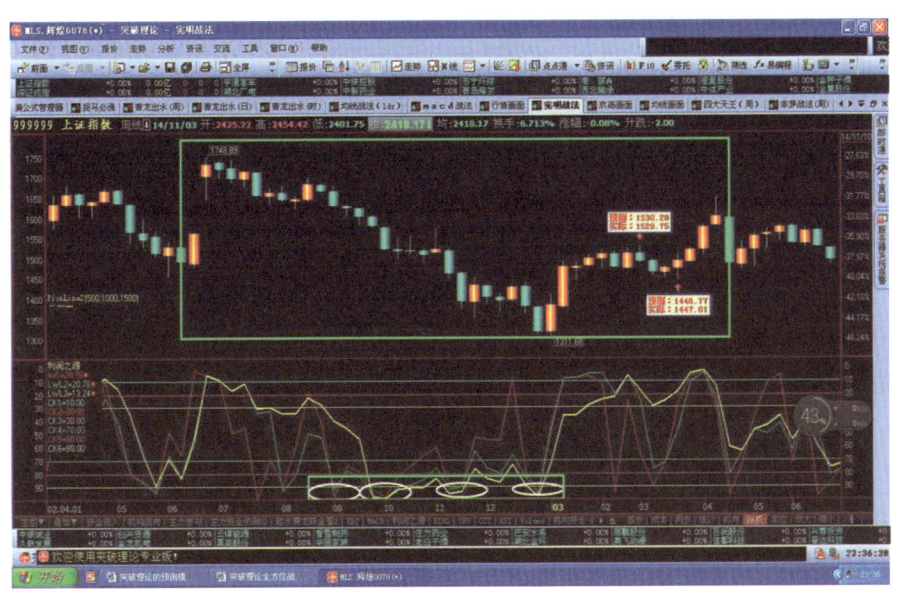

四、越水腾龙能量线的五种形态

与"07、11"或 X－A－B－C－D 相对应的能量线形态有以下 5 种，请

突破理论预测模型及实战工具：波浪理论的创新与超越

看下面的例图：从15-11到15-22

（1）完美形态秘诀：

$$股价见底线见底，$$
$$再次探底线背离，$$
$$背离之后出双峰，$$
$$翻山越岭二浪底，$$
$$二浪底上找D点，$$
$$三花之后要飙起。$$

例图15-11

突破理论11浪图

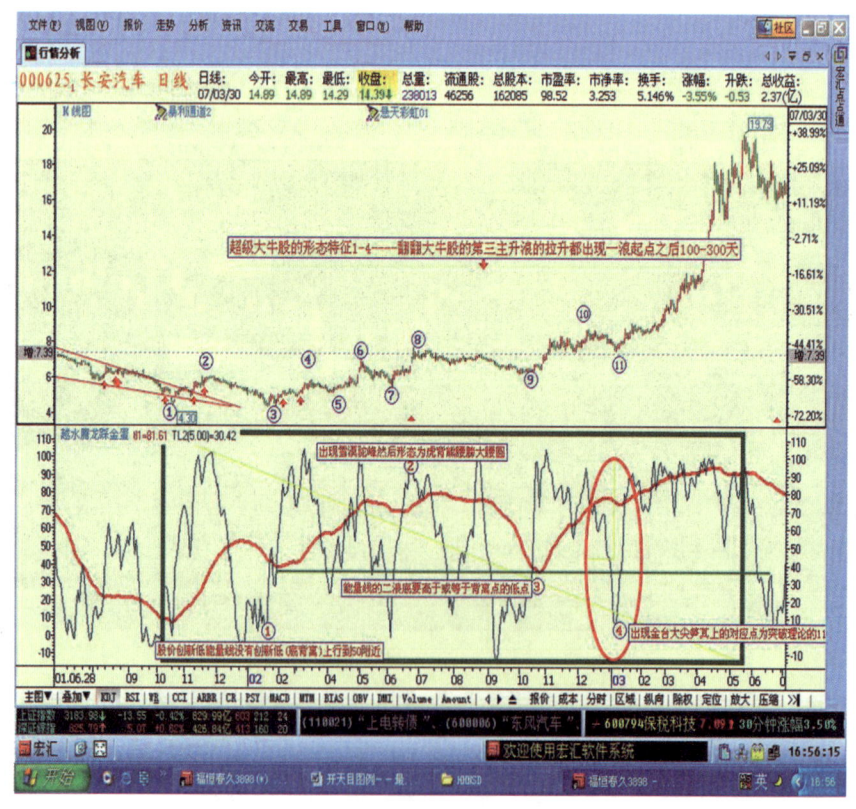

第十五讲 突破理论形态的实战应用及工具

例图 15—12

转化成 222 技法图

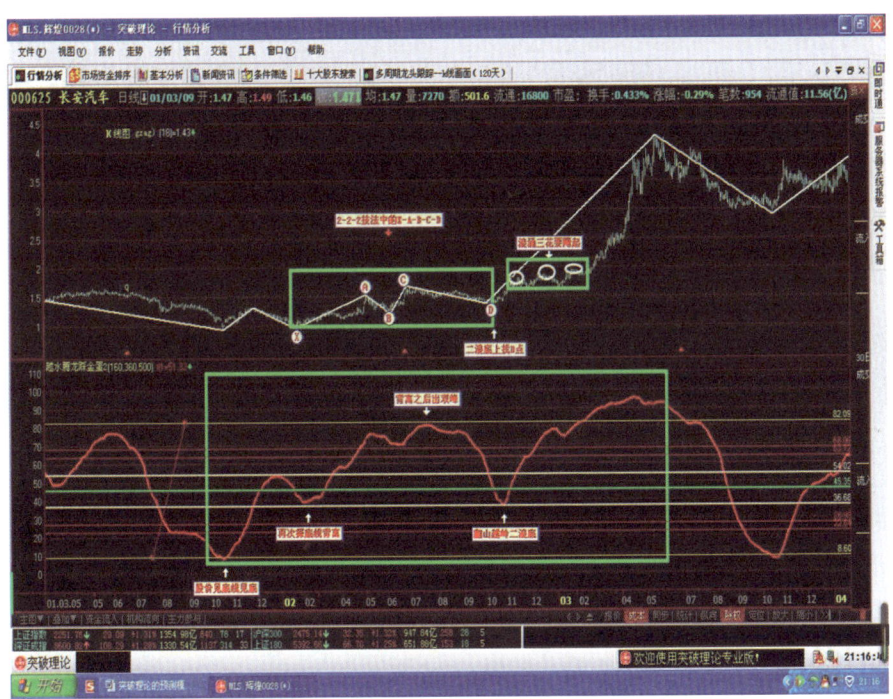

（2）浪花四簇秘诀：

浪花簇簇逐水流，

金台尖笋日日求，

往昔寻常衔泥燕，

忽成彩凤翔云头，

旷业诸君精此技，

终生无忧不用愁。

例图 15—13

突破理论七浪图

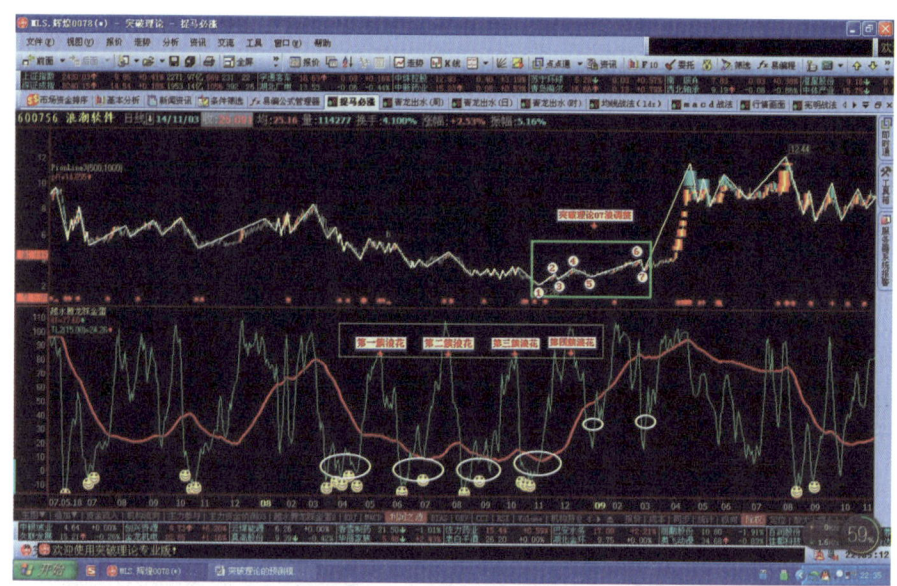

例图 15—14

转化成 222 技法图

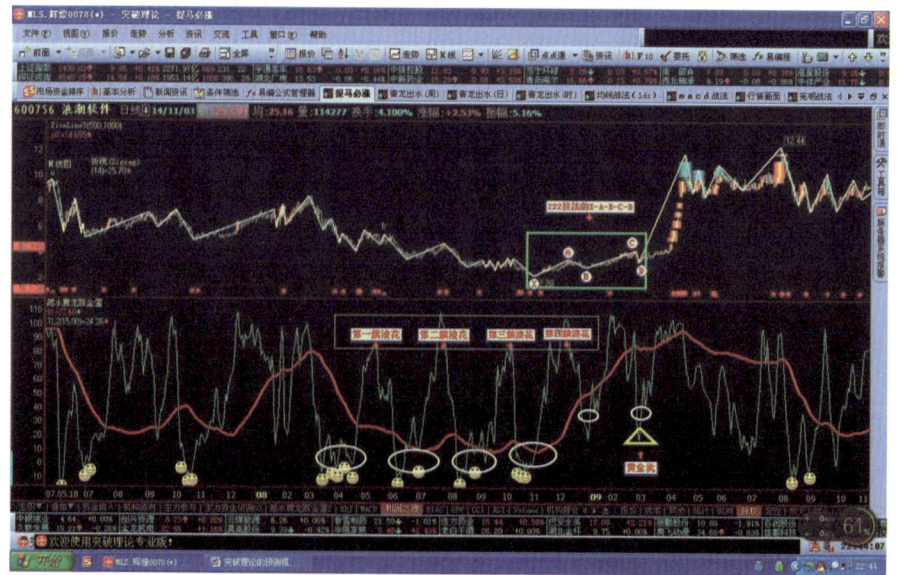

第十五讲 突破理论形态的实战应用及工具

（3）一浪凸起双背离秘诀：

闪电搜寻线昂起，

静心等待双背离，

双底双线显瑞兆

平行轨道久旱雨

一浪凸起财神到

漫步闲庭候降喜

例图 15－15

突破理论七浪图

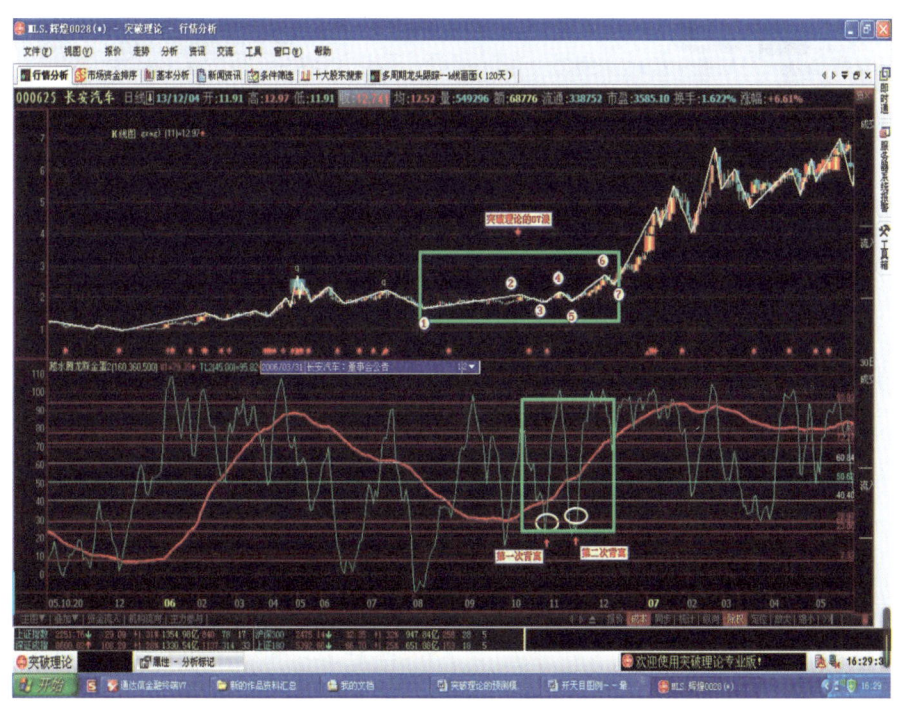

突破理论预测模型及实战工具：波浪理论的创新与超越

例图 15—16

转化成 222 技法图

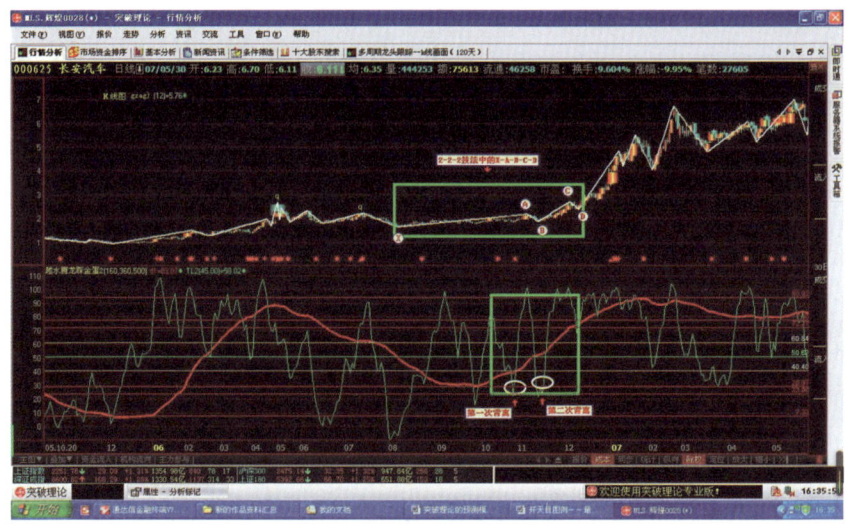

例图 15—17

双底双线平行轨道　股市特号佳丽亮相前特征

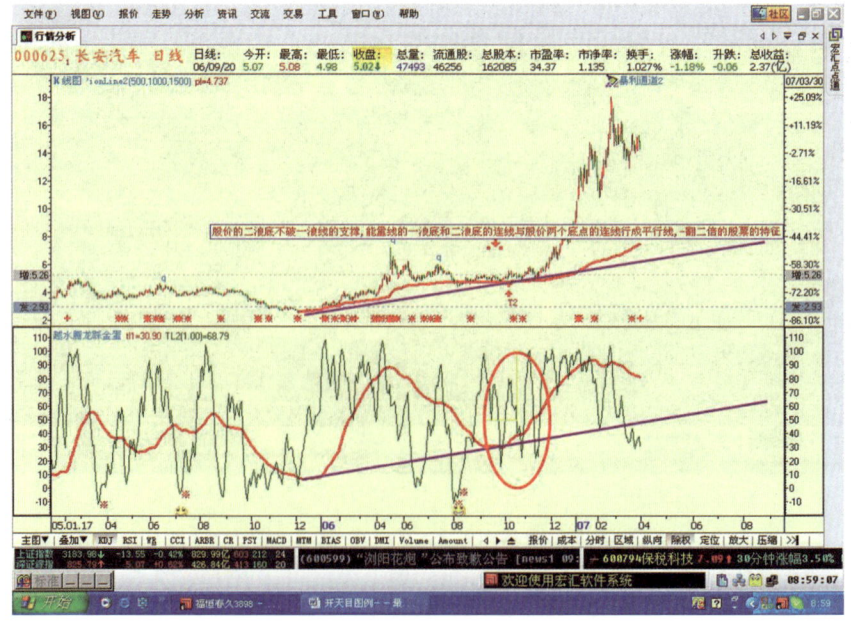

第十五讲 突破理论形态的实战应用及工具

（4）高位横盘挖浅坑秘诀：

> 回调带上挖浅坑，
> 江湖又要出枭雄，
> 07、11剑出鞘，
> 展翅跃起奔苍穹，
> 历史重演为常态，
> 沃土年年硕果丰。

例图 15－18

突破理论 11 浪图

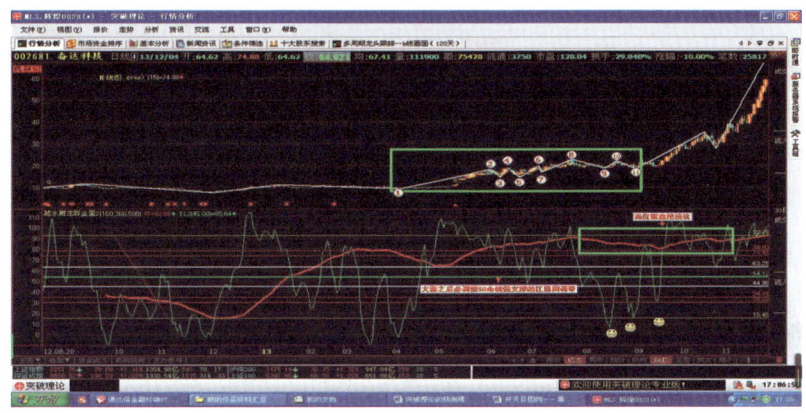

例图 15－19

转化成 222 技法图

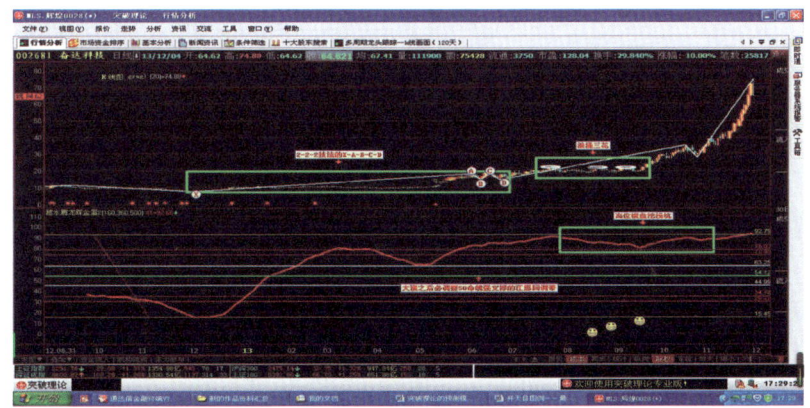

例图 15—20

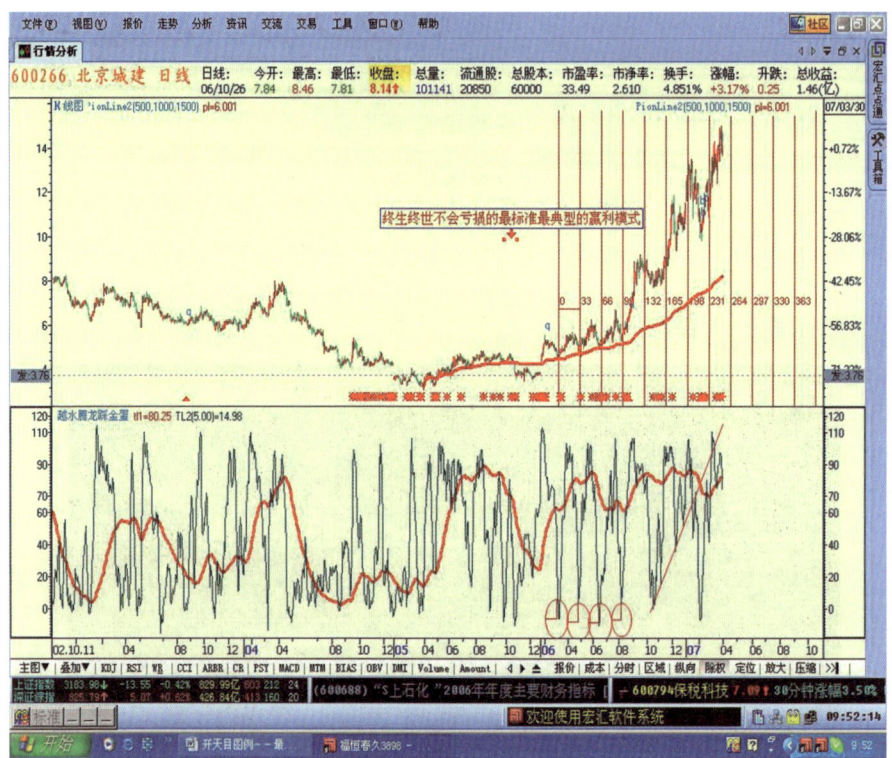

（5）高位横盘挖深坑秘诀：

$$\text{回调带下挖深坑，}$$
$$\text{现金在手心不惊，}$$
$$\text{静候 07 和 D 点，}$$
$$\text{启爆之后放卫星，}$$
$$\text{横盘高位多留意，}$$
$$\text{形态记牢紧跟踪。}$$

例图 15－21

突破理论七浪图

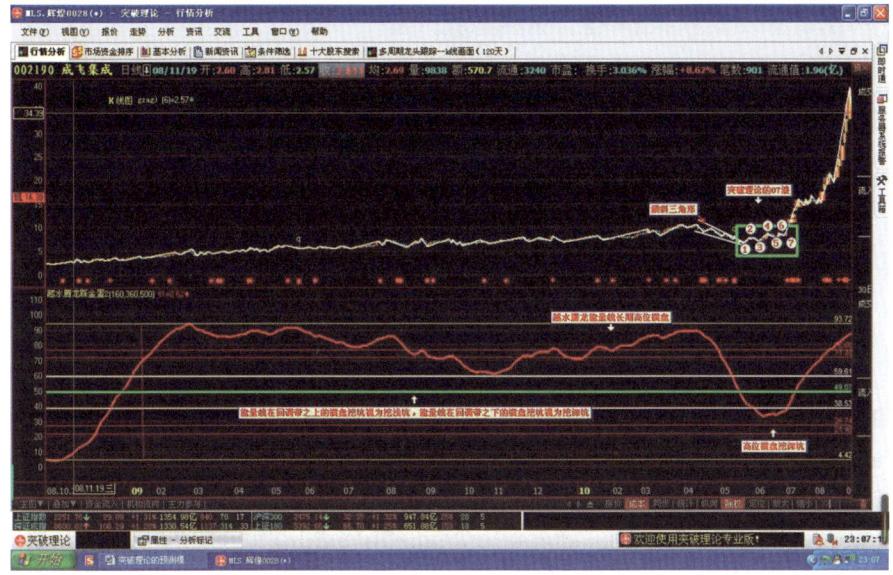

例图 15－22

转换成 222 技法图

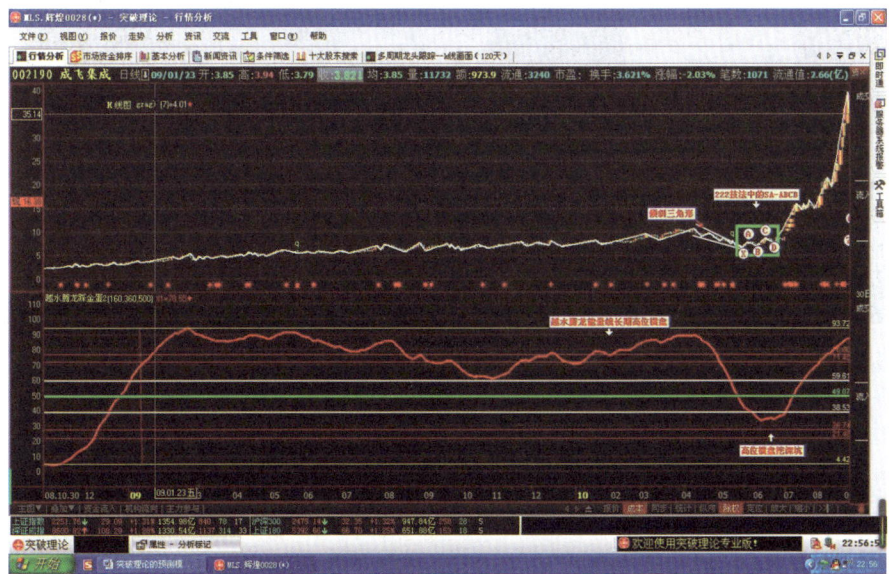

这5种能量线形态我们只要用软件中的两个工具条件，就可以在10秒钟内，将处于潜伏状态的卧槽神牛一网打尽：

其1：在N天内能量线均在数值P以上运行，

其2：在近N天内能量线（上行、横盘、下行）并且运行在数值（B—C）之间。

五、大牛启动前的共性特征及系列伏兵工具

例图 15—23

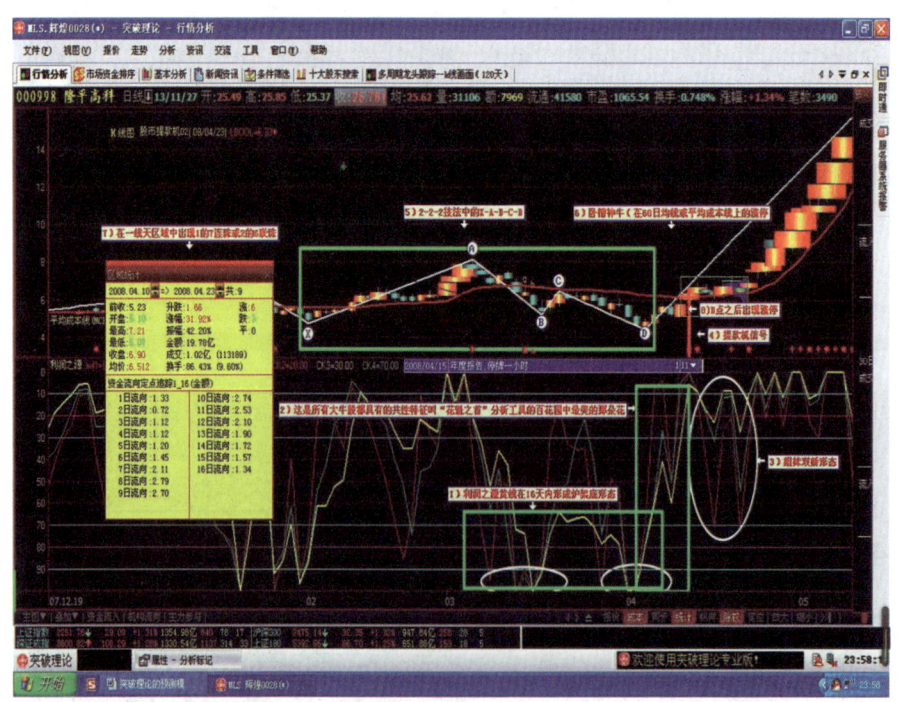

另两种形态也必牢记：

第十五讲 突破理论形态的实战应用及工具

例图 15-24

这是普通 K 线图显示

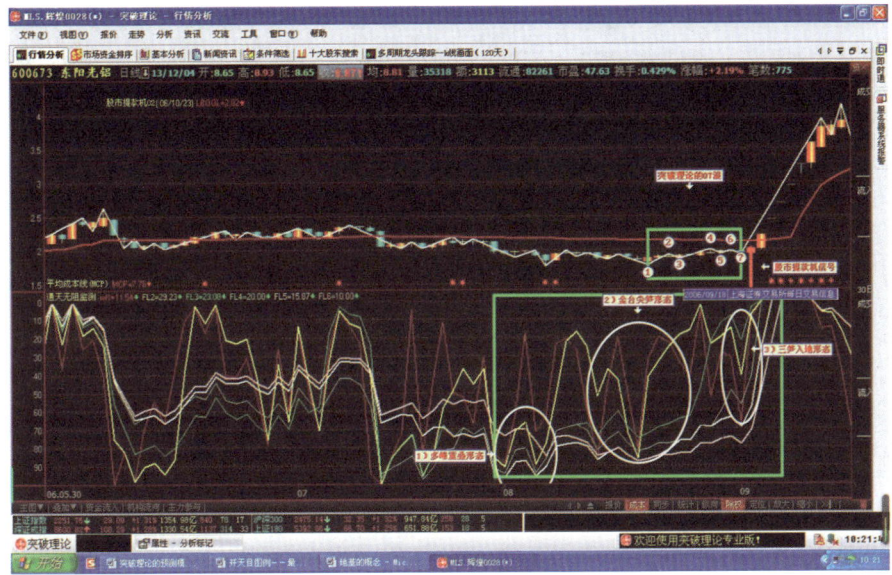

例图 15-25

这是用压缩图显示

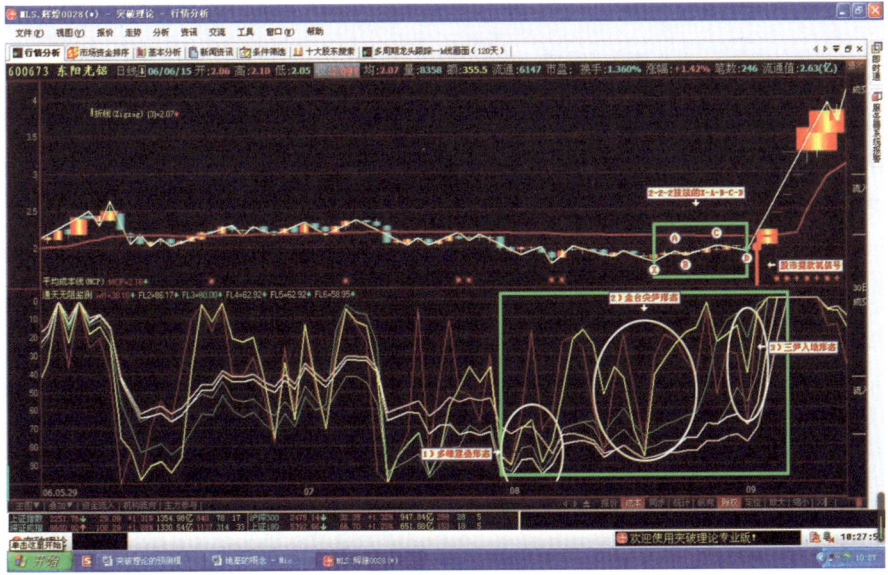

例图 15－26

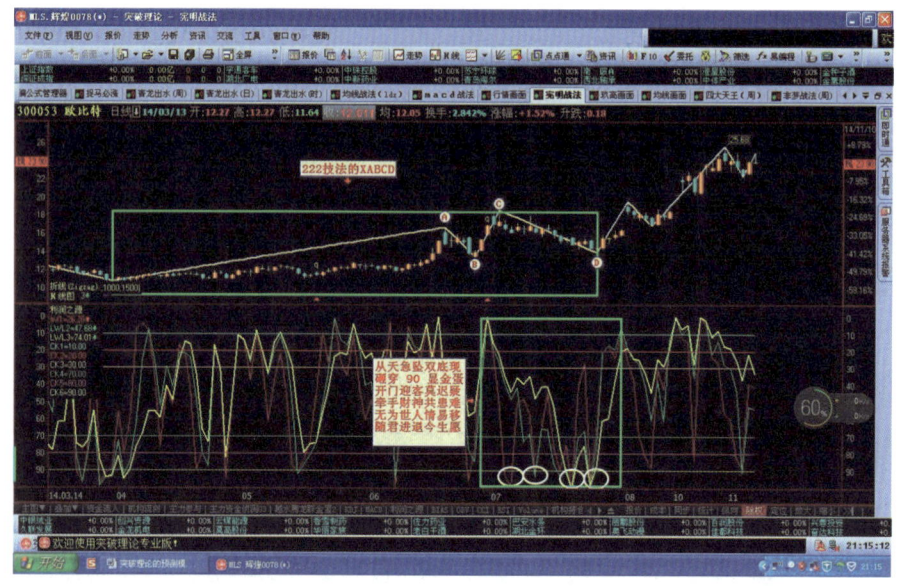

X－A－B－C－D 是一个爱隐藏行踪的财神，和他形影不离的有十个随身弟子，既然寻他不易，那就找他的十个弟子吧。财神的弟子一旦现身，财神本人也就在众弟子的簇拥圈里显身了。

老大："多峰重叠及 16 天里的炉架底"；

老二："金台大尖笋"俗称"大牛鞭"；

老三："花魁之首"，这是所有牛股的共有特征，一只也不例外；

老四："金台飞燕"也叫"三笋入地"；

老五："D 点后的涨停"；

老六："卧槽神牛"，（55～60）日均线上的涨停；

老七："提款机信号"；

老八："一线天"；

老九："越水腾龙能量线的高位横盘；

老十：浪花四簇后的一浪突起双背离。

从这十个财神弟子那里，我们就可以马上把 X－A－B－C－D 这个隐形的特号大财神寻找到，然后对照"越水腾龙能量线的"五种形态，即将启动

第十五讲　突破理论形态的实战应用及工具

的大牛立刻就显形到大家的面前了。

备注：1—10 全部有现成的选股条件可以进行智能快速选股。

下面请看 36 种突破理论调整形态的转化例图，亲身体验一下巅峰境界的神奇感受！

所列举的每一种形态的转换都是按正方向进行，即是按调整形态图→突破理论 0711 图→222 技法图的顺序进行转换，这是把复杂事物转变成简单事物的过程。而在实战时，我们却要经常逆方向操作，即按 222 技法图→突破理论 0711 图→调整形态图进行转换，为什么要这么做呢？答案一定会在诸位的意料之外。这样做的目的是为了确定最佳进场的时机，这个股市中的最大难题即将给出圆满的答案，详细叙述在下一章。

六、突破理论 36 种形态图→0711 图→222 技法图的转换实例图对照

1. 倾斜三角形加平台形调整

例图 15—27

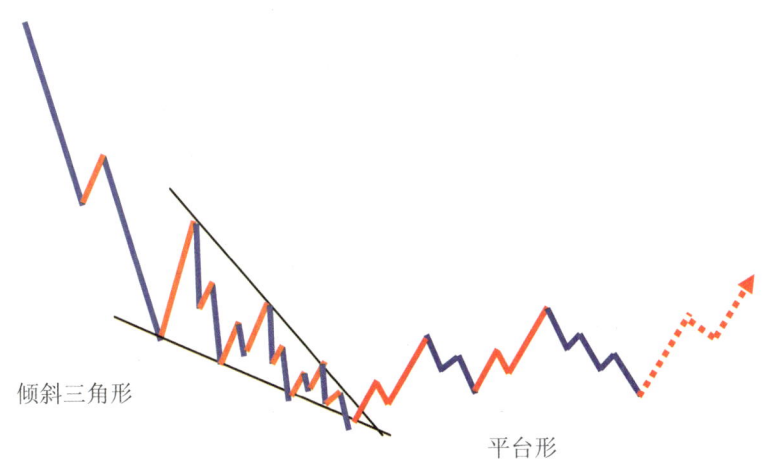

突破理论预测模型及实战工具：波浪理论的创新与超越

倾斜三角形加平台形的复合型调整是由倾斜三角形和3－3－5平台形调整浪相结合的中间由一个任意三浪连接的复合型调整，这是复合性调整中比较简单的一种调整浪。

例图 15－28

这是分浪图

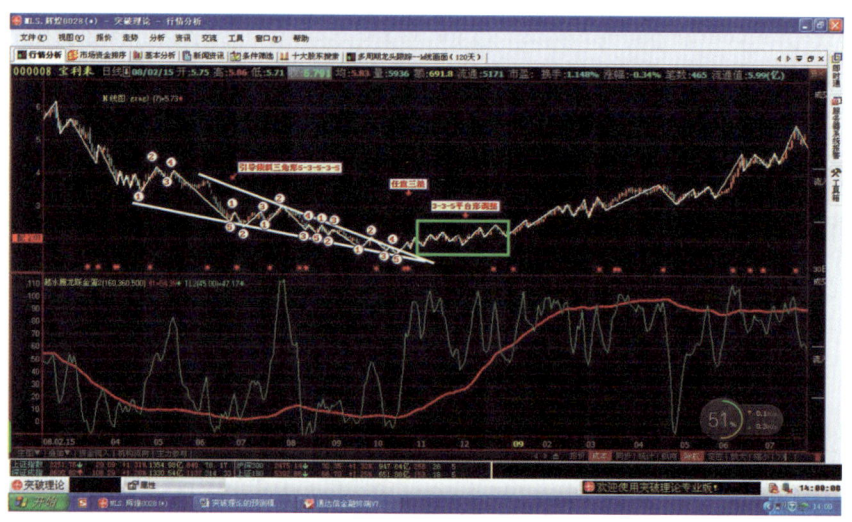

例图 15－29

简单转化为突破理论七浪

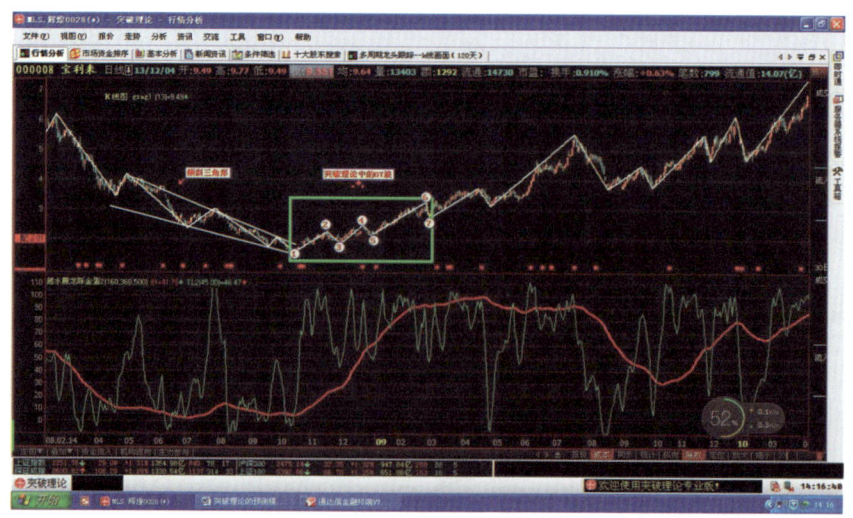

第十五讲　突破理论形态的实战应用及工具

例图 15－30

这是进一步转化的 2－2－2 技法图

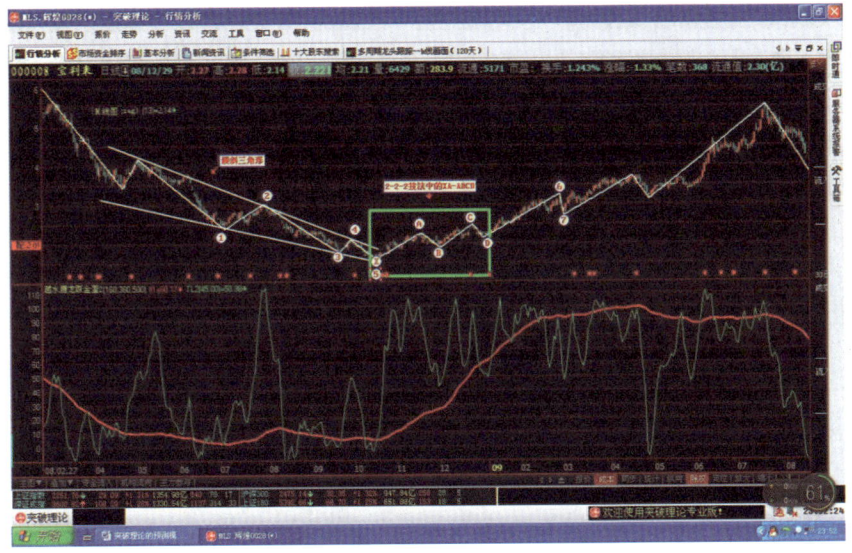

例图 15－31

用周线图再体验一下

突破理论预测模型及实战工具：波浪理论的创新与超越

例图 15－32

再加深一下印象

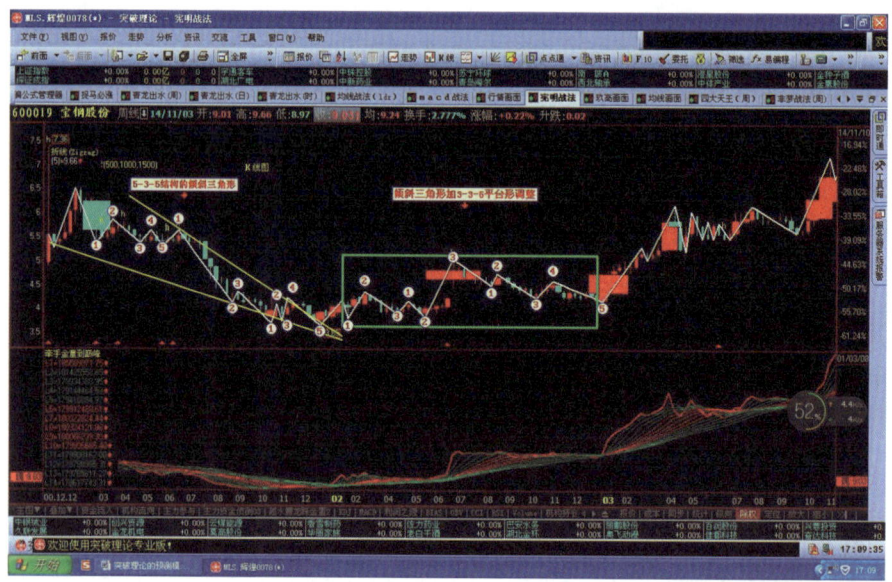

2. 倾斜三角形加锯齿形调整

例图 15－33

△锯

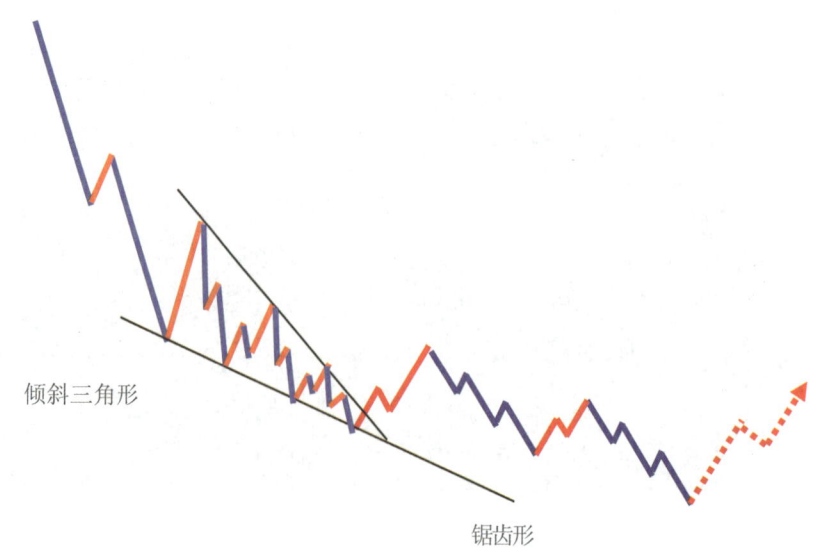

倾斜三角形

锯齿形

例图 15－34

△锯

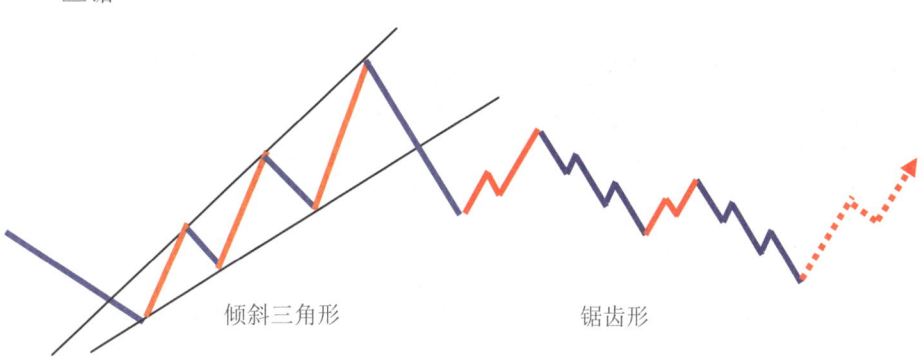

倾斜三角形　　　　　　　锯齿形

倾斜三角形加锯齿形的复合型调整是由倾斜三角形和 5－3－5 锯齿形调整浪相结合的中间由一个任意三浪连接的复合型调整，这是复合性调整中比较简单的一种调整浪。

例图 15－35

突破理论分浪图

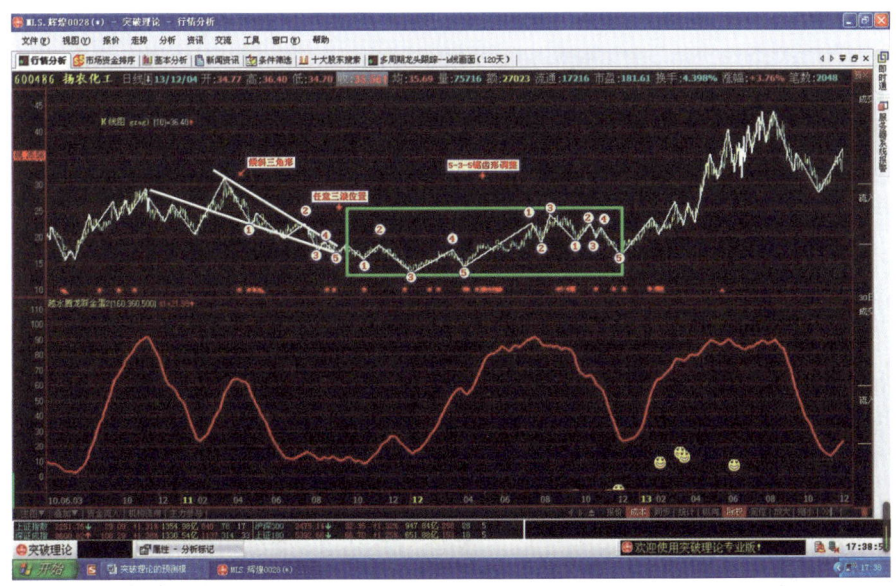

例图 15－36

简单转化为突破理论七浪

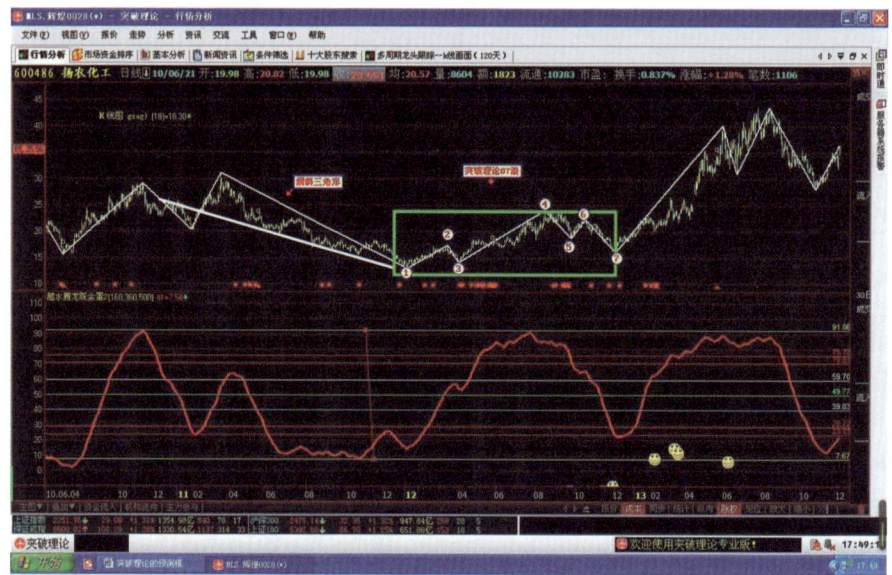

例图 15－37

这是进一步简化的 2－2－2 技法的 X－A－B－C－D

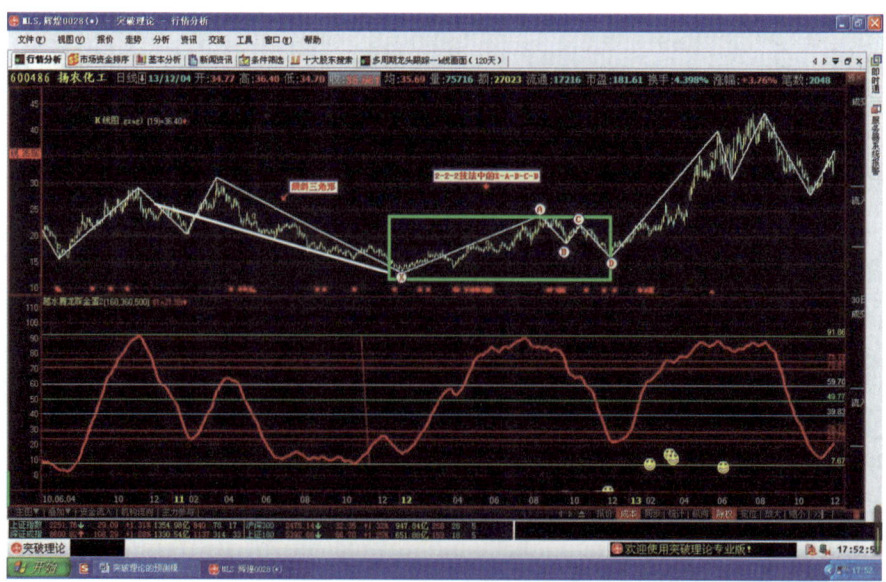

3. 倾斜三角形加三角形调整

例图 15－38

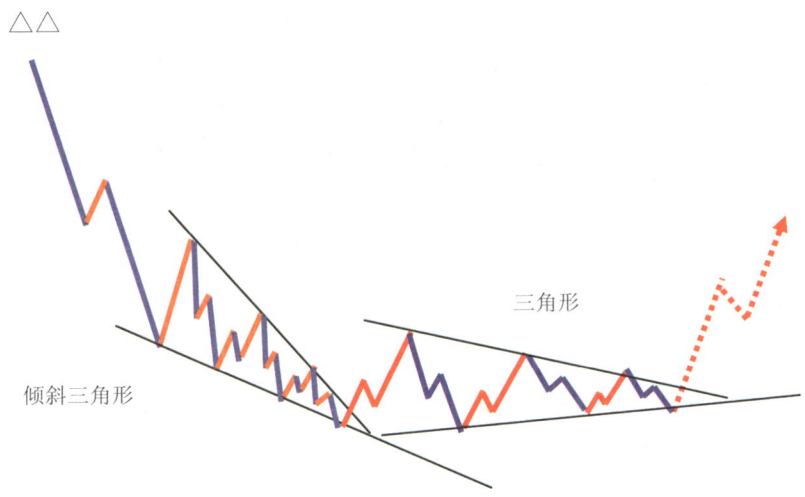

倾斜三角形加三角形的复合型调整是由倾斜三角形和一轮 3－3－3－3－3 三角形调整浪或 5－3－5－3－5 引导倾斜三角形调整浪相结合地复合型调整。

例图 15－39

这是突破理论分浪图

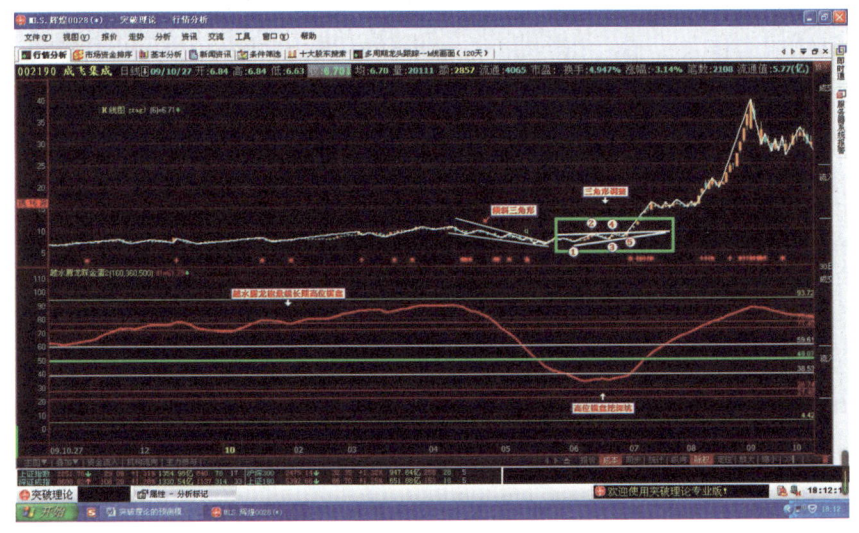

突破理论预测模型及实战工具：波浪理论的创新与超越

例图 15－40

七浪突破

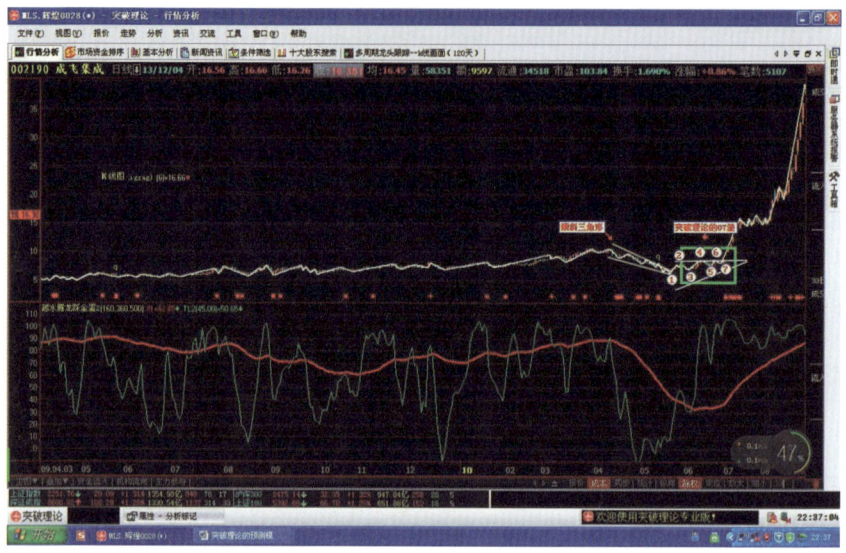

例图 15－41

这是 2－2－2 技法图

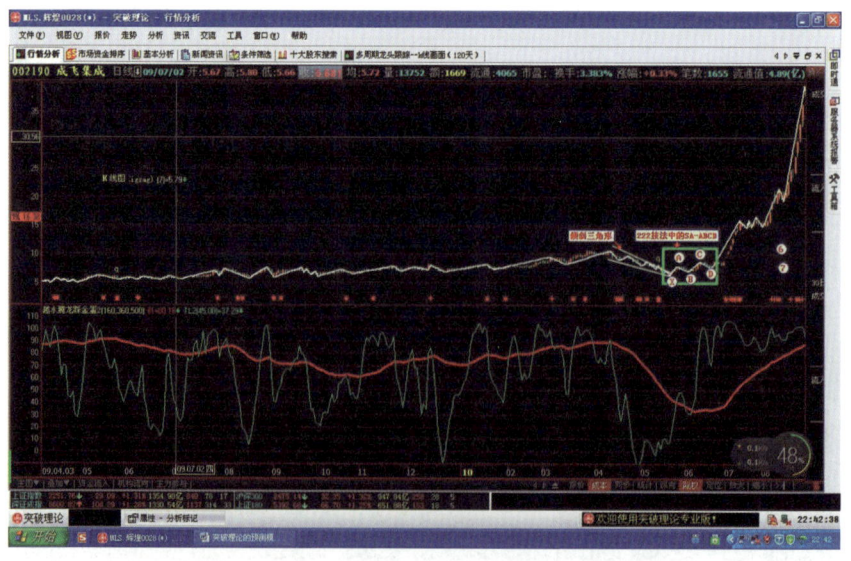

例图 15-42

再加个开放三角形的图例　分浪图

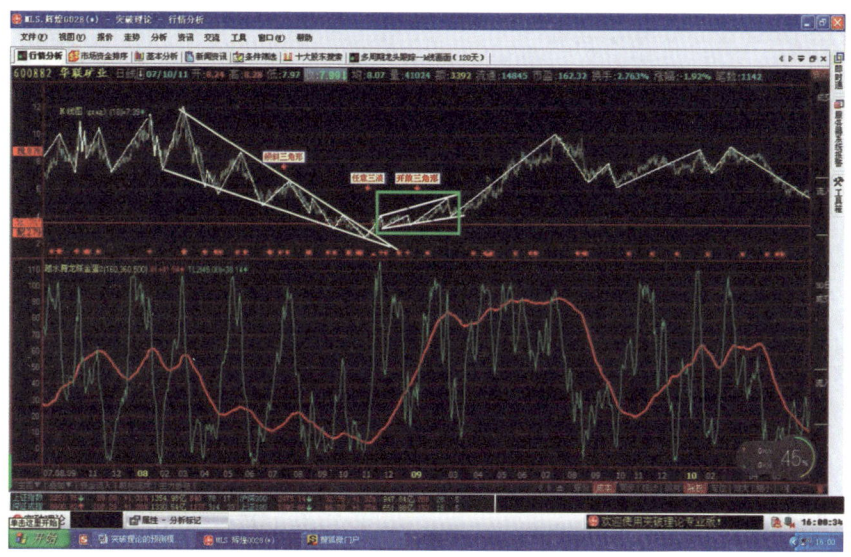

例图 15-43

七浪突破

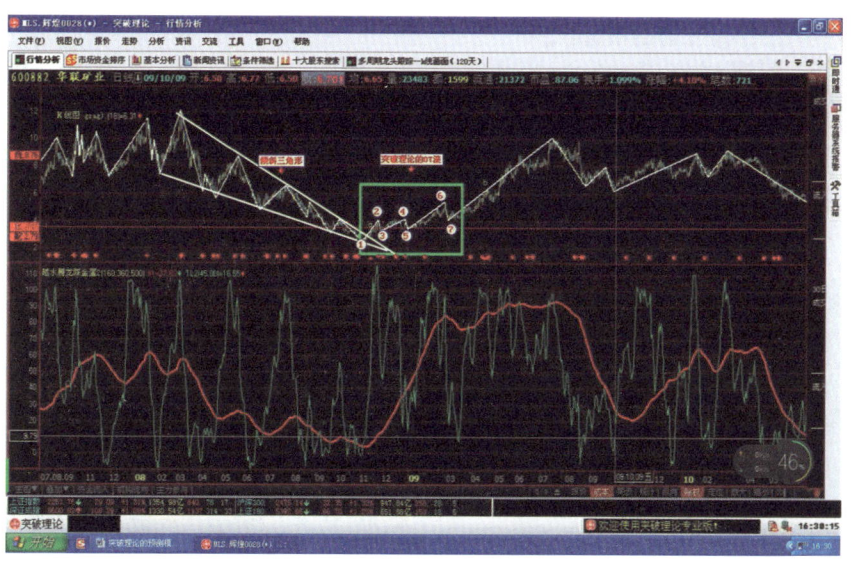

例图 15－44

转化为 2－2－2 技法图

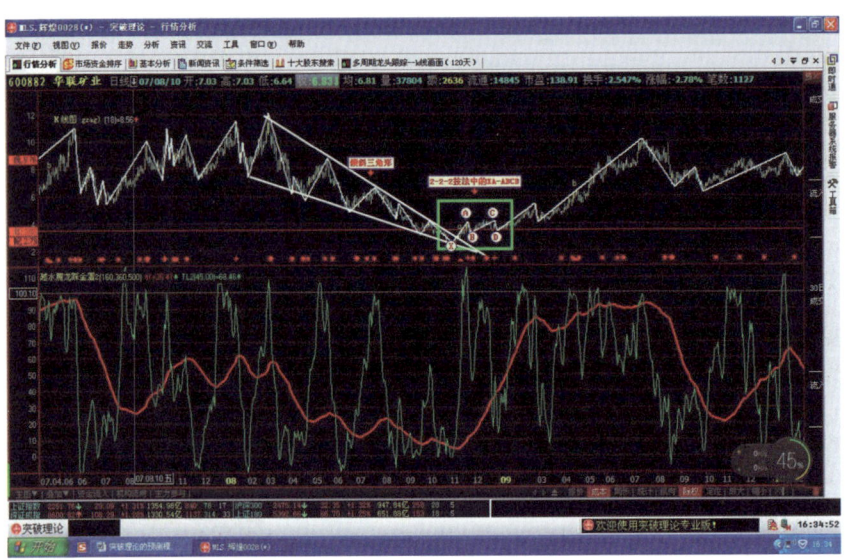

例图 15－45

再加深一下印象

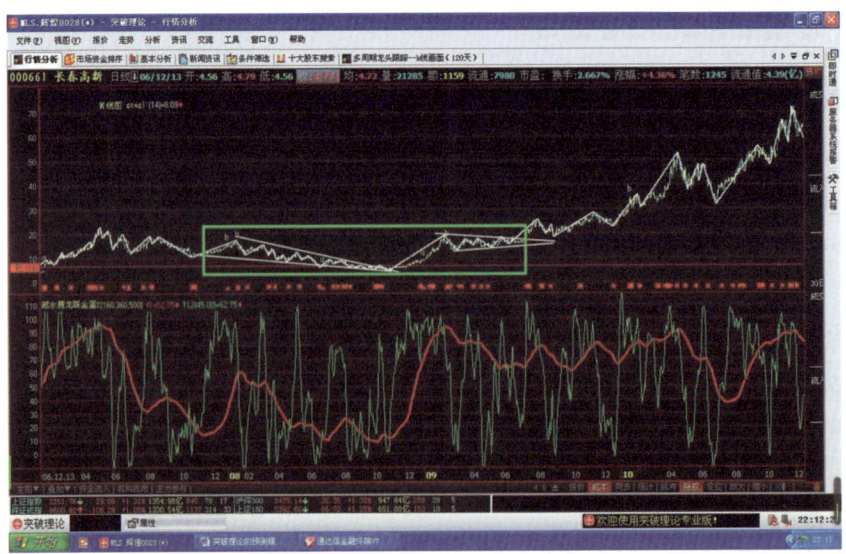

4. 倾斜三角形加双平台形的复合型调整

例图 15－46

△平平

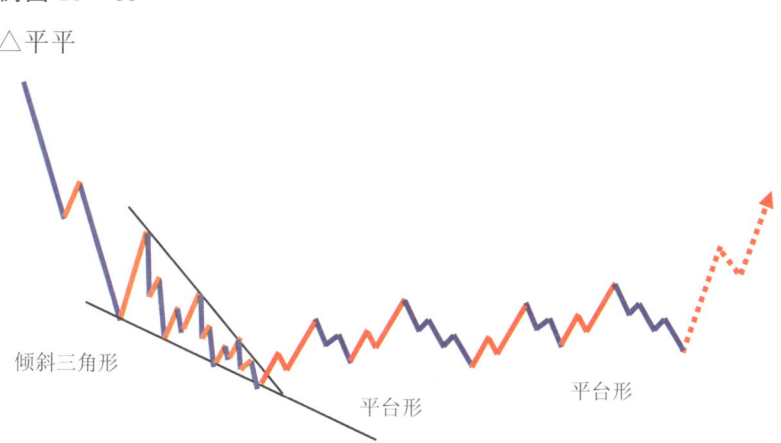

倾斜三角形加双平台的复合型调整是由倾斜三角形和两轮 3－3－5 平台形调整浪结合的中间由两个任意三浪连接的复合型调整，这是复合型调整中比较复杂的一种调整浪。

例图 15－47

突破理论的分浪图

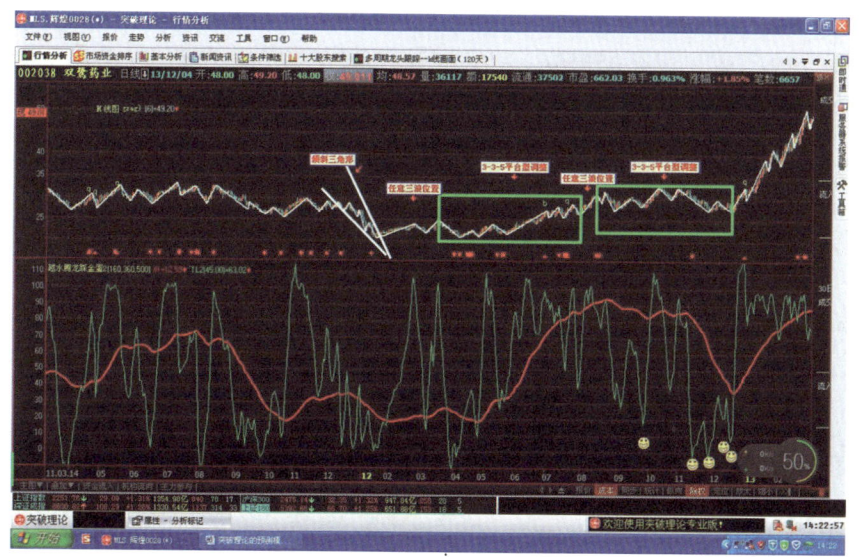

例图 15-48

转化成的七浪突破

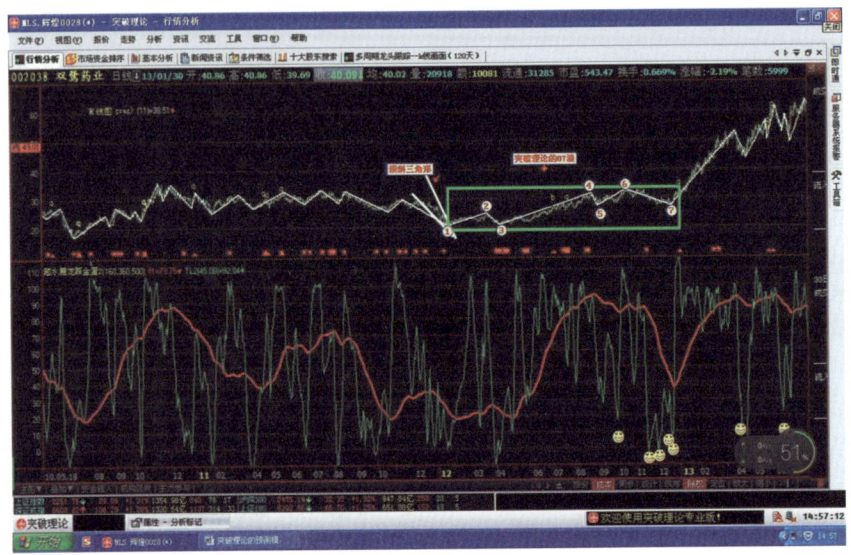

例图 15-49

这是转化成的 2-2-2 技法图,均在同一个位置。

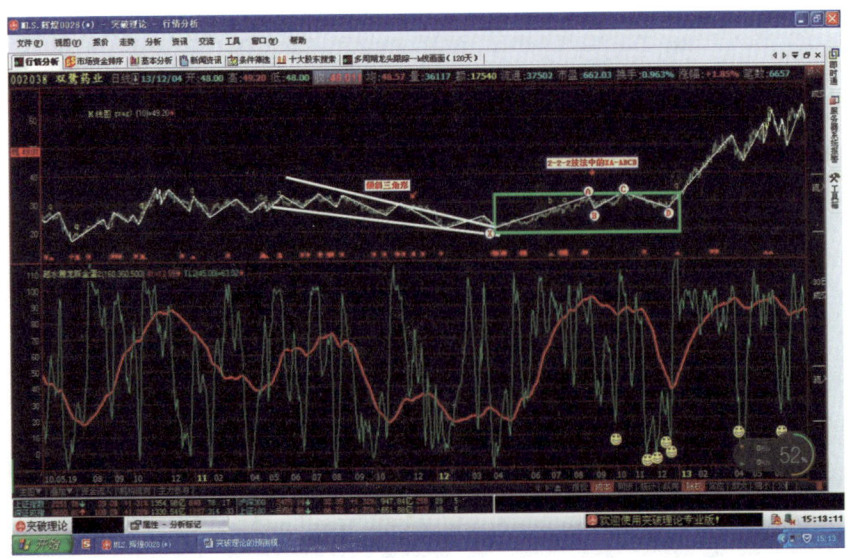

第十五讲　突破理论形态的实战应用及工具

例图 15－50

用另一幅突破理论分浪图再加深一下印象。

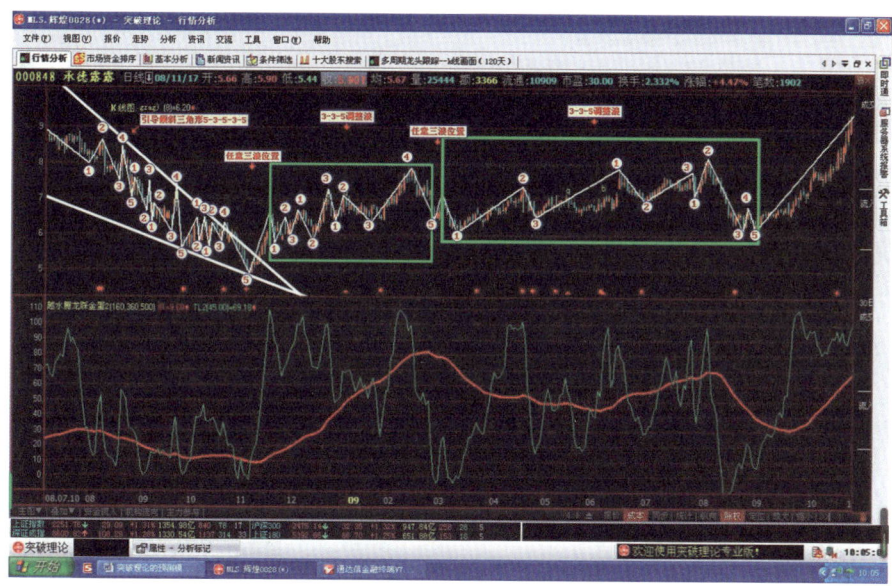

例图 15－51

这是上幅图的全景画面

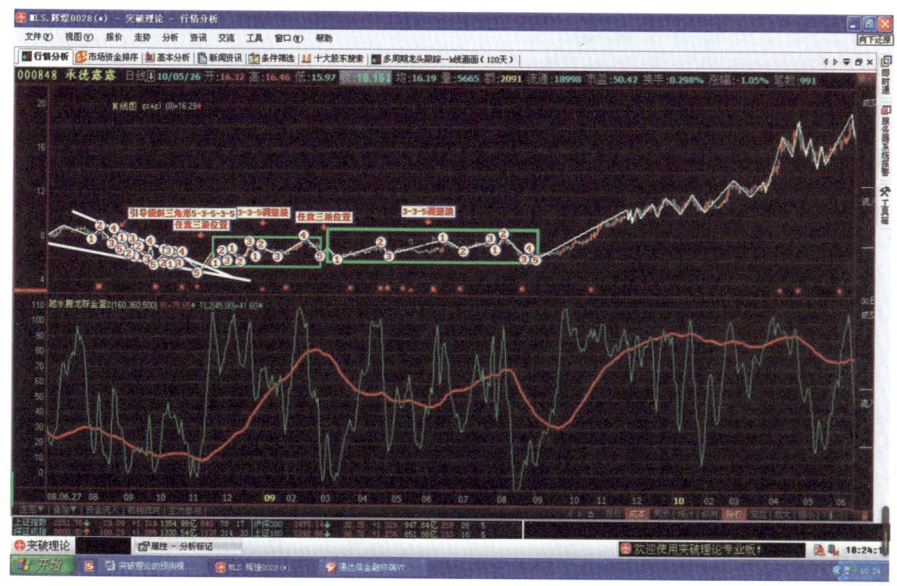

突破理论预测模型及实战工具：波浪理论的创新与超越

例图 15-52

换成突破理论的十一浪突破图。

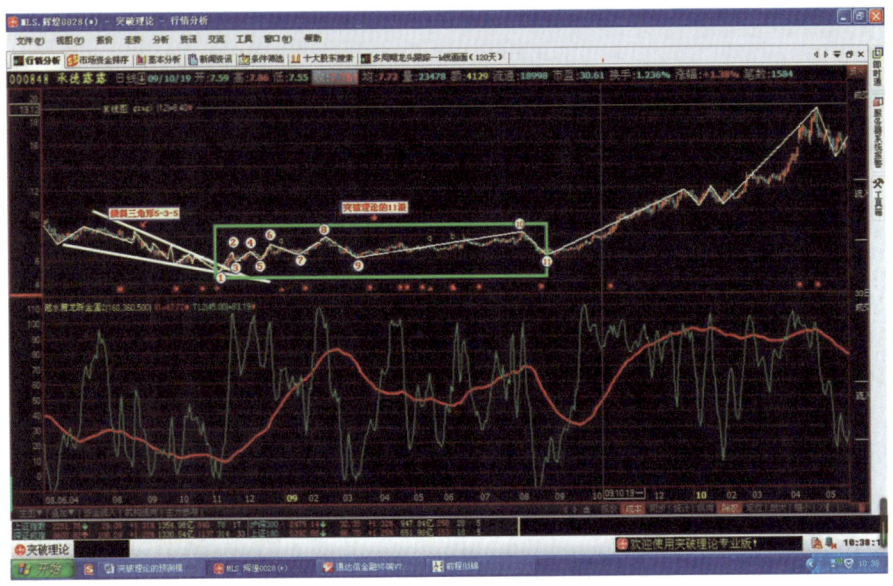

例图 15-53

再换成 2-2-2 技法的 X-A-B-C-D 看看。

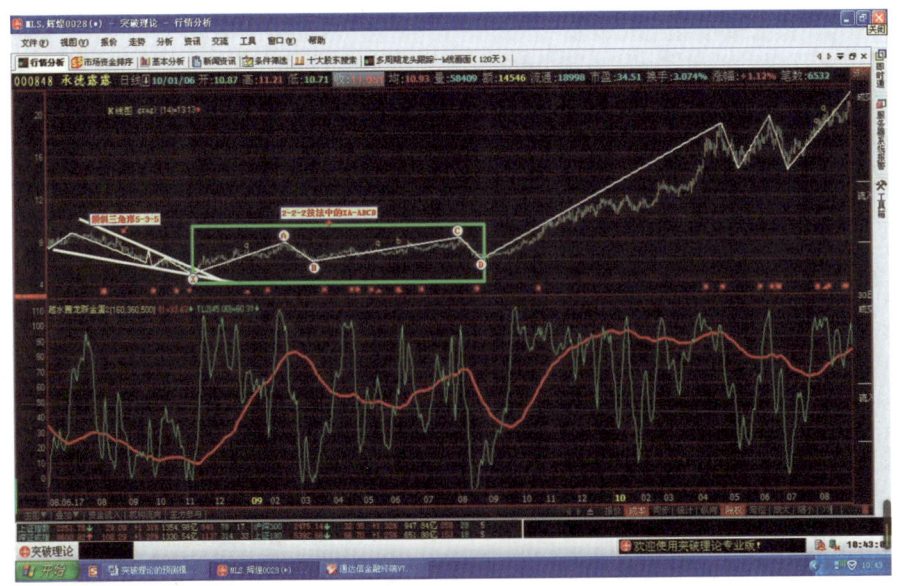

第十五讲 突破理论形态的实战应用及工具

5. 倾斜三角形加锯齿形加平台形的复合型调整

例图 15－54

锯平

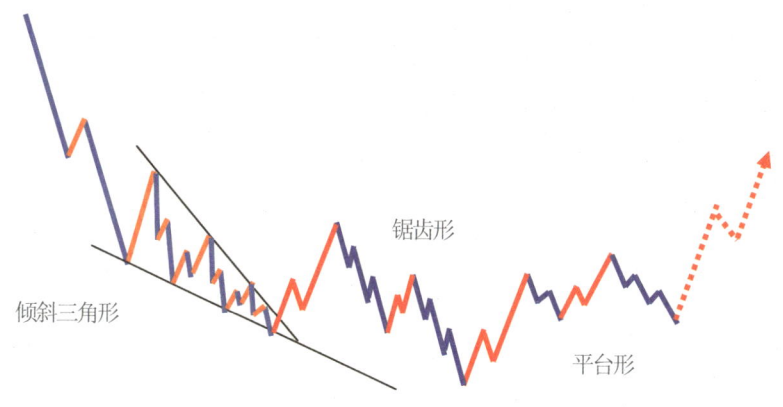

倾斜三角形加锯齿形加平台形的复合型调整是由倾斜三角形加一轮 5－3－5 锯齿形调整浪和又一轮 3－3－5 平台形调整浪相结合的中间由两个任意三浪连接地复合型调整，这是复合性调整中比较复杂的一种调整浪。

特别要注意的是，同一只股票的周线调整形态和日线调整形态是不一样的。

例图 15－55

分浪图

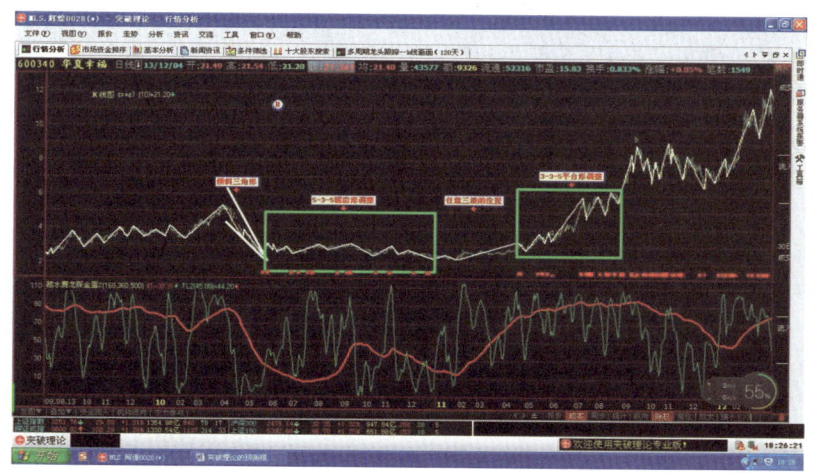

突破理论预测模型及实战工具：波浪理论的创新与超越

例图 15—56

七浪突破

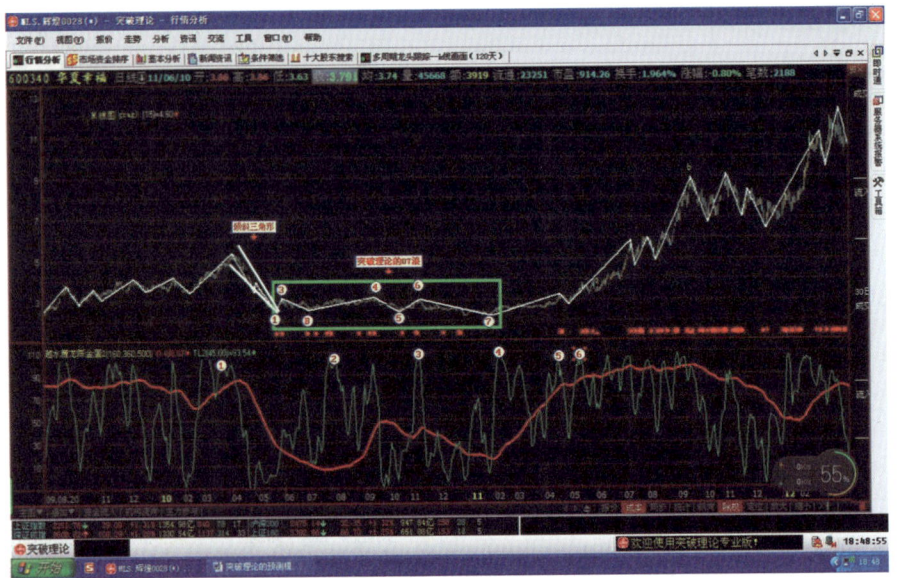

例图 15—57

2—2—2 技法

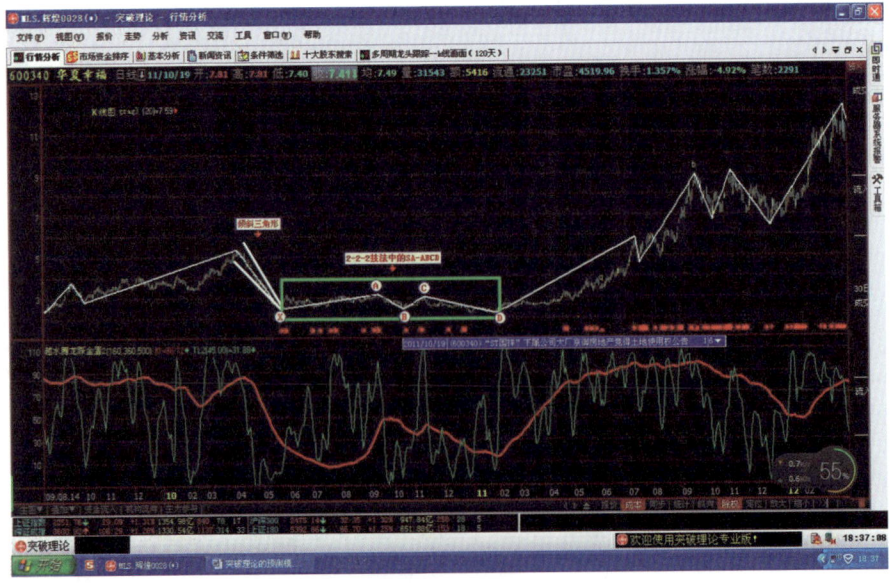

6. 倾斜三角形加三角形加平台形的复合型调整

例图 15－58

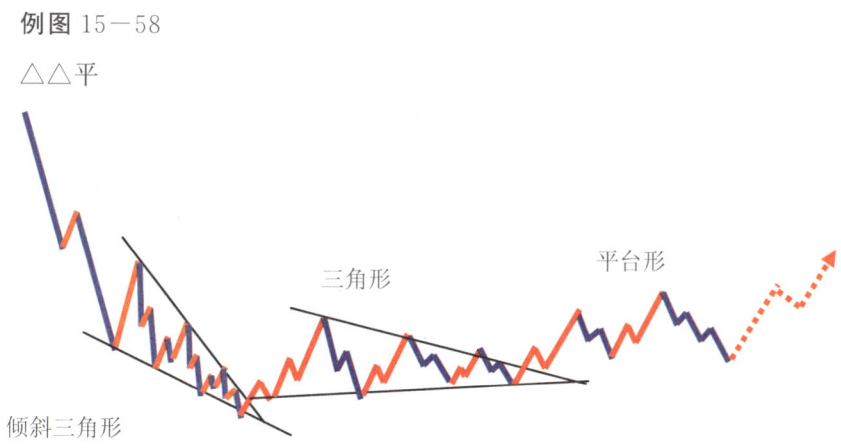

倾斜三角形加三角形及平台形的复合型调整是由倾斜三角形、三角形和平台形调整浪结合的中间由两个任意三浪连接地复合型调整，这是复合性调整中比较复杂的一种调整浪。

例图 15－59

分浪图

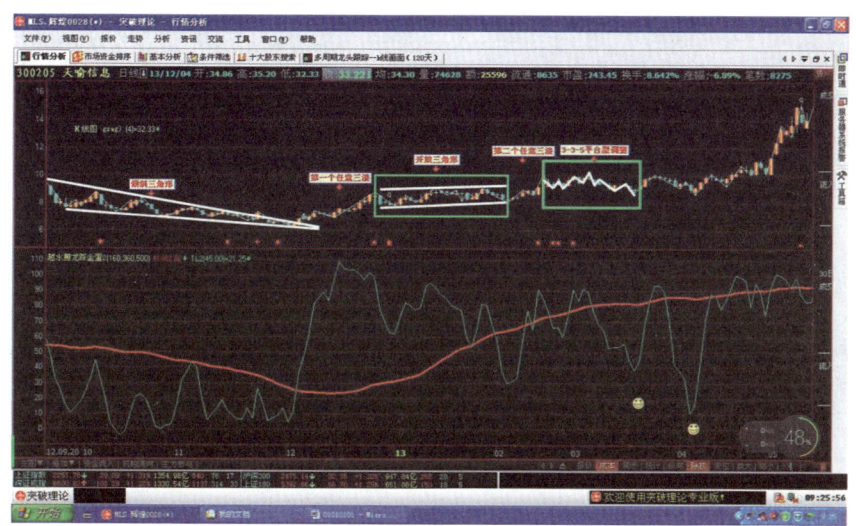

例图 15-60

突破理论的七浪突破。

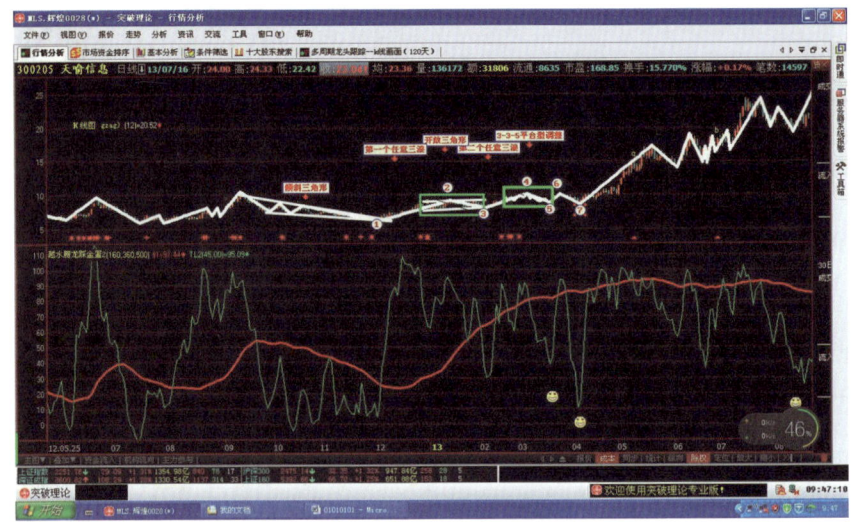

例图 15-61

2-2-2 技法中的 X-A-B-C-D 就在突破理论七浪之中

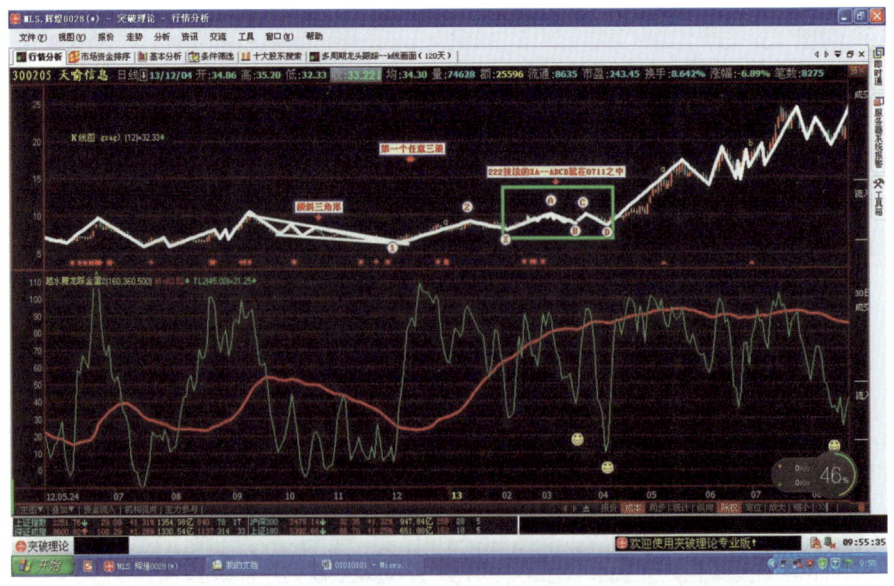

例图 15－62

这是上幅图的全景图。

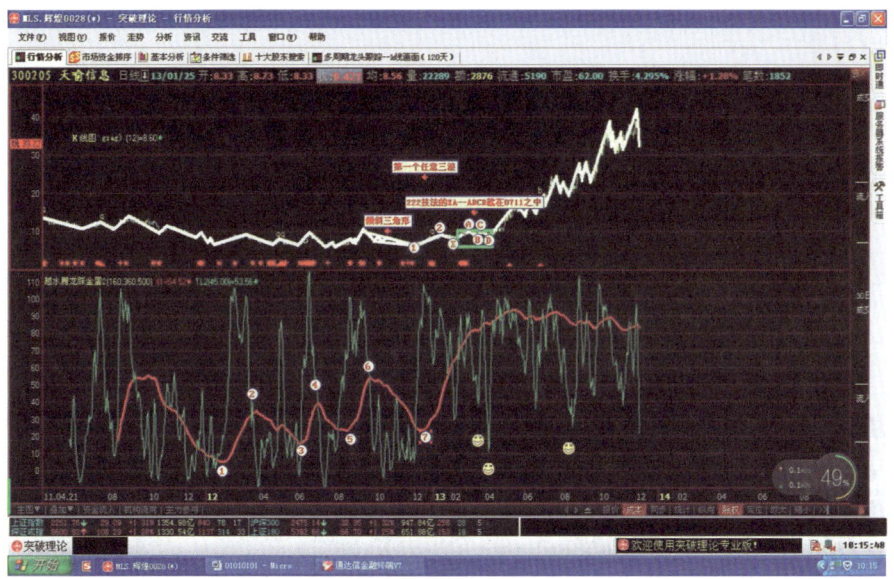

7. 倾斜三角形加平台形加锯齿形的复合型调整

例图 15－63

△平锯

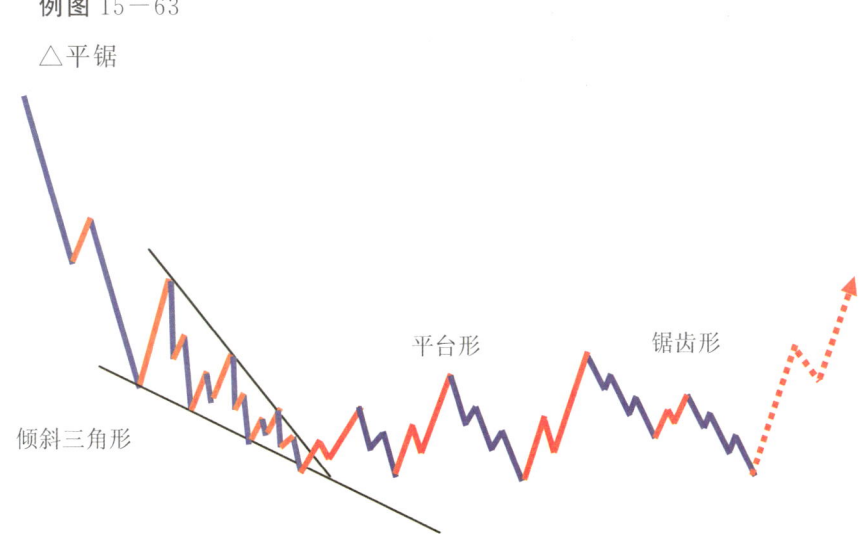

倾斜三角形加平台形加锯齿形的复合型调整是由倾斜三角形加一轮3－3－5平台形调整浪和又一轮5－3－5锯齿形调整浪相结合的中间由两个任意三浪连接地复合型调整。如果三角形调整浪的模式为5－3－5－3－5引导倾斜三角形的话，下调的幅度会较深。这种形态出现后，由于股价的调整比较充分，股价在三角形调整的末端也就是第五条腿走出后向上飙升地比较迅速。这是复合型调整中比较复杂的一种调整浪。

例图15－64

这是分浪图，请注意引导倾斜三角形的5－3－5－3－5分浪图，细节多么完美。

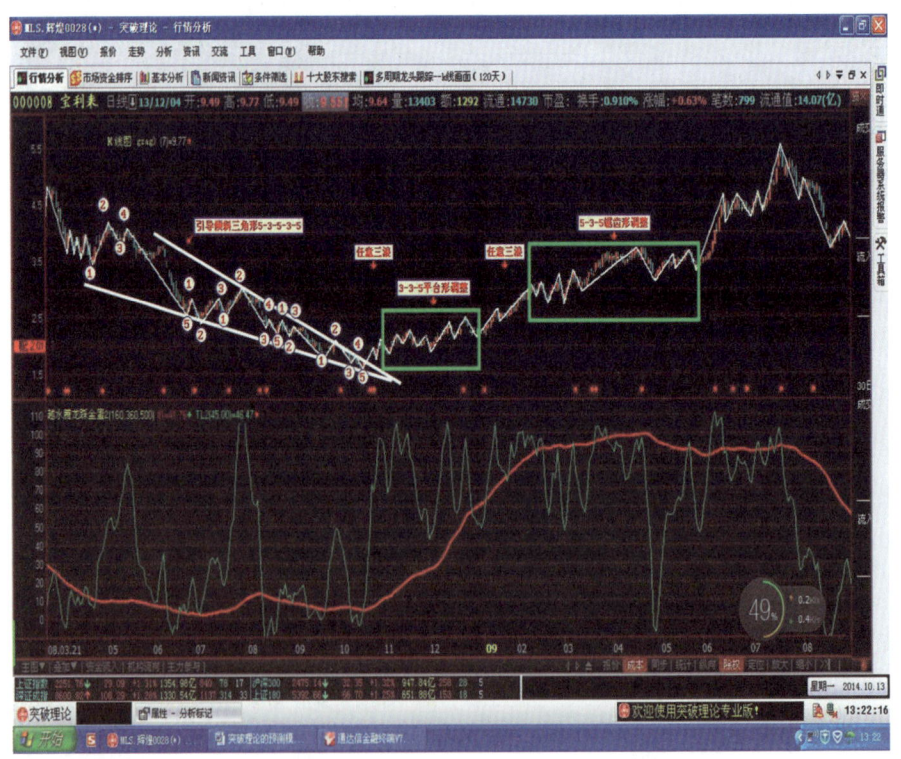

第十五讲　突破理论形态的实战应用及工具

例图 15－65

转化成七浪突破

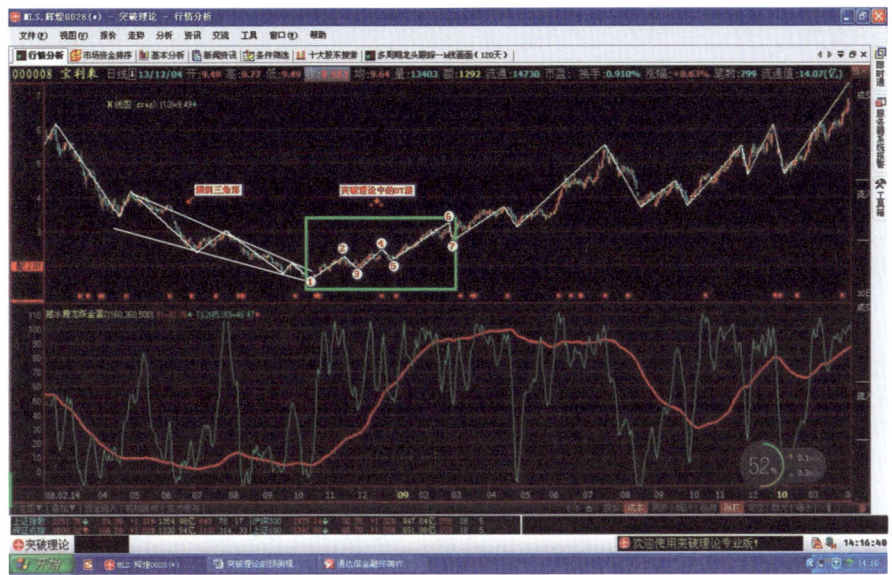

例图 15－66

再转化成 2－2－2 技法

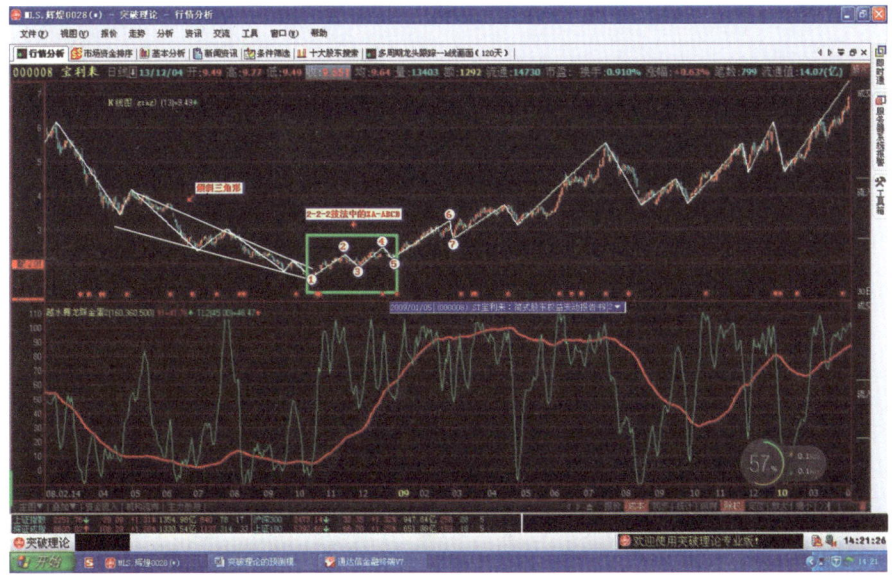

8. 倾斜三角形加双锯齿形的复合型调整

例图 15－67

△锯锯

倾斜三角形加双锯齿形的复合型调整浪是由倾斜三角形和两轮 5－3－5 锯齿形调整浪结合的中间由两个任意三浪连接的复合型调整，这是复合型调整中比较复杂的一种调整浪。

例图 15－68

分浪图

第十五讲 突破理论形态的实战应用及工具

例图 15-69

七浪突破

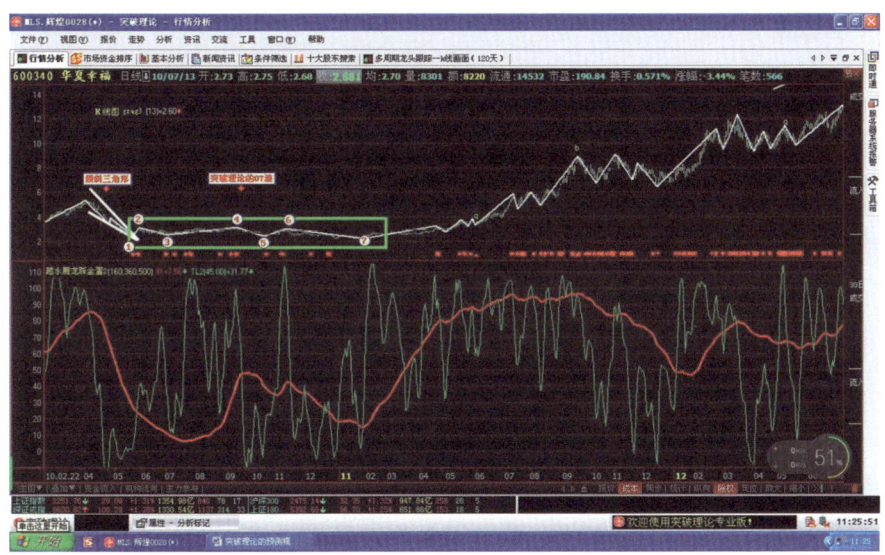

例图 15-70

转化成 2-2-2 技法

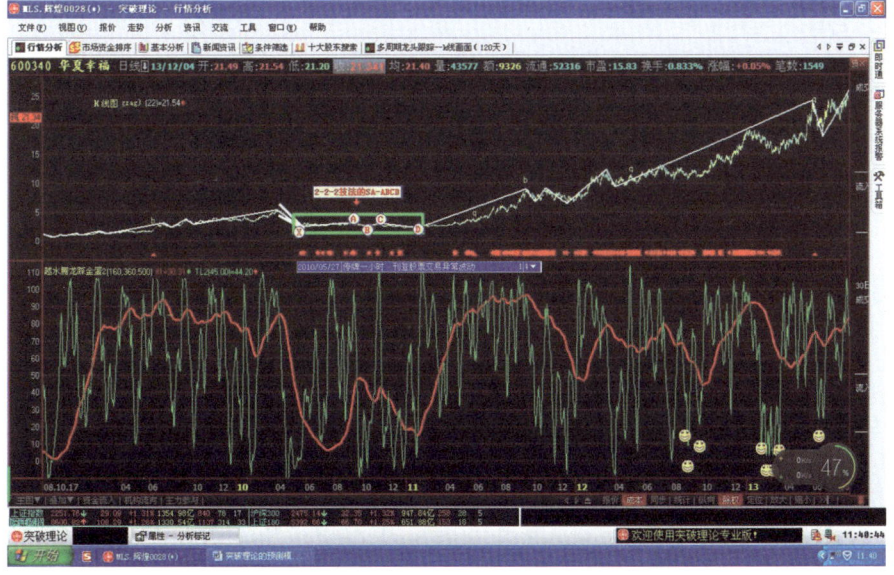

9. 倾斜三角形加三角形加锯齿形的复合型调整

例图 15－71

△△锯

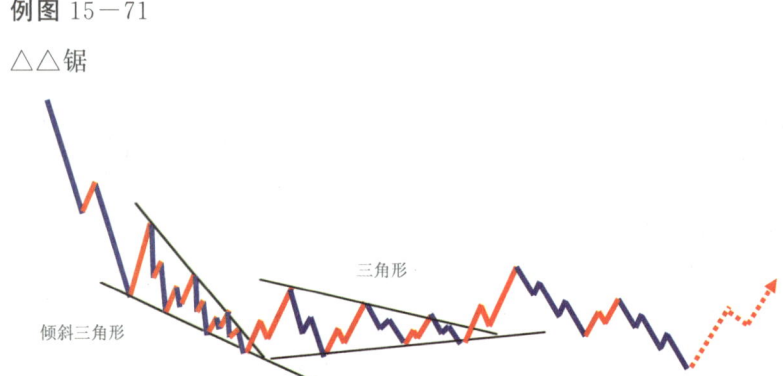

倾斜三角形加三角形加锯齿形的复合型调整是由倾斜三角形加一轮 3－3－5 平台形调整浪和又一轮 5－3－5 锯齿形调整浪相结合的中间由两个任意三浪连接地复合型调整。如果三角形调整浪的模式为 5－3－5－3－5 引导倾斜三角形的话，下调的幅度会较深。这种形态出现后，由于股价的调整比较充分，股价在三角形调整的末端也就是第五条腿走出后向上飙升地比较迅速。这是复合型调整中比较复杂的一种调整浪。

例图 15－72

这是突破理论的分浪图

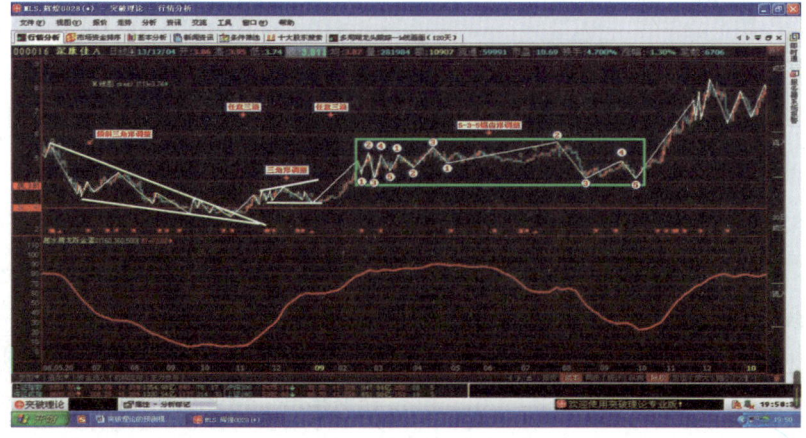

第十五讲　突破理论形态的实战应用及工具

例图 15—73

转化成了突破理论的七浪，分浪图中的两个任意三浪正好对应七浪的 1—2 和 3—4，振幅较大。

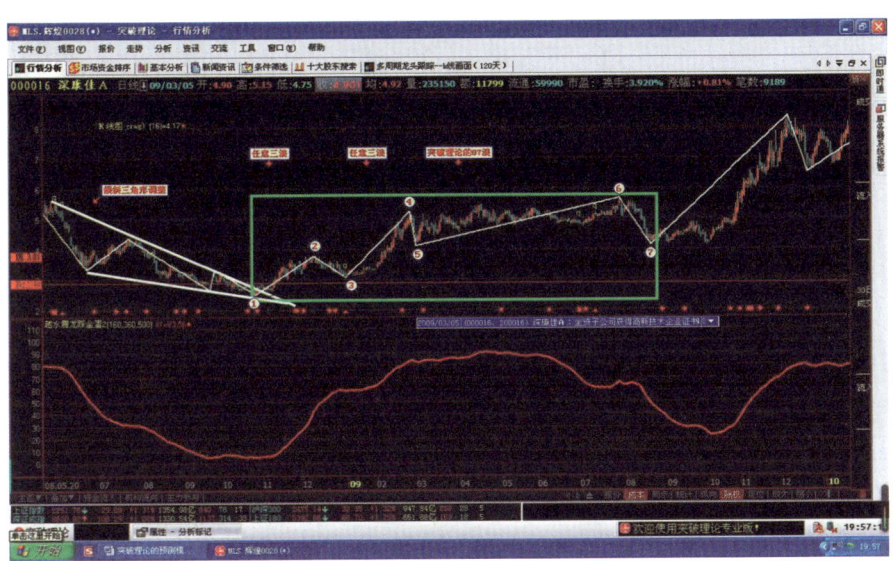

进一步转化成了 2—2—2 技法的 X—A—B—C—D

例图 15—74

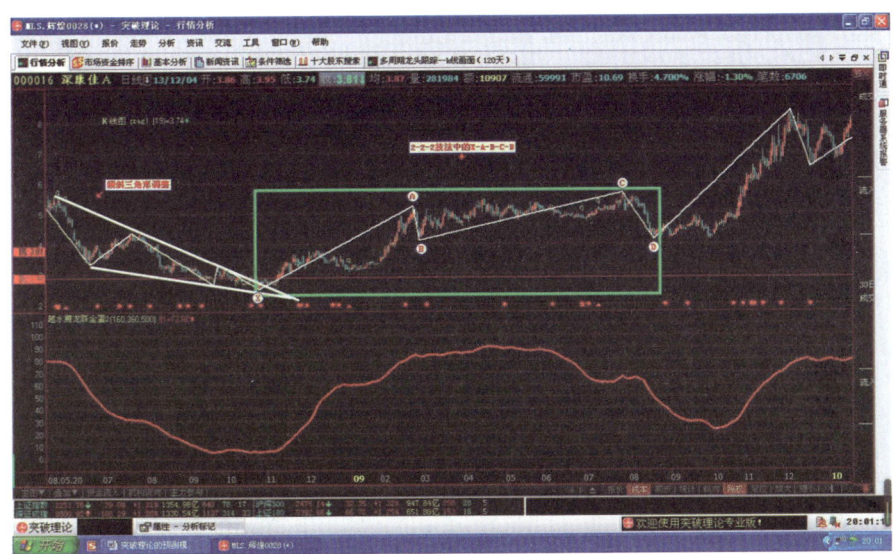

突破理论预测模型及实战工具：波浪理论的创新与超越

再看一组变形的倾斜三角形的分浪图

例图15-75

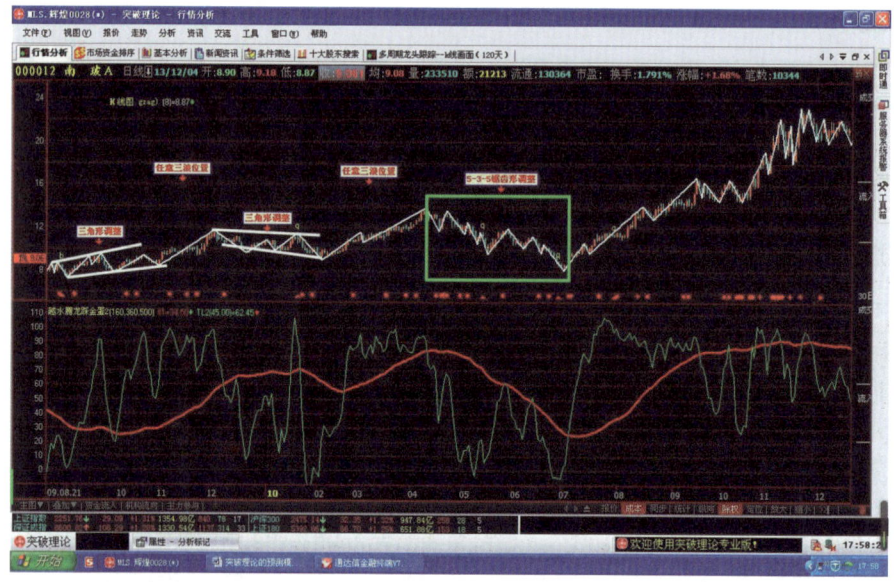

例图15-76

转化成七浪

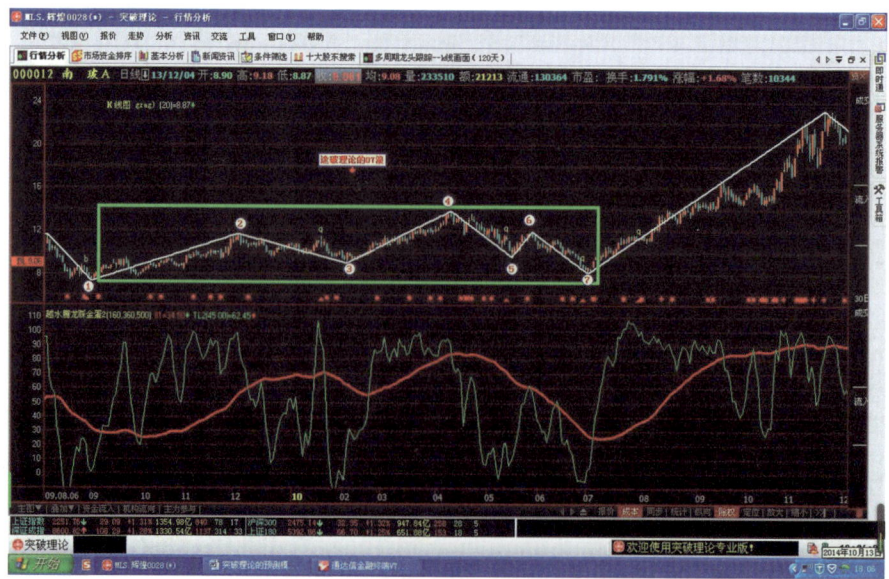

第十五讲　突破理论形态的实战应用及工具

例图 15－77

再转化成 2－2－2 技法

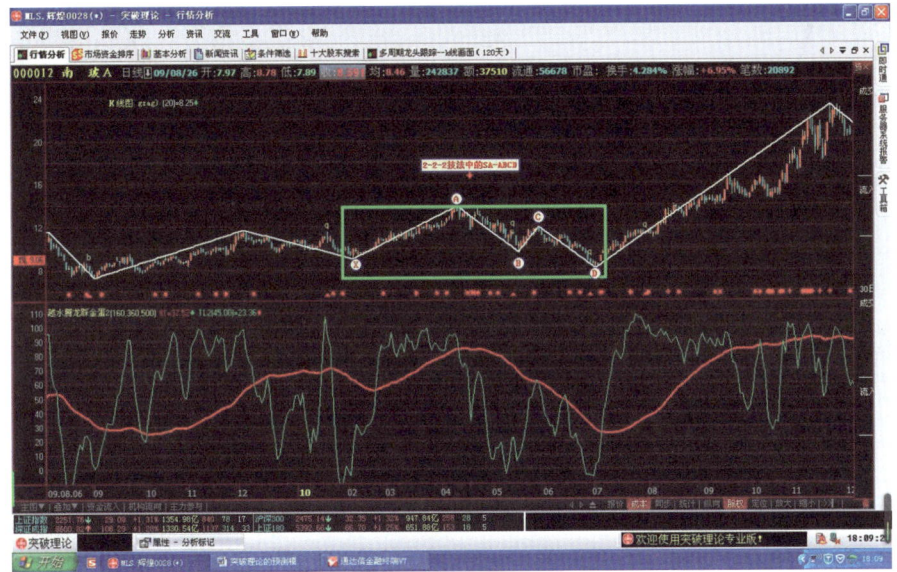

10．倾斜三角形加平台形加三角形的复合型调整

例图 15－78

△平△

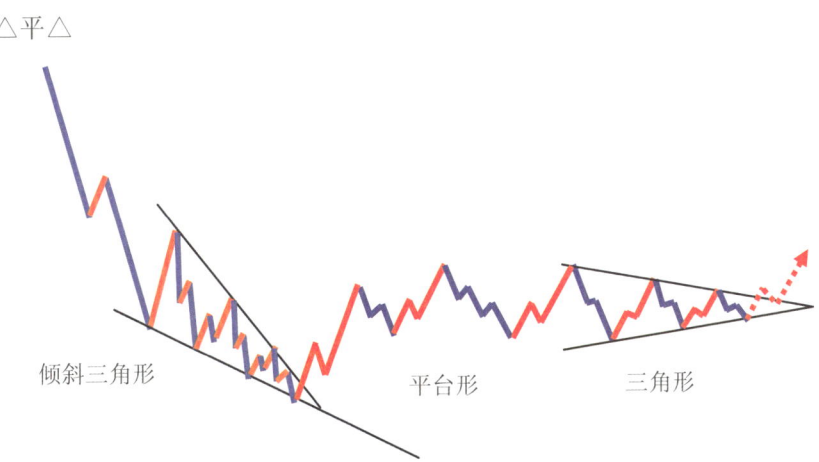

例图 15－79

△平△

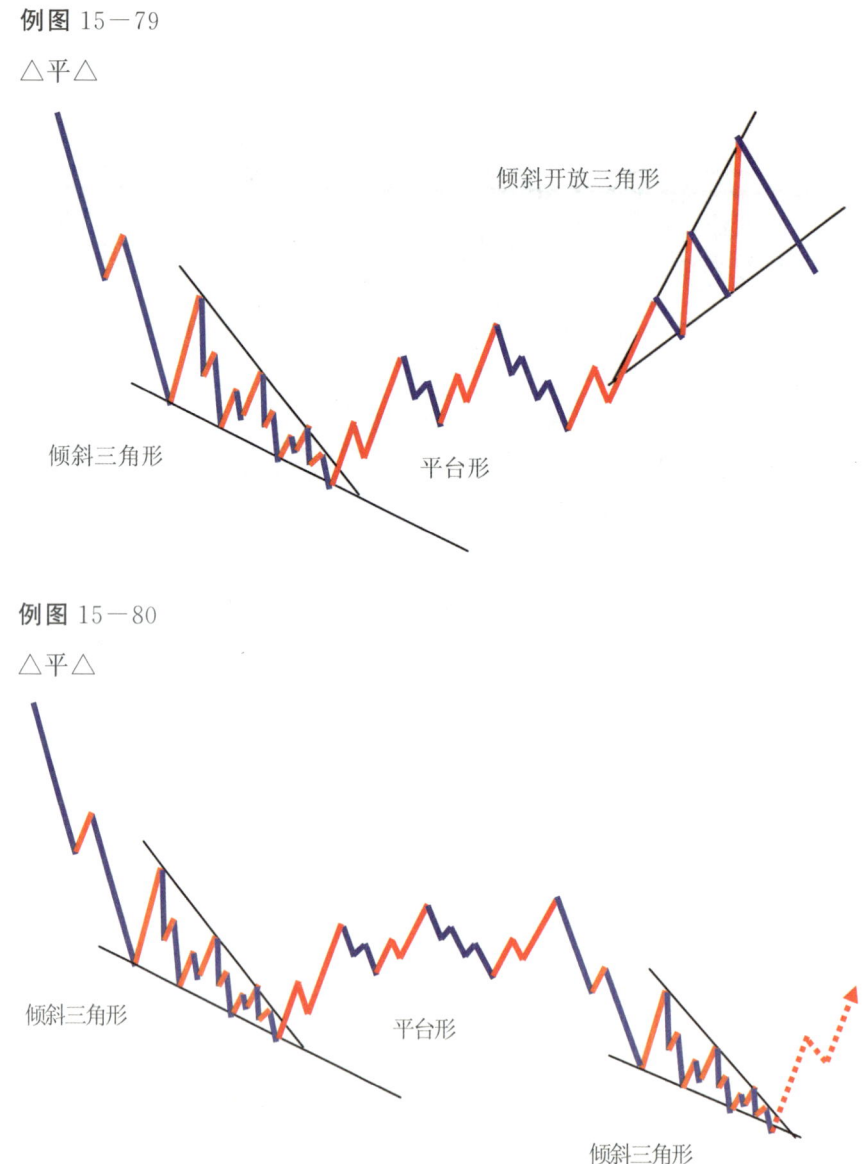

例图 15－80

△平△

倾斜三角形加平台形加三角形的复合型调整是由倾斜三角形加一轮 3－3－5平台形调整浪和又一轮 3－3－3－3－3 三角形调整浪相结合的中间由两个任意三浪连接的复合型调整。

第十五讲　突破理论形态的实战应用及工具

例图 15－81

分浪图

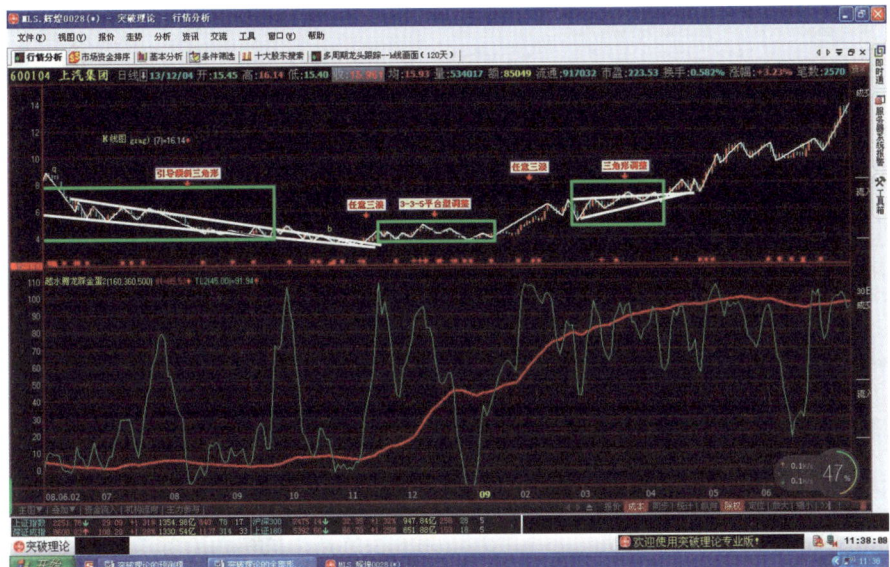

例图 15－82

这是上一幅图的全景图

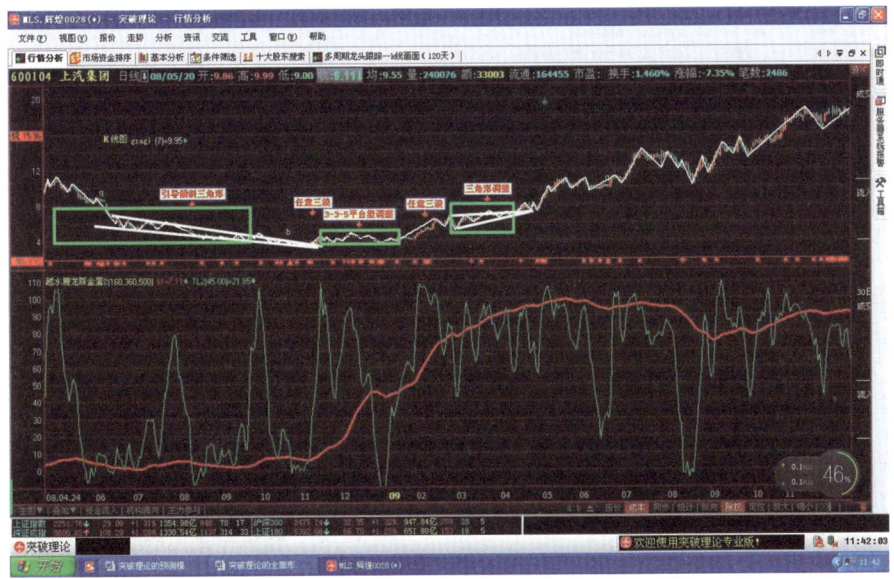

例图 15－83

转换成了突破理论的七浪

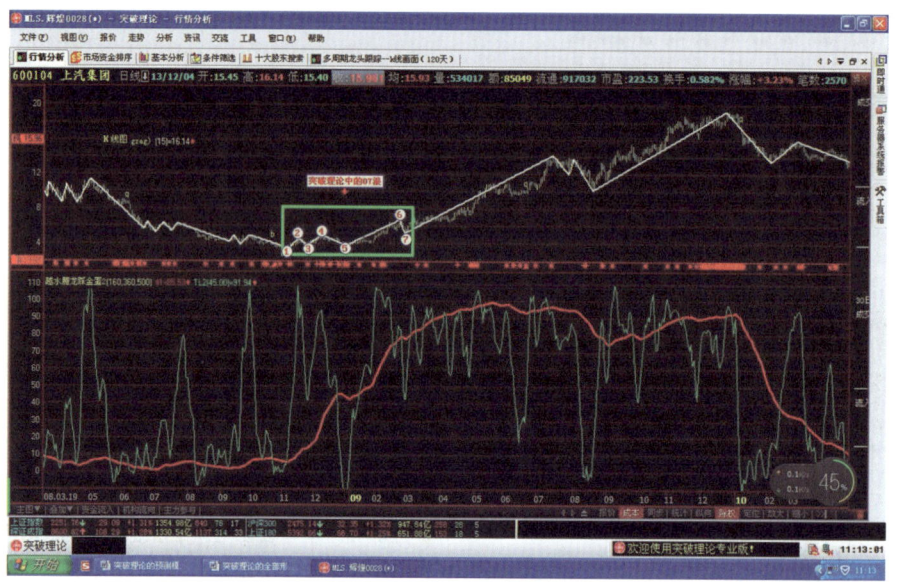

例图 15－84

进一步换成了 2－2－2 技法

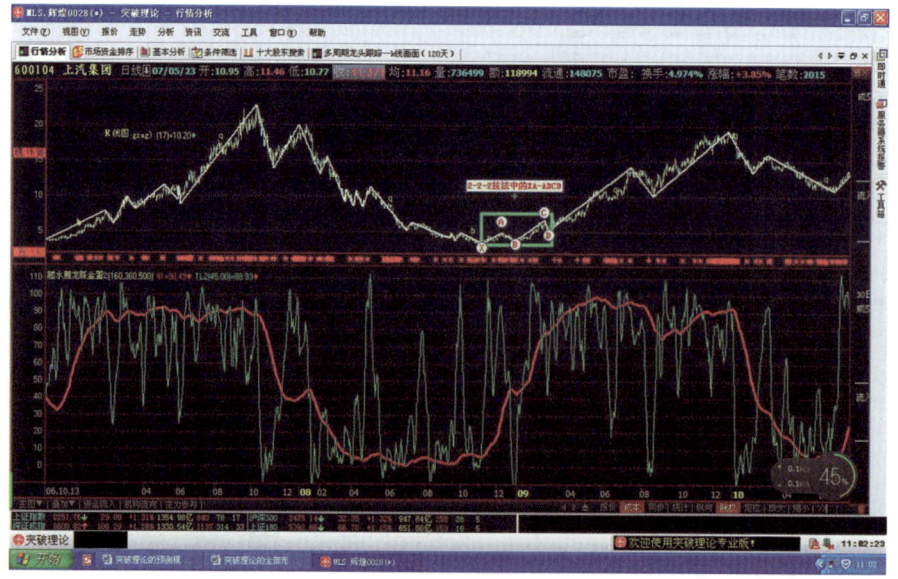

11. 倾斜三角形加锯齿形加三角形的复合型调整

例图 15－85

△锯△

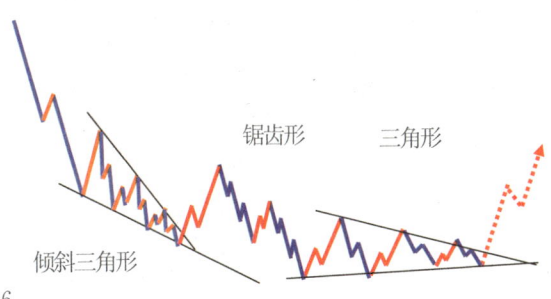

例图 15－86

△锯△

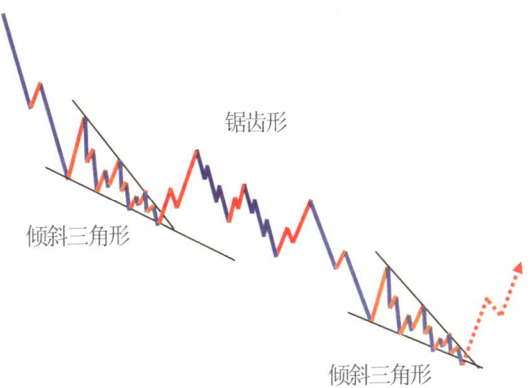

例图 15－87

△锯△

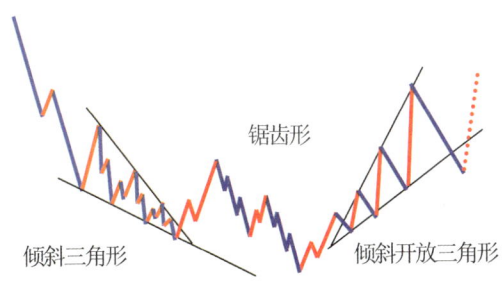

突破理论预测模型及实战工具：波浪理论的创新与超越

例图 15－88

分浪图

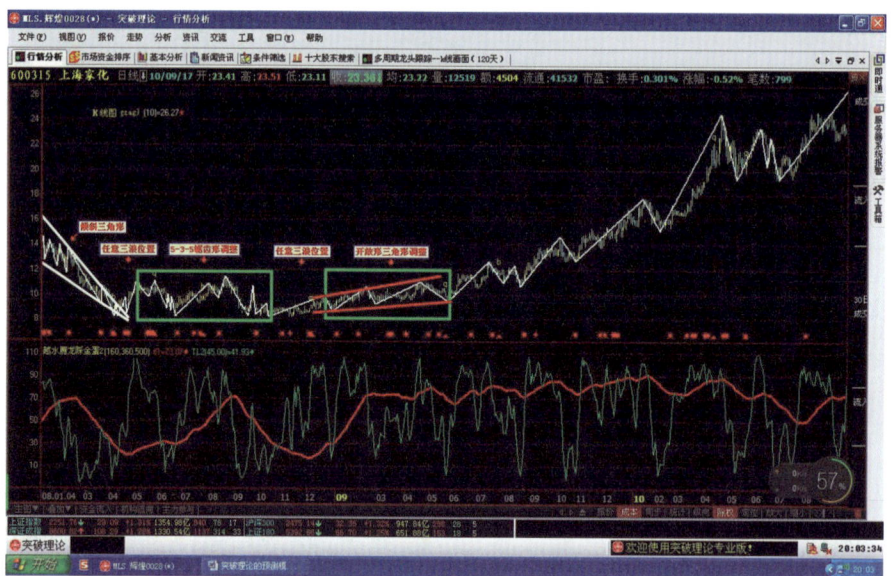

例图 15－89

七浪图

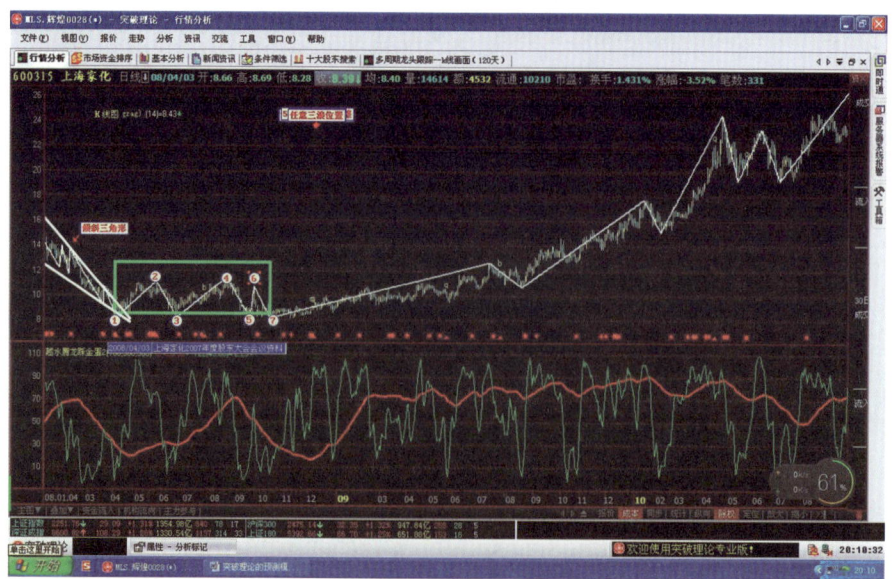

第十五讲 突破理论形态的实战应用及工具

例图 15-90

2-2-2 技法图

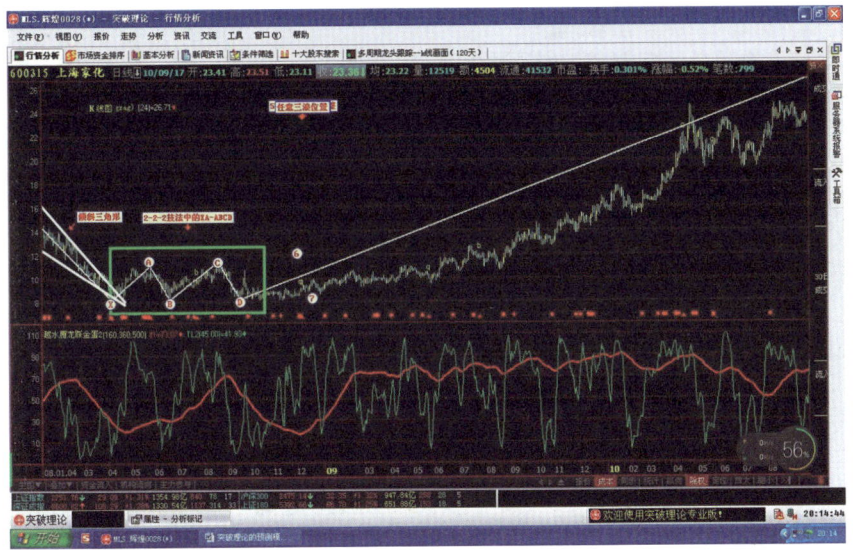

例图 15-91

为了加深印象再看一组

分浪图

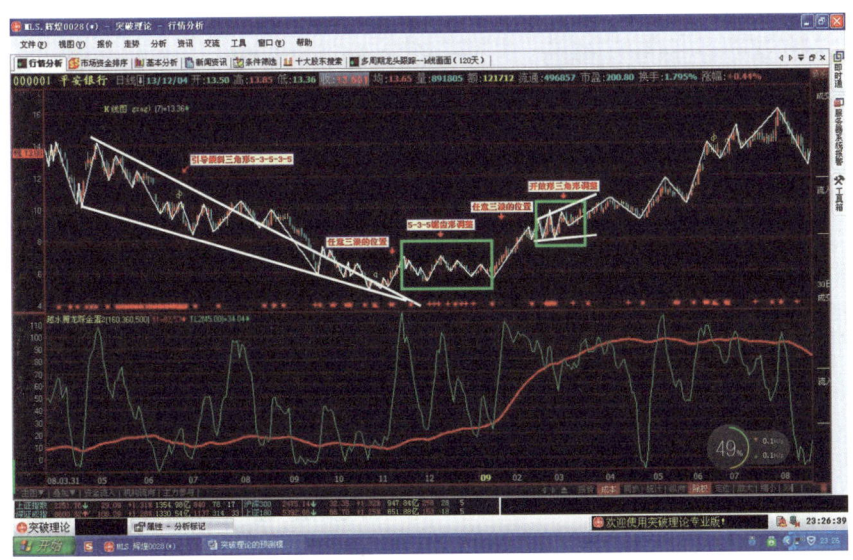

例图 15－92

转换成了突破理论的七浪

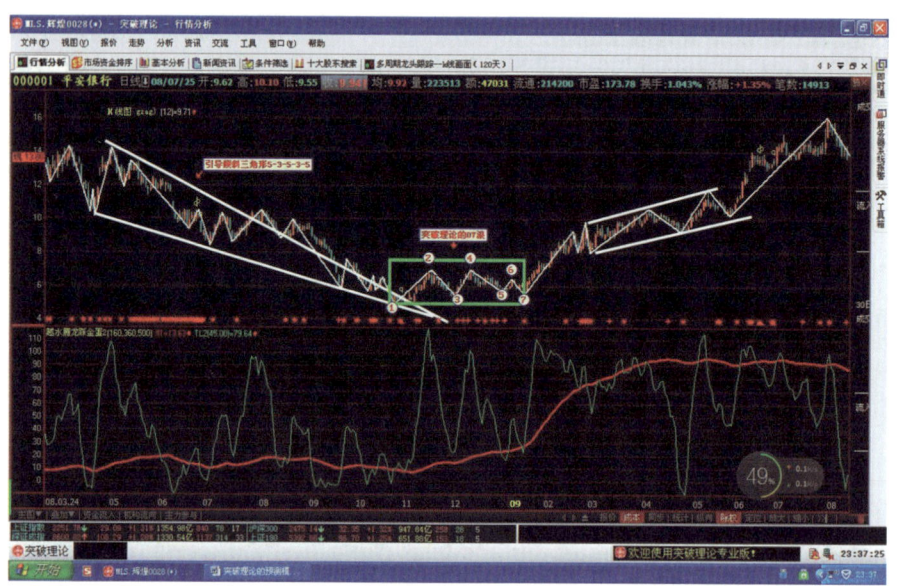

例图 15－93

进一步变化成了 2－2－2 技法

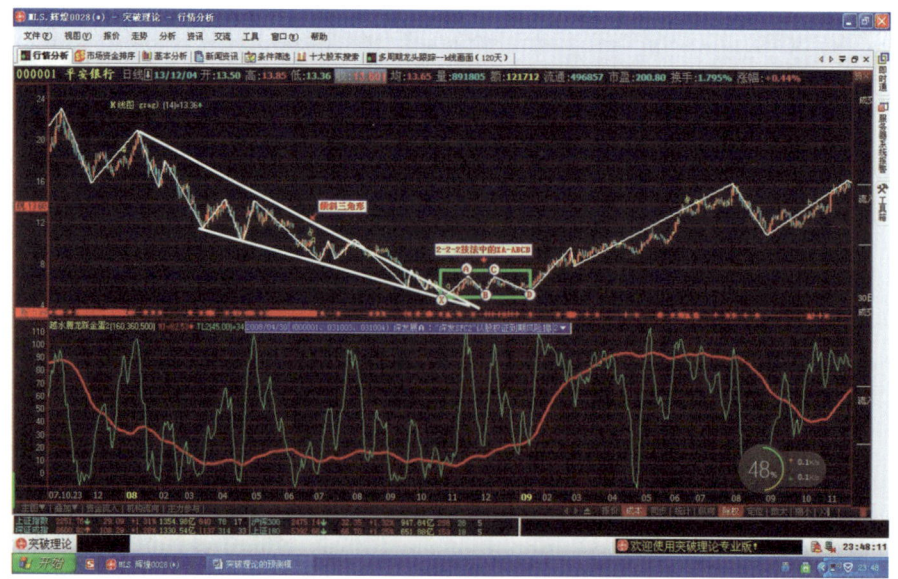

第十五讲　突破理论形态的实战应用及工具

12. 倾斜三角形加双三角形的复合型调整

例图 15－94

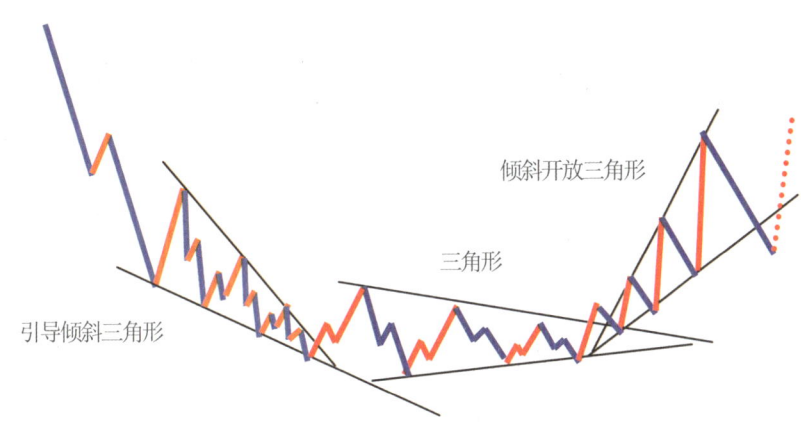

倾斜三角形加双三角形的复合型调整是由倾斜三角形加一轮三角形调整浪再加又一轮三角形调整浪组成的中间由两个任意三浪连接的复合型调整。

例图 15－95

分浪图

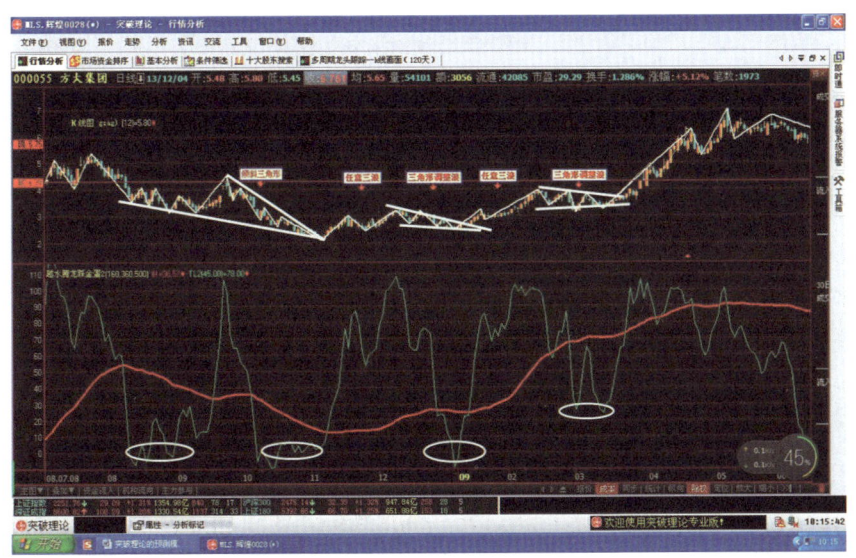

例图 15－96

十一浪突破

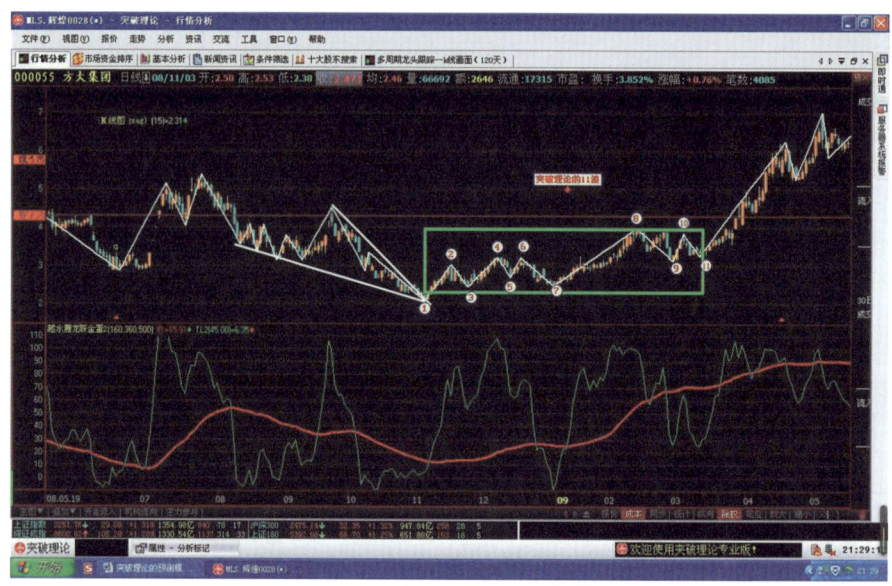

例图 15－97

突破理论的 0711 中隐含着 2－2－2 技法看下图组合的多么奇妙！

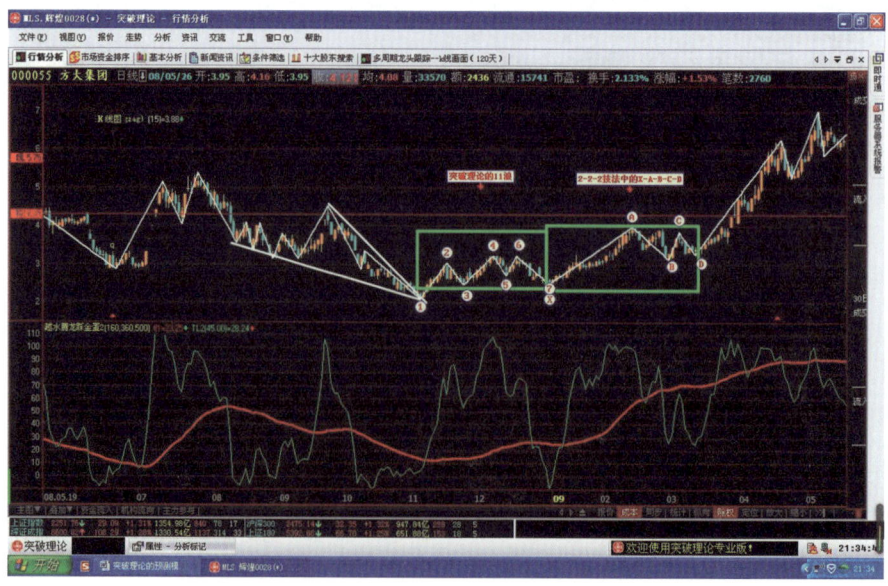

13. 双平台形的复合型调整

例图 15－98

平平

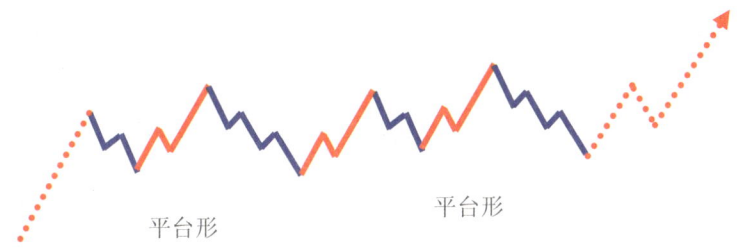

平台形　　　　　平台形

此种平台形加平台形的复合型调整是由类型相同的两轮平台形调整浪组成，中间由一个任意三浪连接的复合型调整，这是龙头股或大牛股的摇篮形态之一。

例图 15－99

分浪图

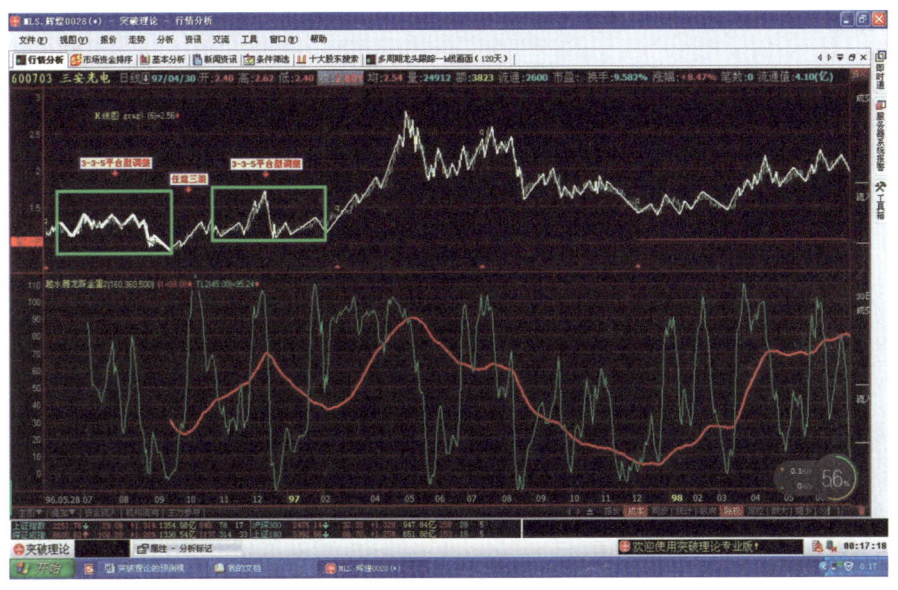

例图 15－100

转换成七浪突破

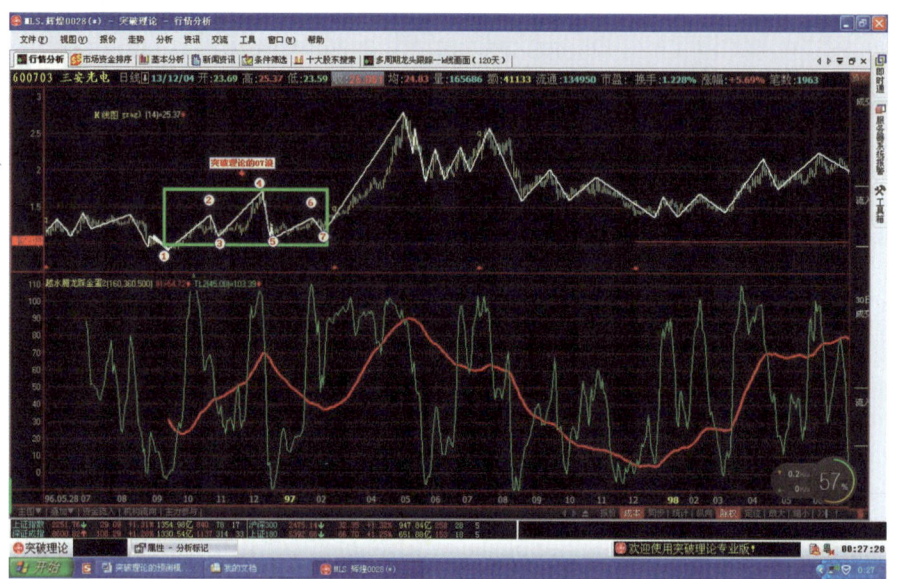

例图 15－101

进一步转换成 2－2－2 技法

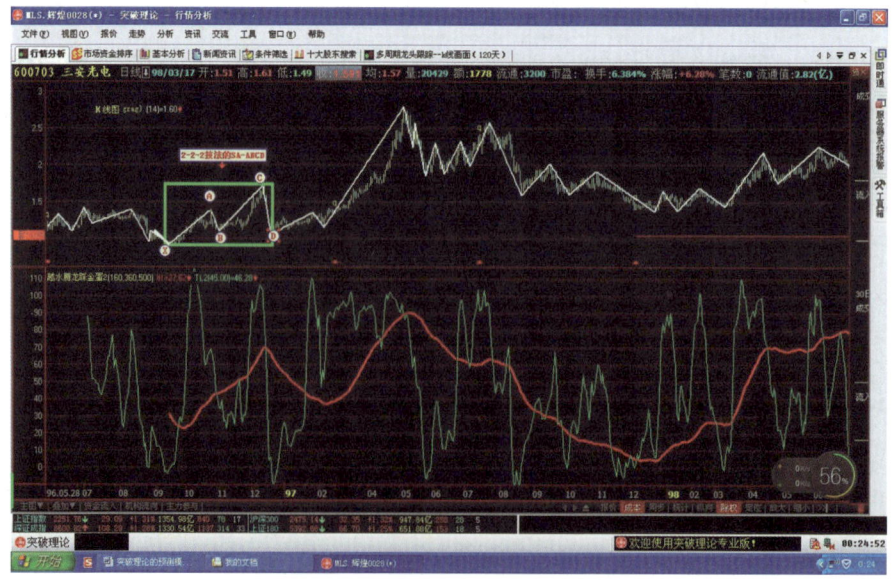

第十五讲　突破理论形态的实战应用及工具

14. 平台形加锯齿形的复合型调整

例图 15－102

平锯

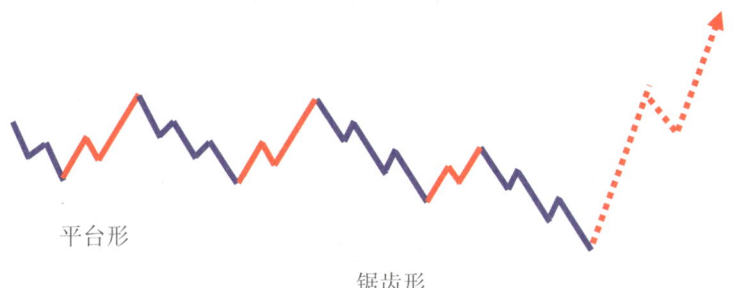

平台形

锯齿形

3－3－5平台形调整浪和5－3－5锯齿形调整浪的中间由一个任意三形浪连接，这是复合型调整中比较常见的一种类型，这种调整浪大都是按平直方向运行的，此种复合调整的底部清晰易辨。

例图 15－103

分浪图

例图 15－104

转换成突破理论的 11 浪突破

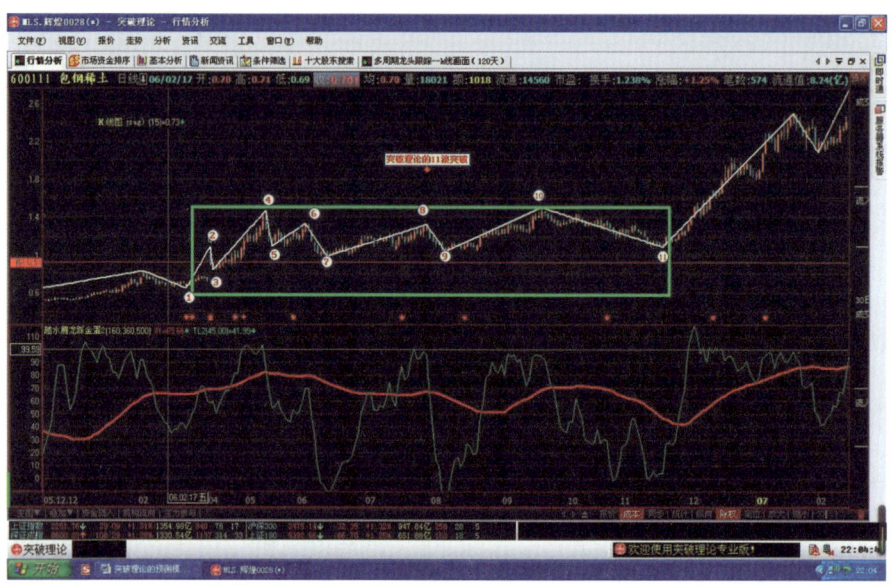

例图 15－105

再进一步转换成 2－2－2 技法的形态

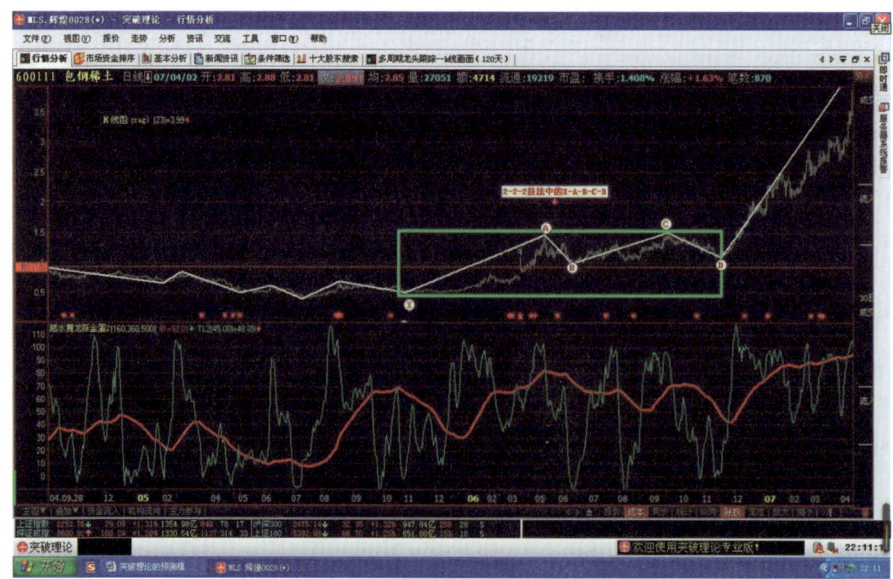

第十五讲　突破理论形态的实战应用及工具

例图 15－106

再看一幅图加深印象

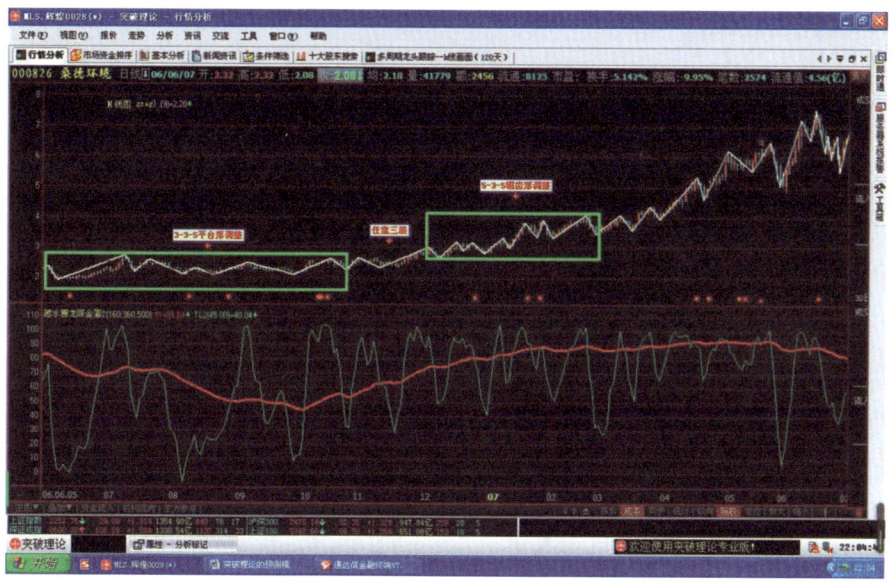

例图 15－107

这种形态易出大牛，再看一幅分浪图

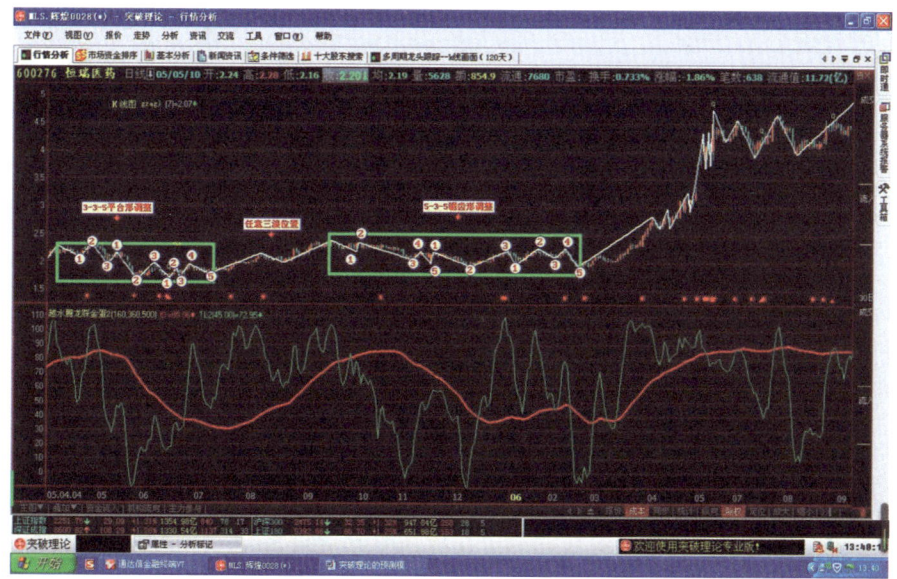

15. 平台形加三角形的复合型调整

例图 15－108

平△

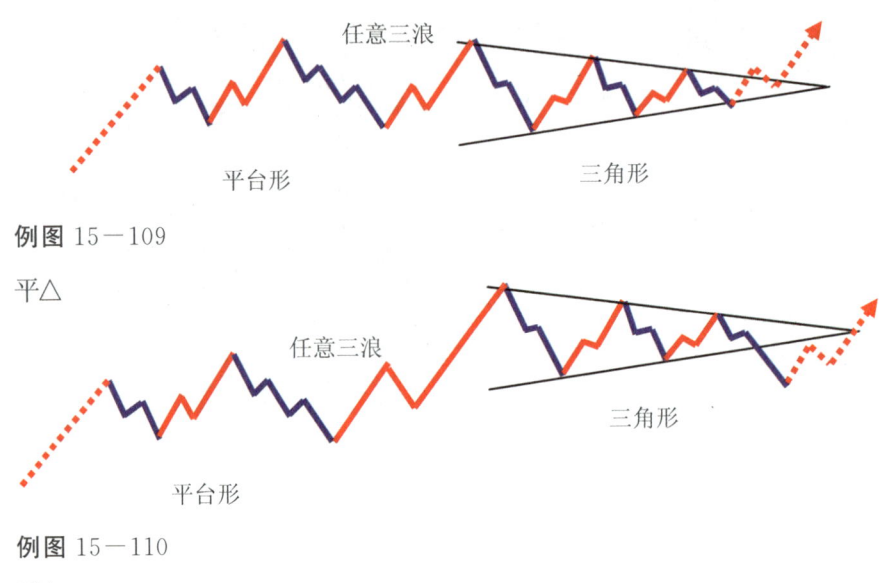

例图 15－109

平△

例图 15－110

平△

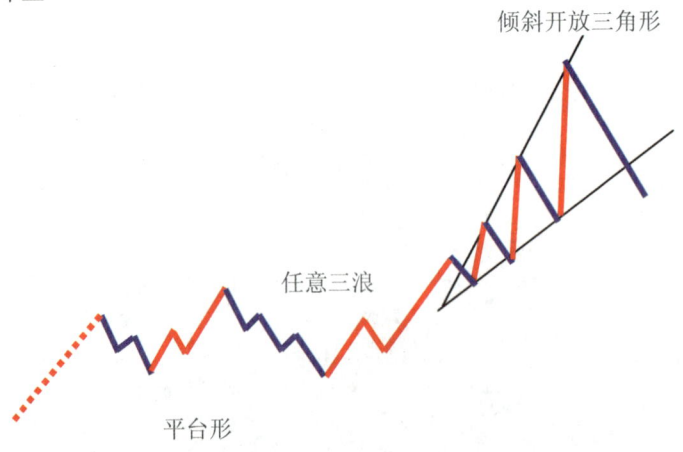

这种 3－3－5 平台形调整浪和 3－3－3－3－3 三角形调整浪的中间由一个任意三浪连接，这是复合性调整中比较简单的一种类型。

第十五讲 突破理论形态的实战应用及工具

例图 15－111

分浪图

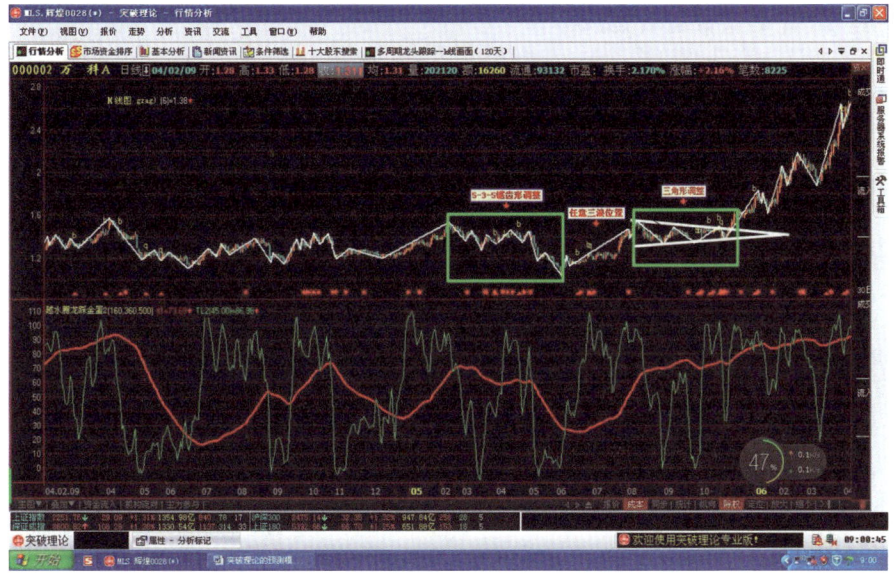

例图 15－112

把分浪图转换成了突破理论的十一浪调整图

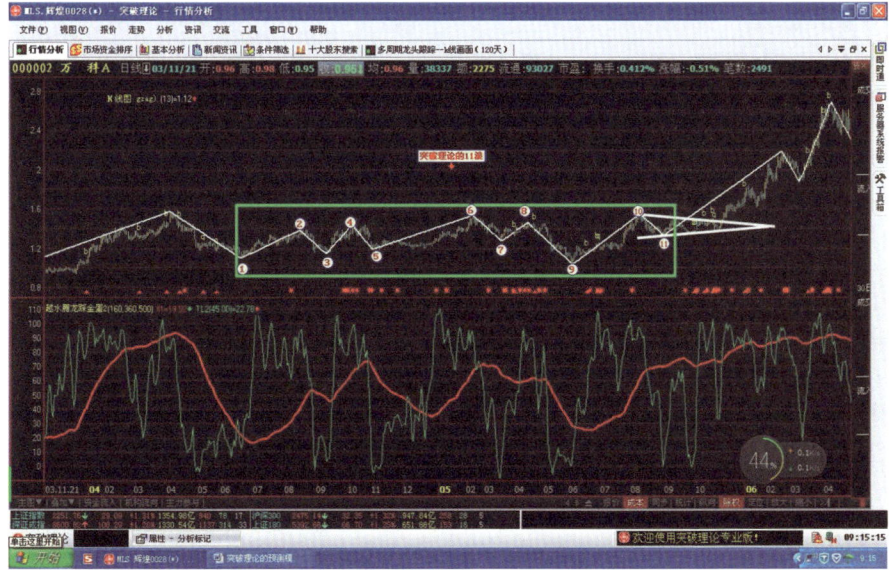

突破理论预测模型及实战工具：波浪理论的创新与超越

例图 15—113

再进一步转化成 2—2—2 技法的形态

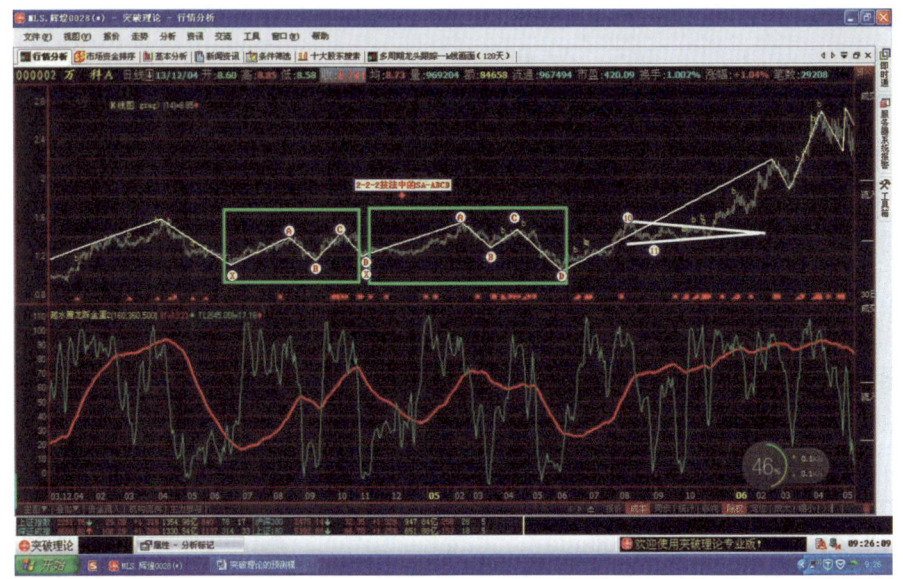

例图 15—114

再体验一下该形态的神奇

第十五讲　突破理论形态的实战应用及工具

16. 三平台形的复合型调整

例图 15－115

平平平

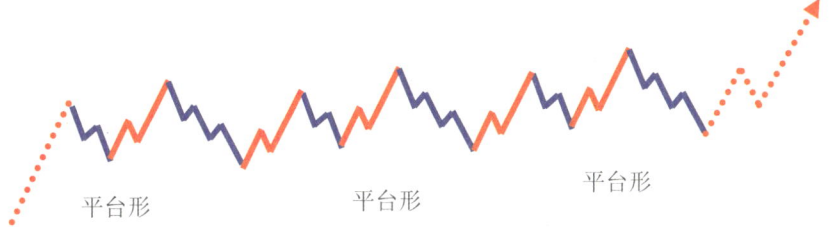

这种由三个 3－3－5 平台形调整浪组合而成的中间由两个任意三浪连接的三平台形的复合型调整，是复合型调整中比较简单的一种类型。

例图 15－116

分浪图

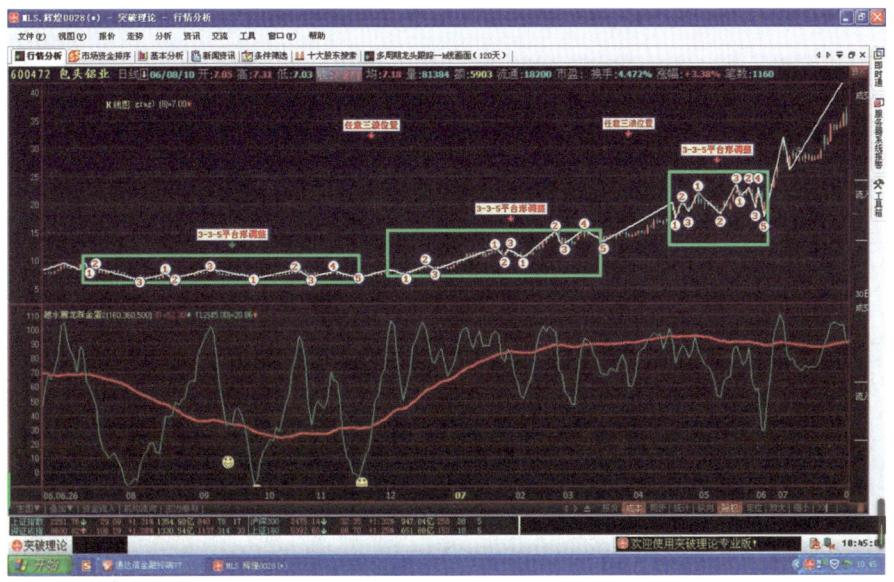

突破理论预测模型及实战工具：波浪理论的创新与超越

例图 15—117

这是上一幅图的全景图

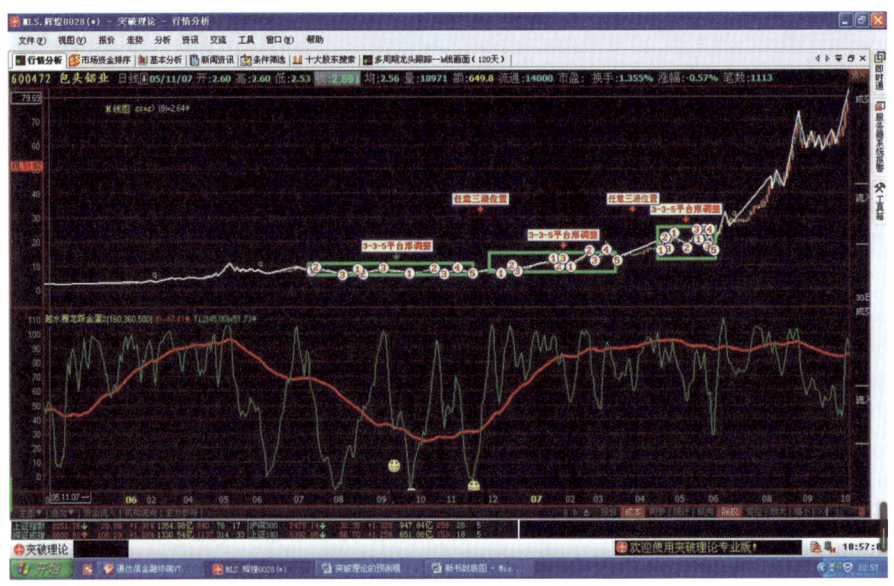

例图 15—118

转换成了突破理论的 11 浪

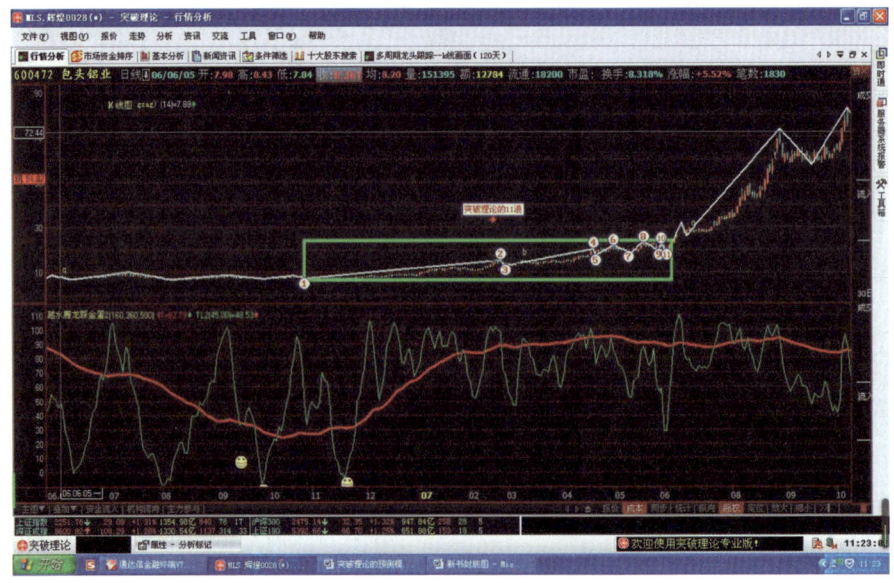

例图 15－119

进一步转换成了 2－2－2 技法的形态图

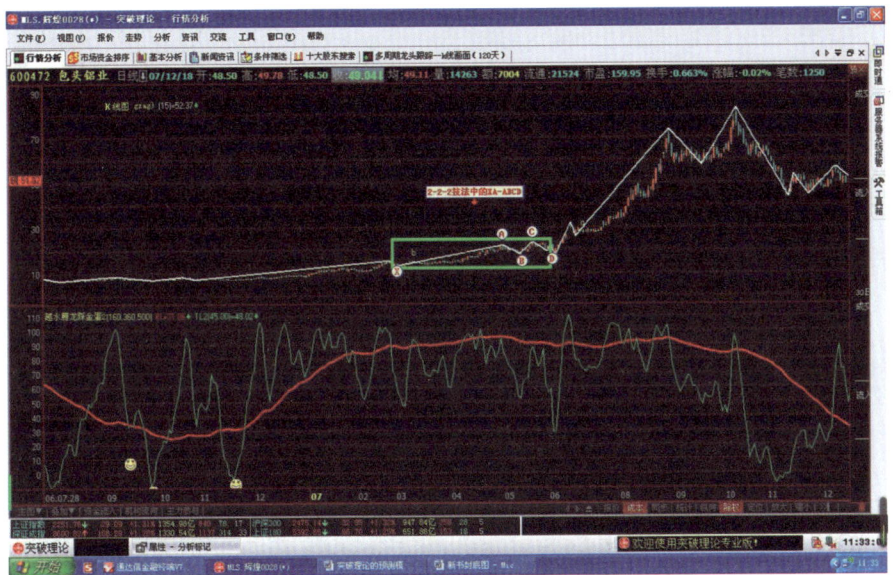

17. 平台形加锯齿形加平台形的复合型调整

例图 15－120

平锯平

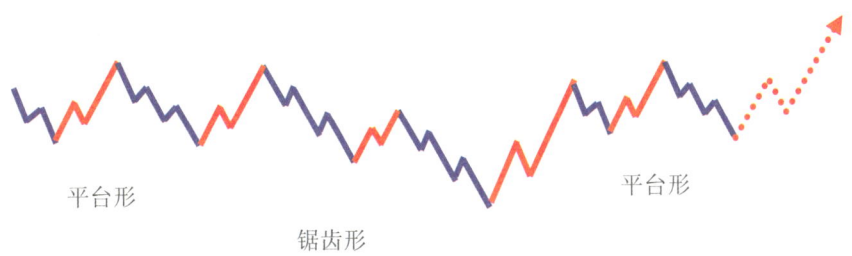

平台形　　　　　　　　　　　　　　　平台形

锯齿形

平台形加锯齿形加平台形的复合型调整浪，是由两轮 3－3－5 平台形调整浪和一轮 5－3－5 锯齿形调整浪结合的中间由两个任意三浪连接的复合型调整，这种形态出现后，由于股价地调整比较充分，股价调整的末端也就是

— 181 —

第五条腿走出后向上飙升地比较迅速。这是复合型调整中比较复杂的一种调整浪。股价一旦突破箱体的上轨，就会不回头地往上拉升。

例图 15－121

分浪图

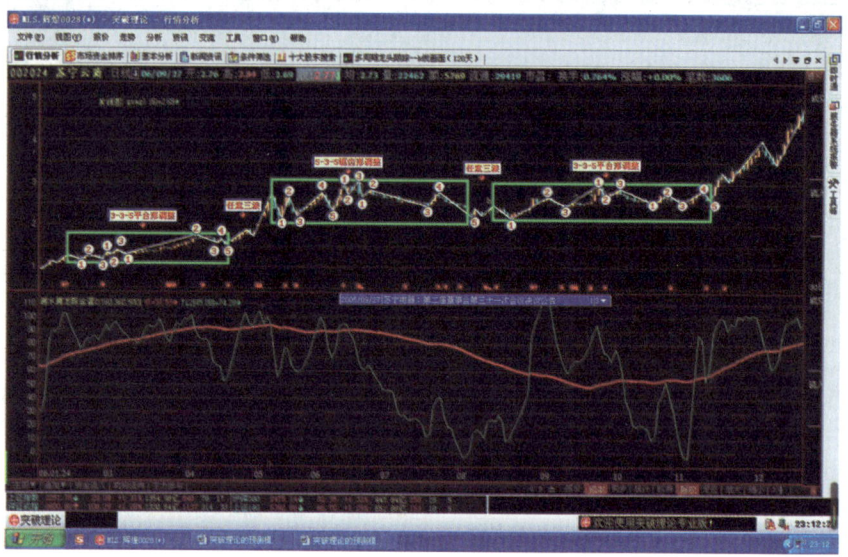

例图 15－122

这是上一幅图的全景图

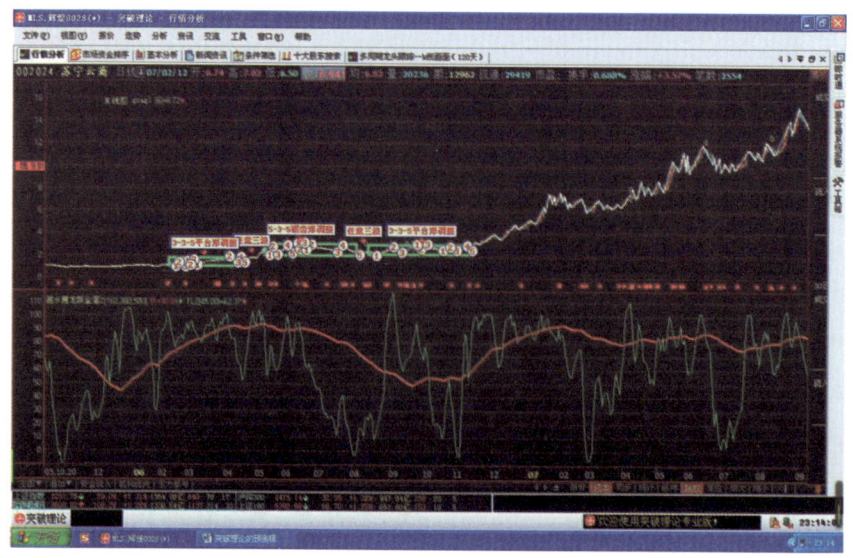

第十五讲 突破理论形态的实战应用及工具

例图 15-123

转换成了突破理论的十一浪图

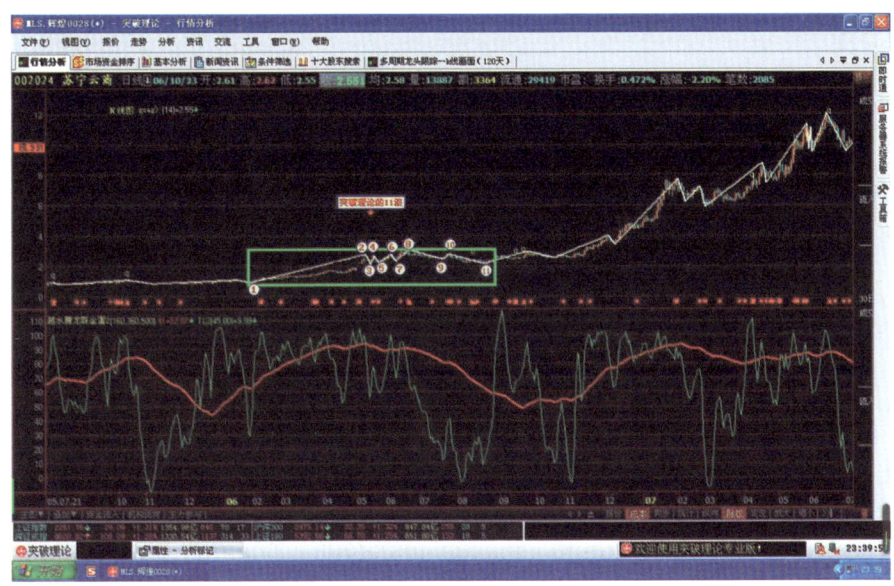

例图 15-124

进一步转换成了2-2-2技法的形态图

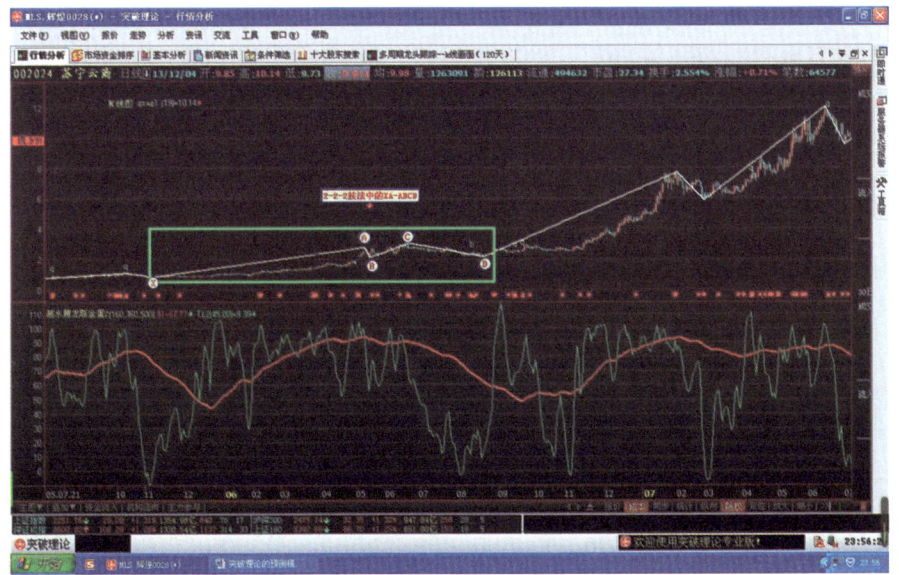

18. 平台形加三角形加平台形的复合型调整

例图 15－125

平△平

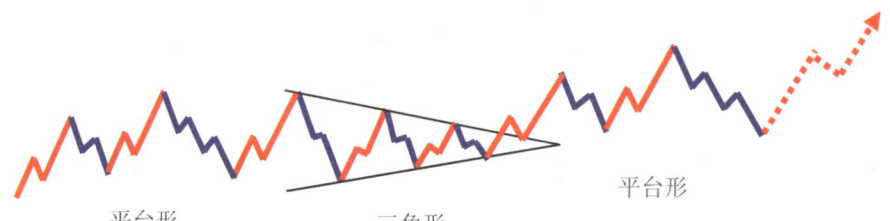

平台形　　　　三角形　　　　　平台形

平台形加三角形加平台形的复合型调整浪，是由两轮 3－3－5 平台形调整浪和一轮三角形调整浪结合的中间由两个任意三浪连接的复合型调整，这种形态出现后，由于股价地调整比较充分，股价调整的末端也就是第五条腿走出后向上飙升地比较迅速。这是复合型调整中比较复杂的一种调整浪。股价一旦突破箱体的上轨，就会不回头地往上拉升。

例图 15－126

分浪图

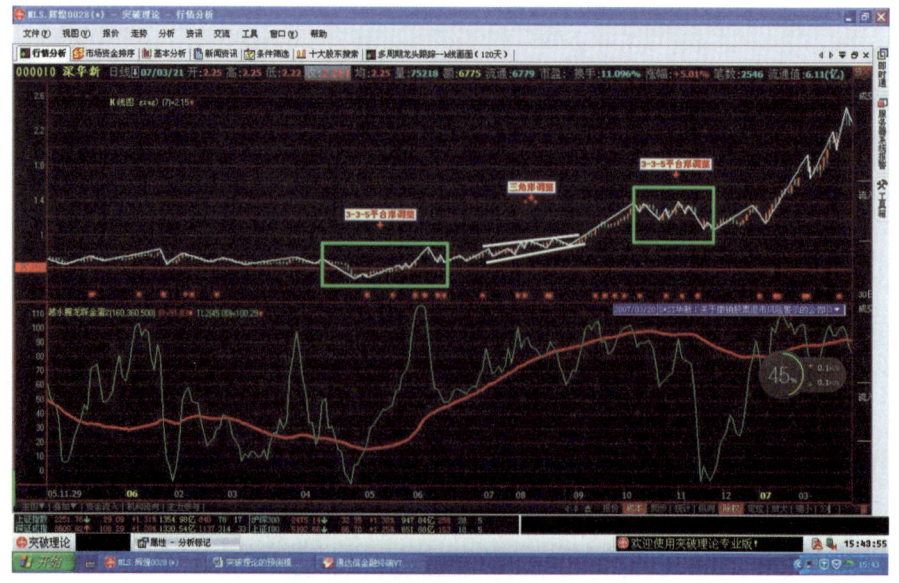

例图 15－127

转换成突破理论的七浪

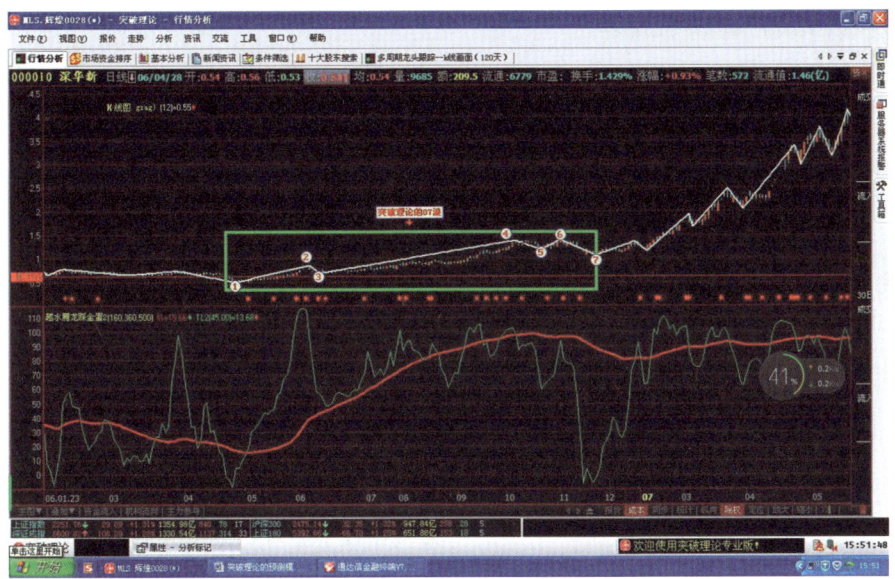

例图 15－128

在转换成 2－2－2 技法中的形态

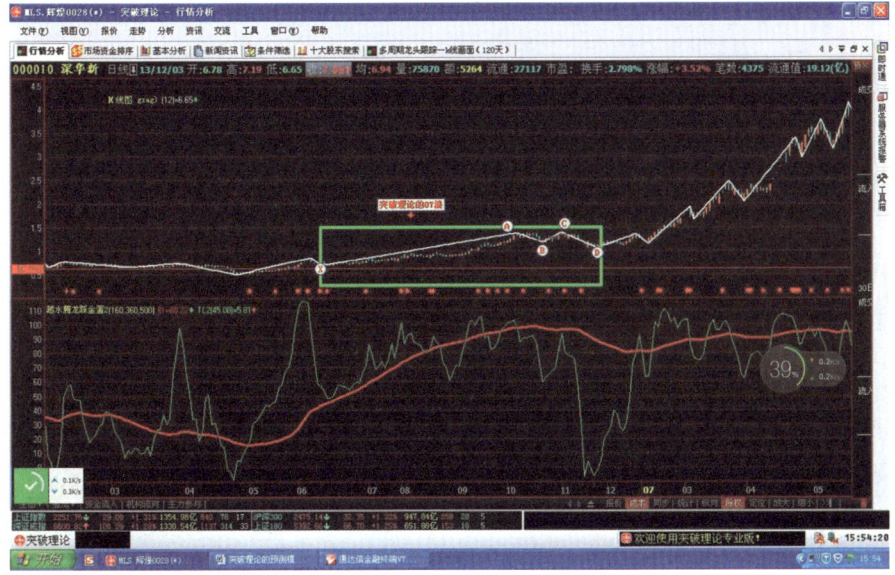

19. 双平台形加锯齿形的复合型调整

例图 15－129

平平锯

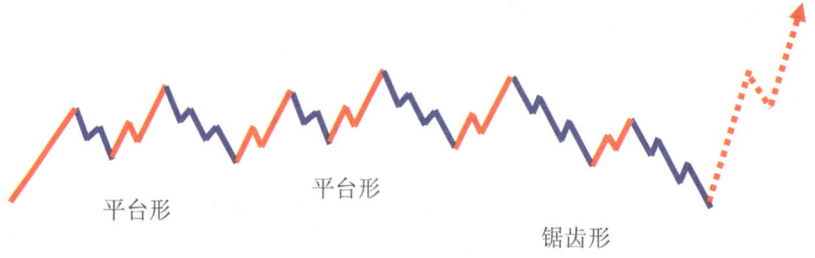

平台形加平台形加锯齿形的复合型调整浪，是由两轮 3－3－5 平台形调整浪和一轮 5－3－5 锯齿形调整浪结合的中间由两个任意三浪连接的复合型调整，这是复合性调整中比较复杂的一种调整浪。股价一旦突破箱体的上轨，就会不回头地往上拉升。

例图 15－130

美妙的分浪图

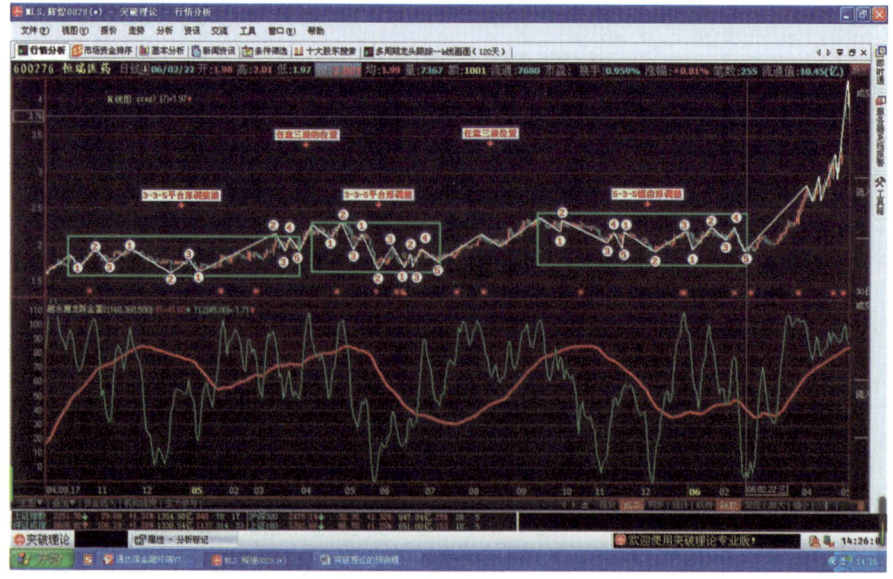

第十五讲　突破理论形态的实战应用及工具

例图 15－131

转换成了七浪图，分浪图中的任意三浪位置对应七浪的一、三、五、七浪的起点才可以进场。

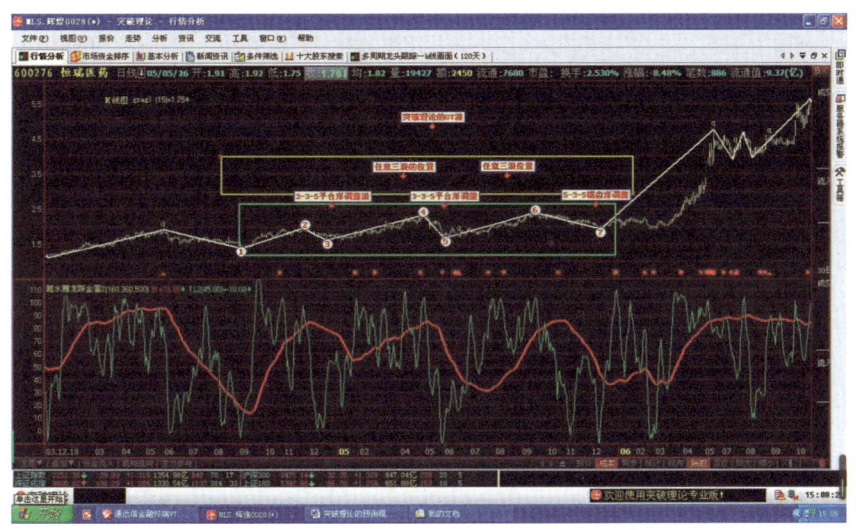

例图 15－132

进一步转换成了 2－2－2 技法的形态，不在转折起点附近的任意三浪不要介入。

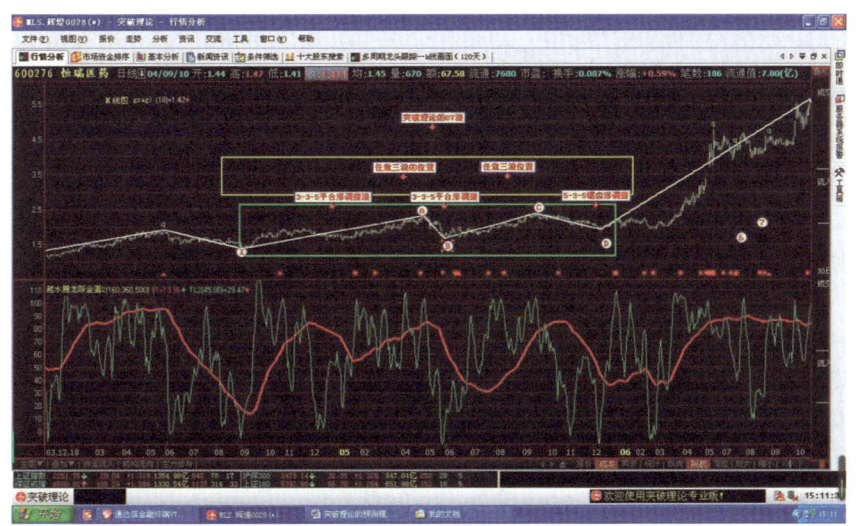

例图 15－133

再加深一下印象，这是另一副分浪图

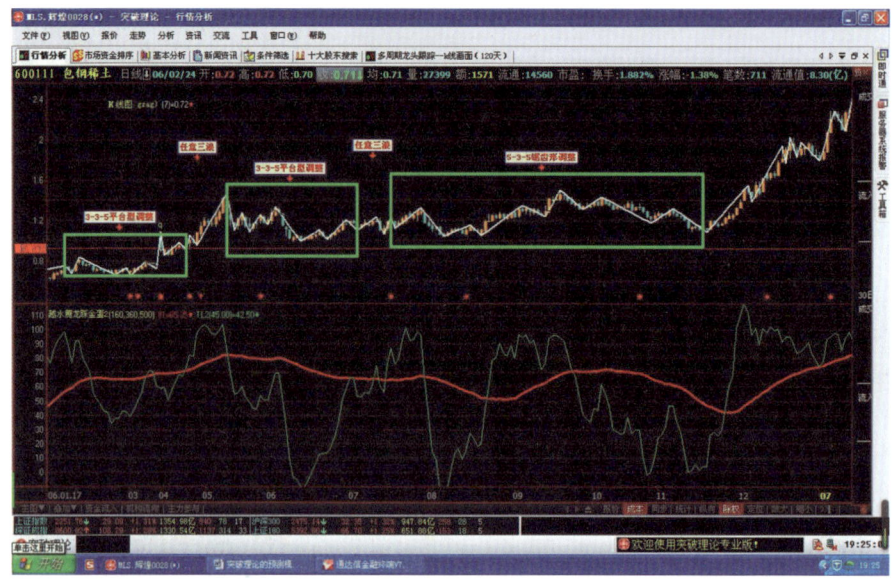

例图 15－134

转成七浪图

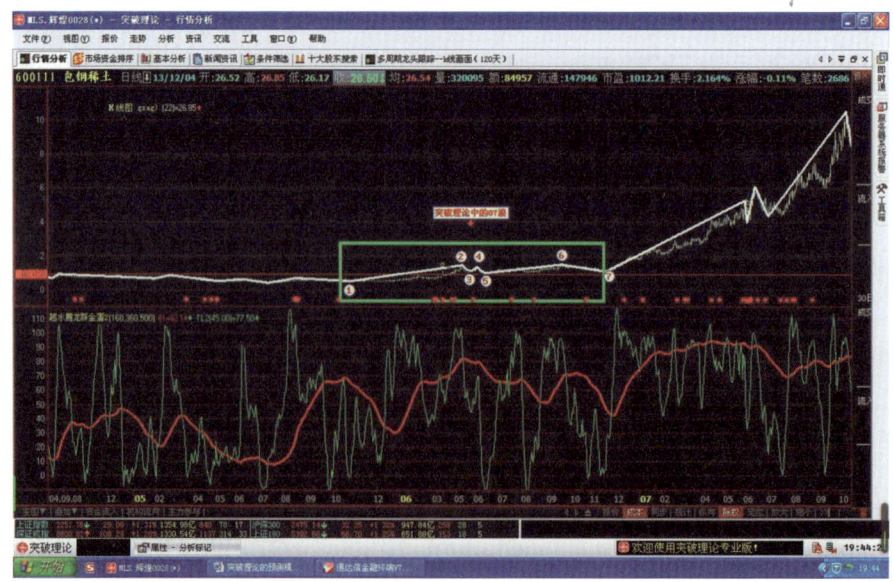

第十五讲 突破理论形态的实战应用及工具

例图 15－135

再转成 2－2－2 技法形态图

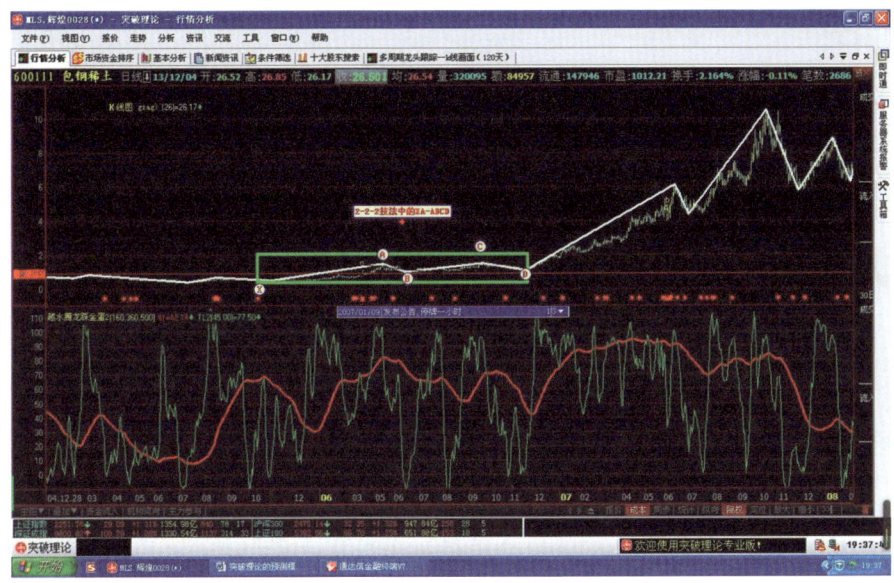

例图 15－136

再看一图记住这种形态，突破就是大牛啊。

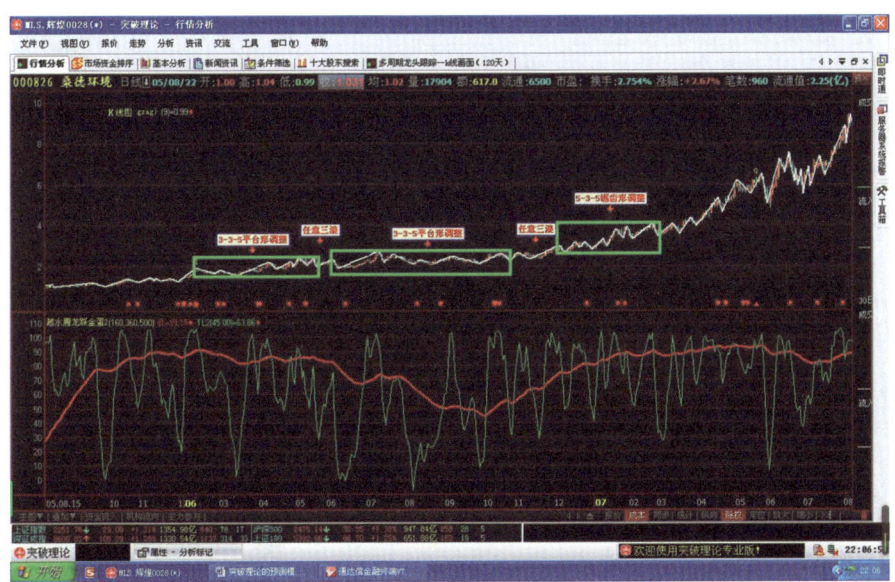

20. 平台形加双锯齿形的复合型调整

例图 15－137

平锯锯

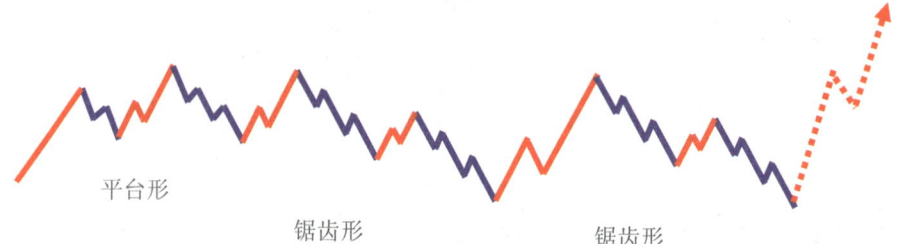

平台形　　　　锯齿形　　　　　锯齿形

平台形加双锯齿形的复合型调整浪，是由一轮 3－3－5 平台形调整浪和两轮 5－3－5 锯齿形调整浪相结合的中间由两个任意三浪连接的复合型调整，这种形态出现后，由于股价的调整比较充分，股价调整的末端也就是第五条腿走出后向上飙升地比较迅速。这是复合型调整中比较复杂的一种调整浪。股价一旦突破箱体的上轨，就会不回头地往上拉升。

例图 15－138

分浪图

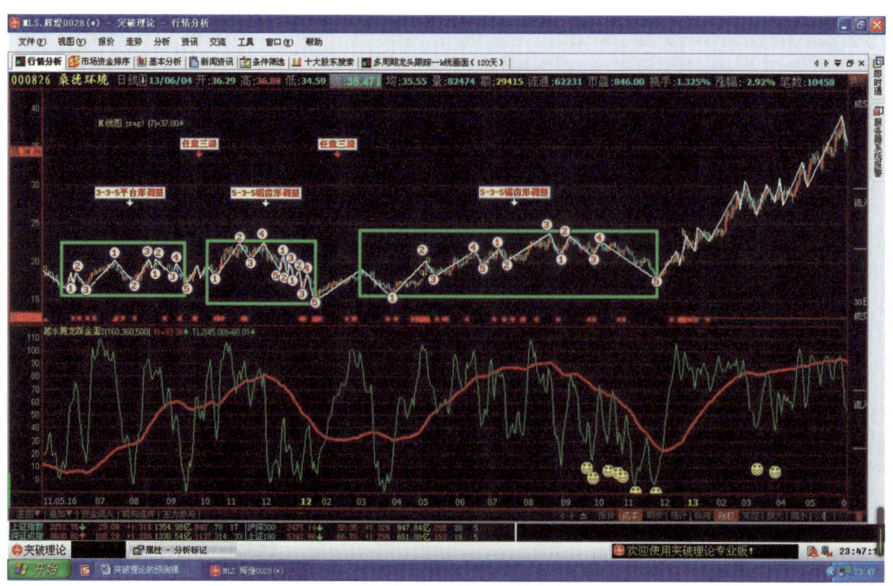

第十五讲　突破理论形态的实战应用及工具

例图 15－139

七浪

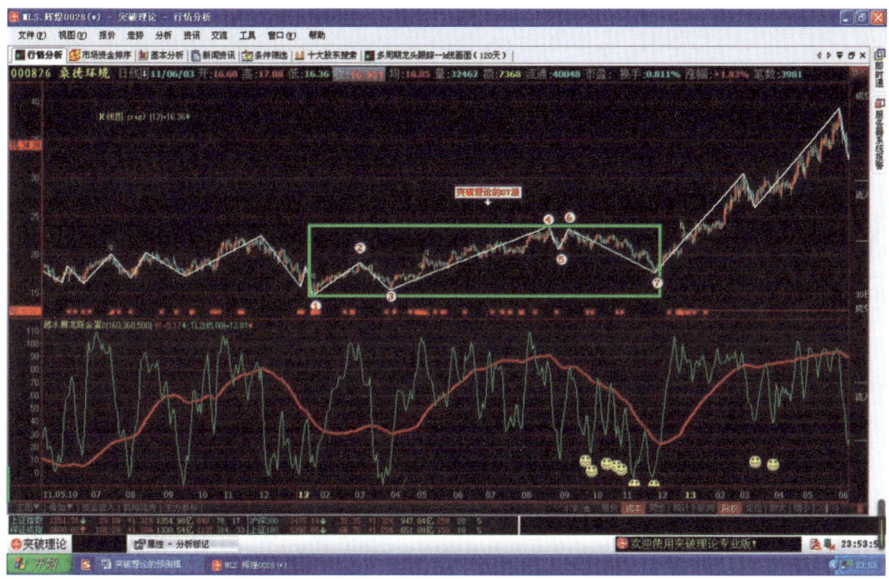

例图 15－140

2－2－2 技法

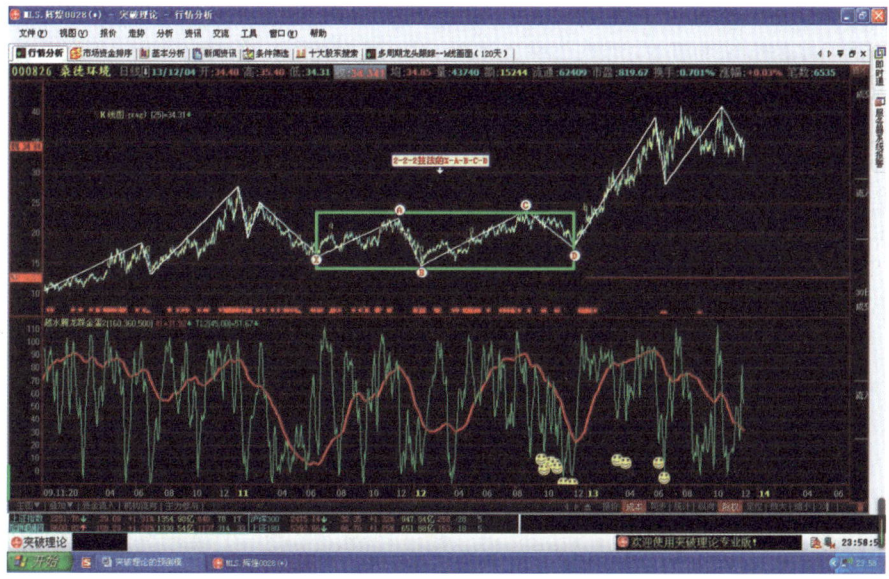

21. 平台形加三角形加锯齿形的复合型调整

例图 15－141

平△锯

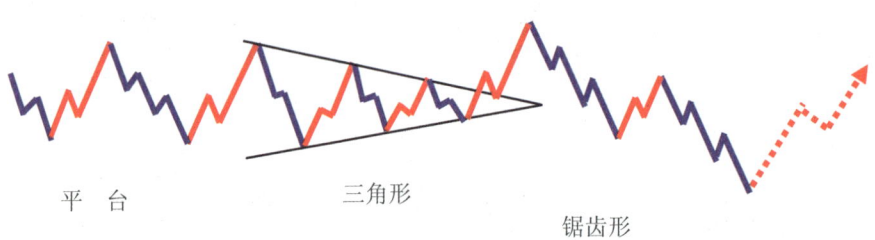

平　台　　　三角形　　　锯齿形

平台形加三角形加锯齿形的复合型调整浪，是由一轮 3－3－5 平台形调整浪和一轮三角形调整浪及另一轮 5－3－5 锯齿形调整浪相结合的中间由两个任意三浪连接的复合型调整。

例图 15－142

分浪图

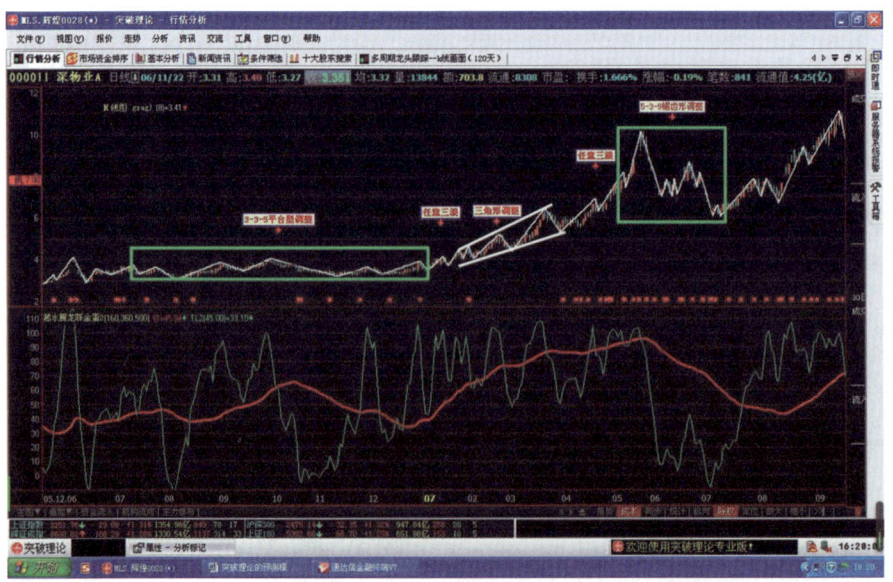

第十五讲 突破理论形态的实战应用及工具

例图 15－143

七浪突破图

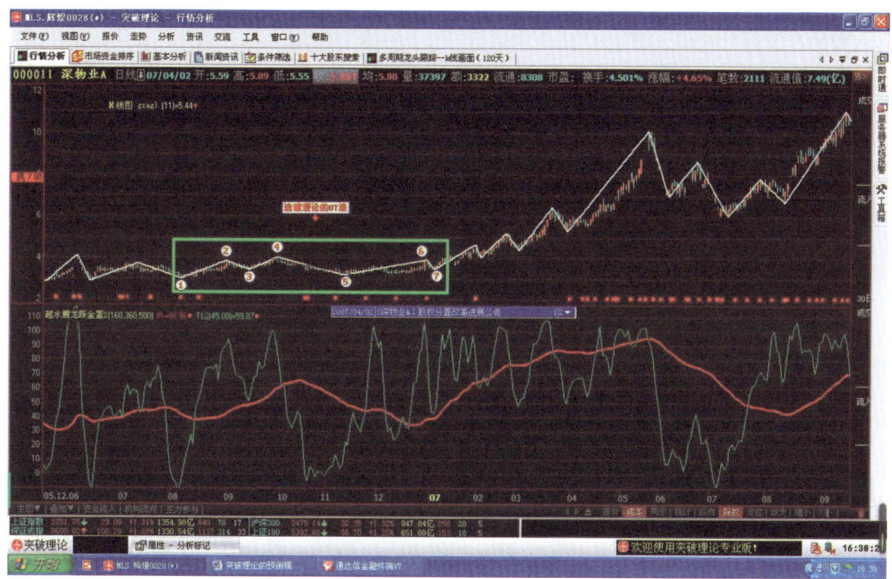

例图 15－144

2－2－2 技法的形态图

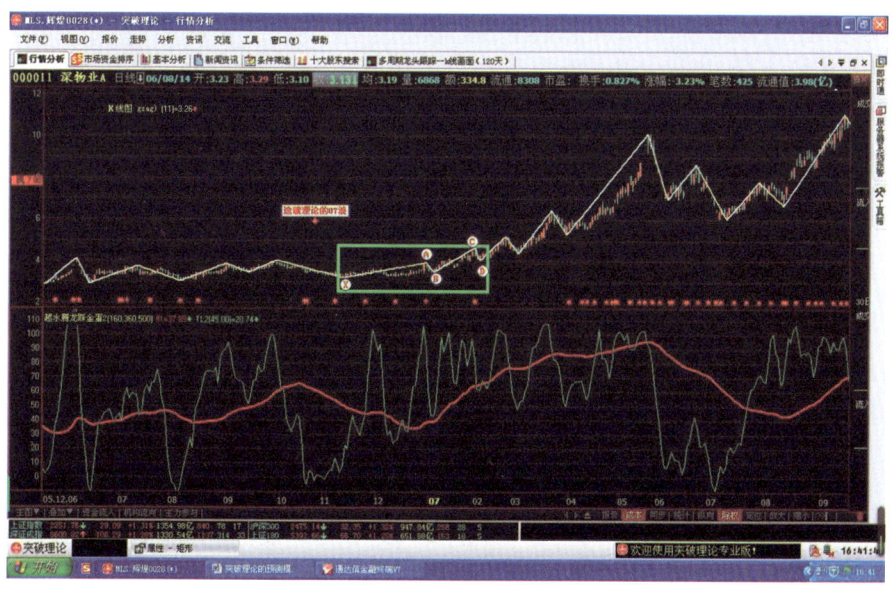

22. 双平台形加三角形的复合型调整

例图 15－145

平平△

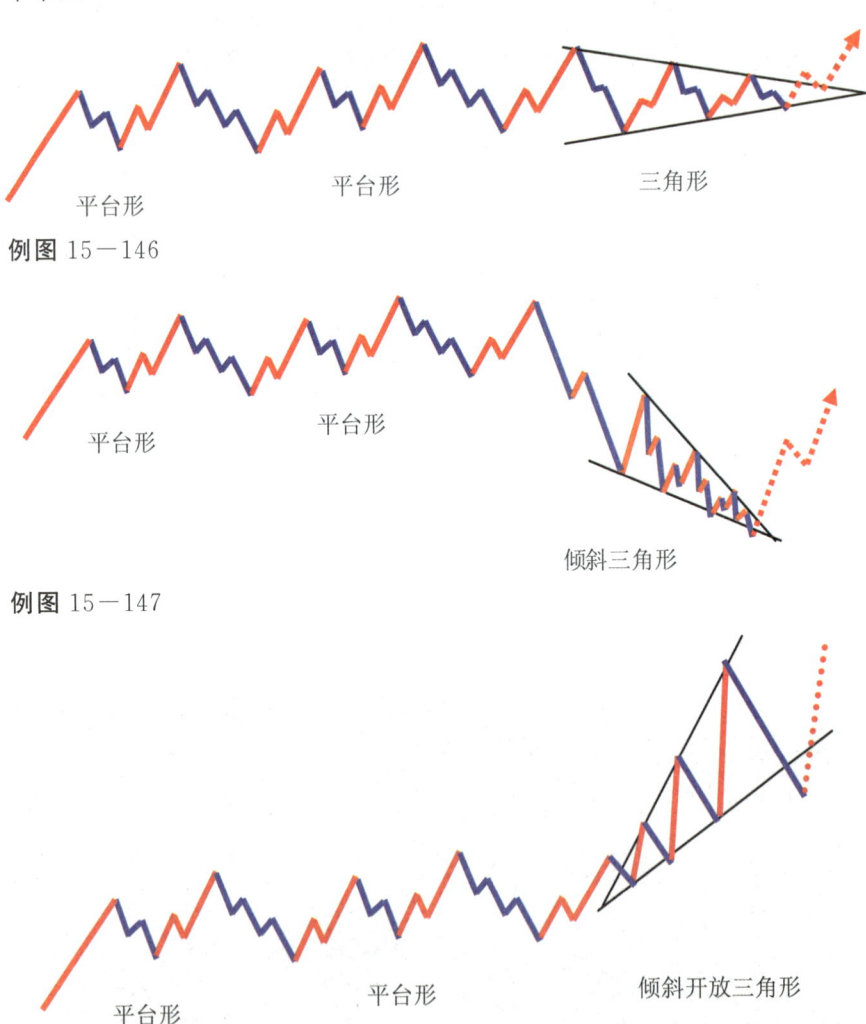

例图 15－146

例图 15－147

双平台形加三角形的复合型调整浪，是由两轮 3－3－5 平台形调整浪和一轮三角形调整浪相结合的中间由两个任意三浪连接的复合型调整。后市拉升凶猛。

第十五讲 突破理论形态的实战应用及工具

例图 15－148

分浪图

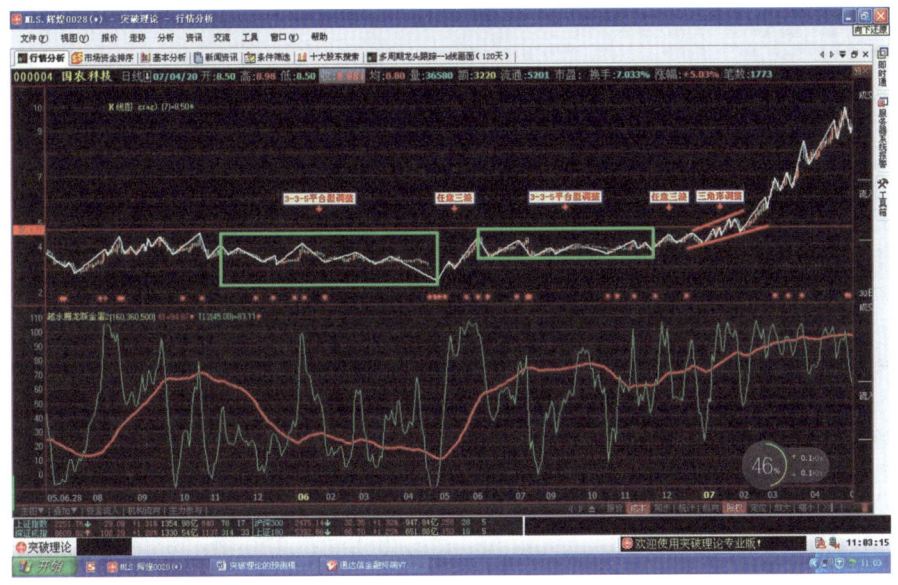

例图 15－149

转化成突破理论的七浪

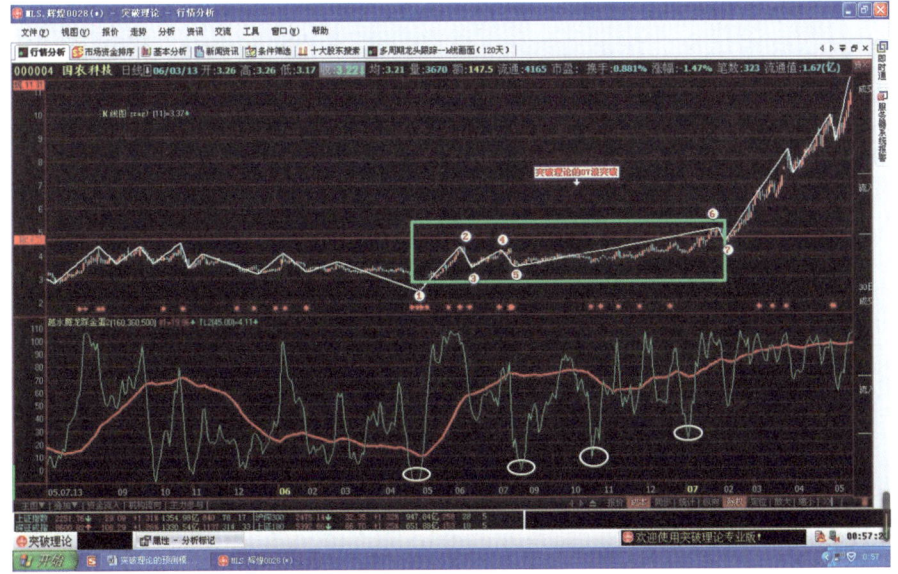

突破理论预测模型及实战工具：波浪理论的创新与超越

例图 15-150

2-2-2 技法的形态就在突破理论的七浪之中

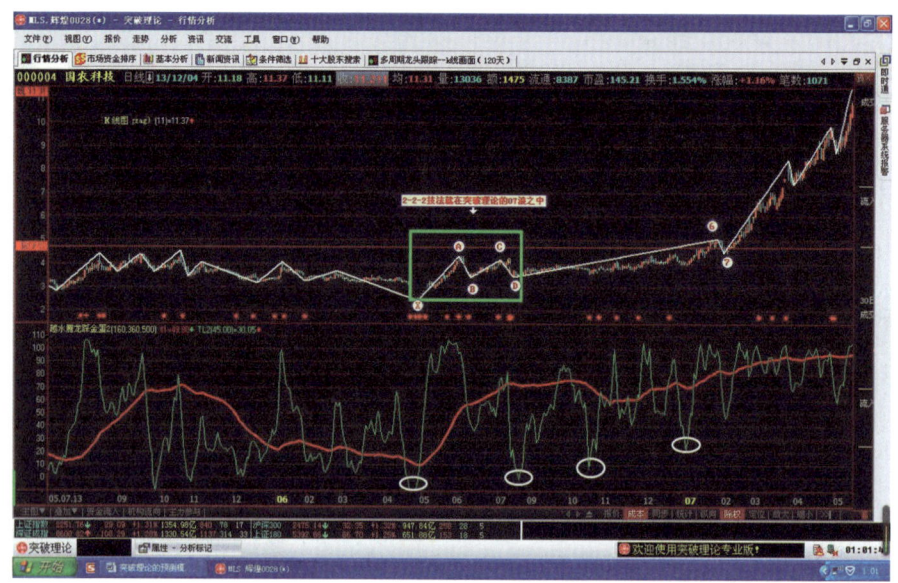

23. 平台形加锯齿形加三角形的复合型调整

例图 15-151

平锯△

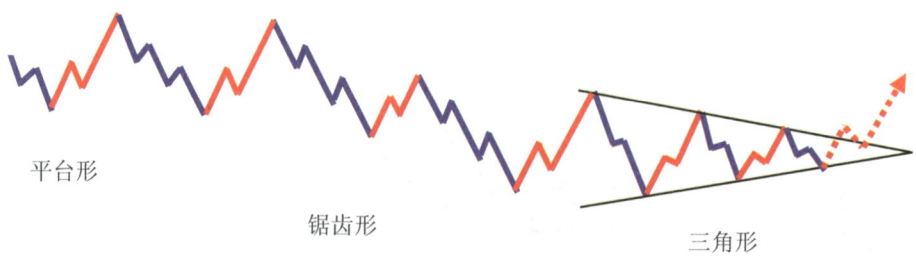

第十五讲　突破理论形态的实战应用及工具

例图 15－152

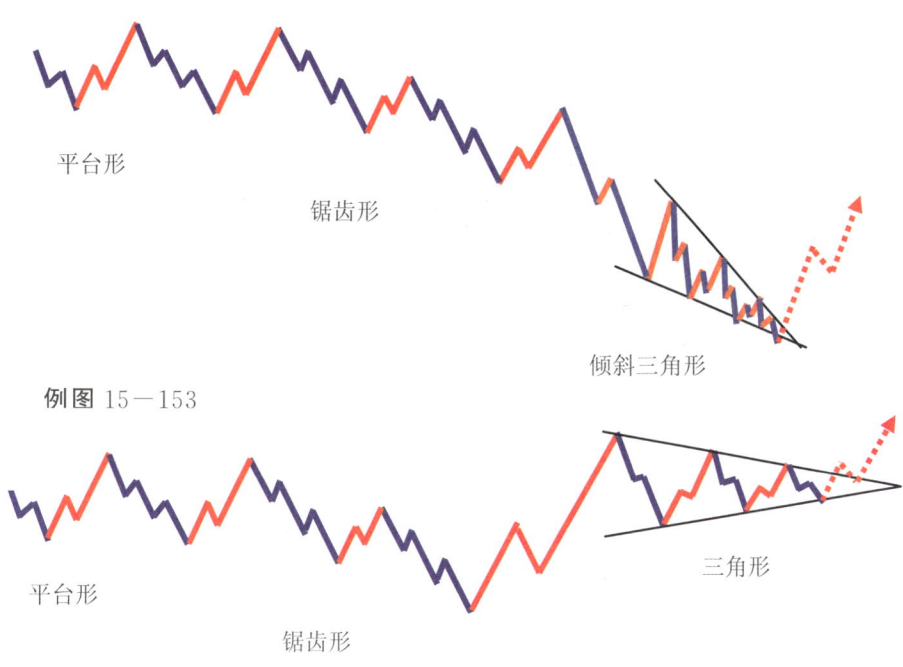

例图 15－153

平台形加锯齿形加三角形的复合型调整浪，是由一轮 3－3－5 平台形调整浪和一轮锯齿形调整浪及一轮三角形调整浪相结合的中间由两个任意三浪连接的复合型调整。后市拉升凶猛。

例图 15－154

分浪图

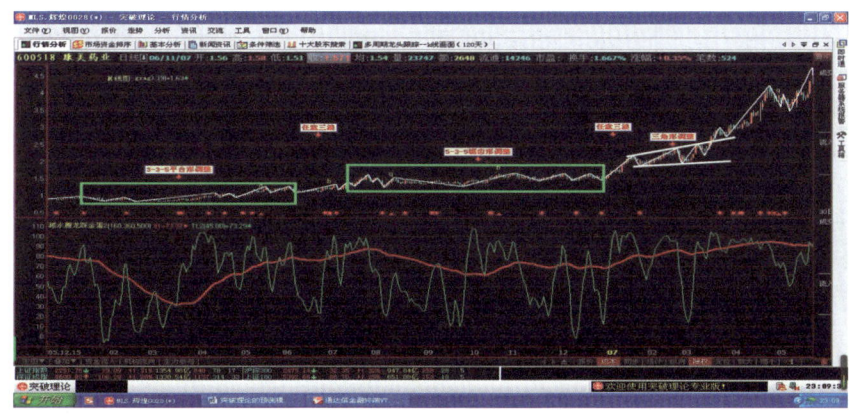

例图 15-155
转化成七浪图

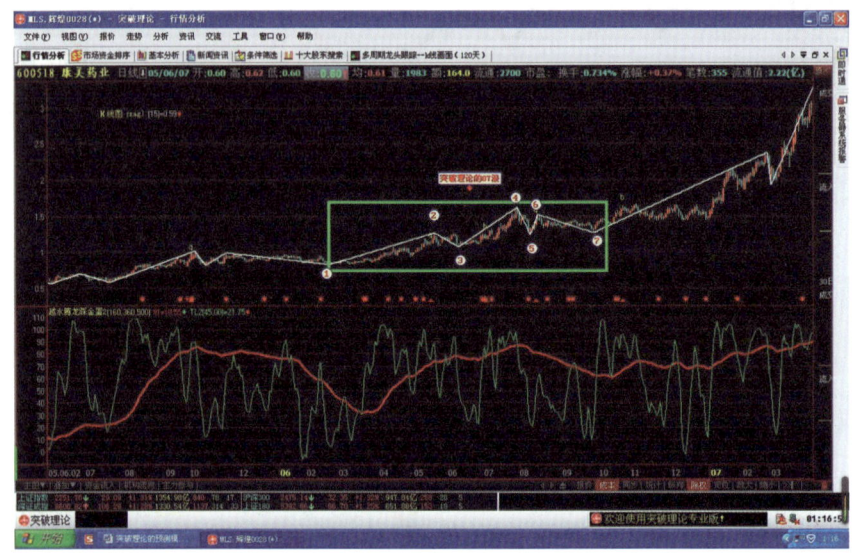

例图 15-156
2-2-2 技法的形态就在突破理论的七浪之中

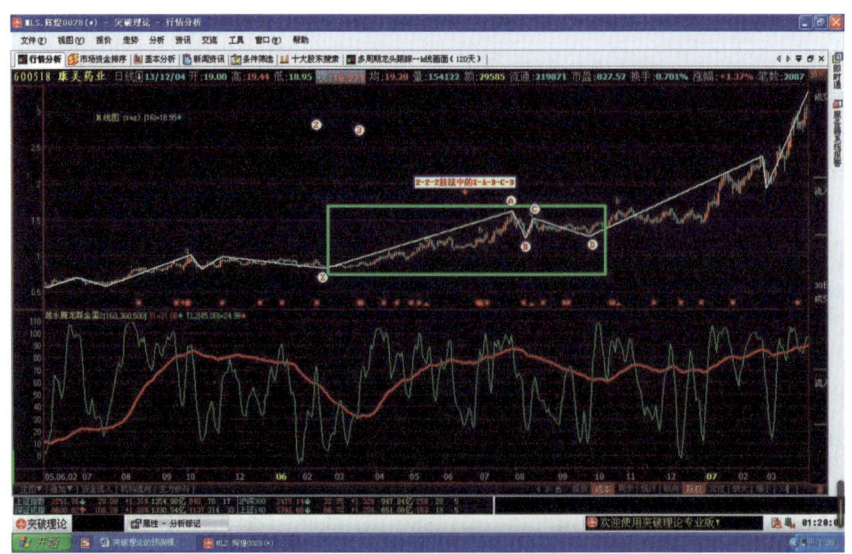

24. 平台形加双三角形的复合型调整

例图 15－157

平△△

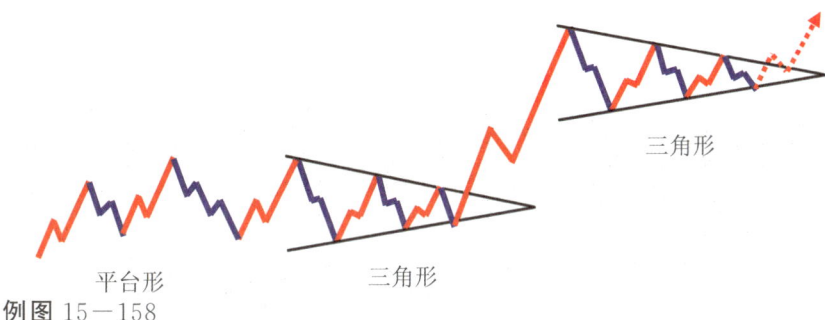

例图 15－158

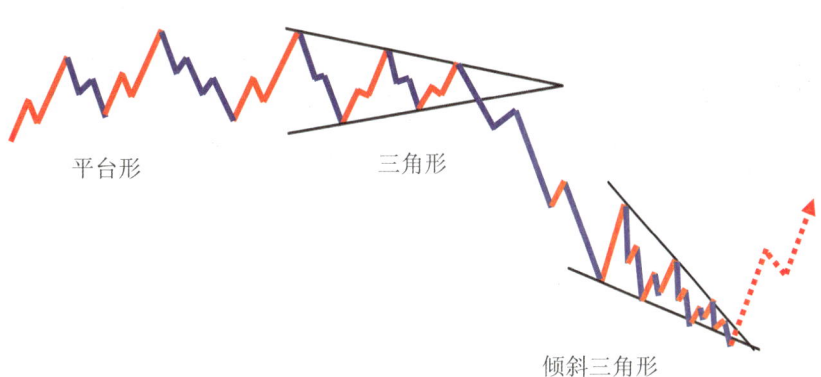

例图 15－159

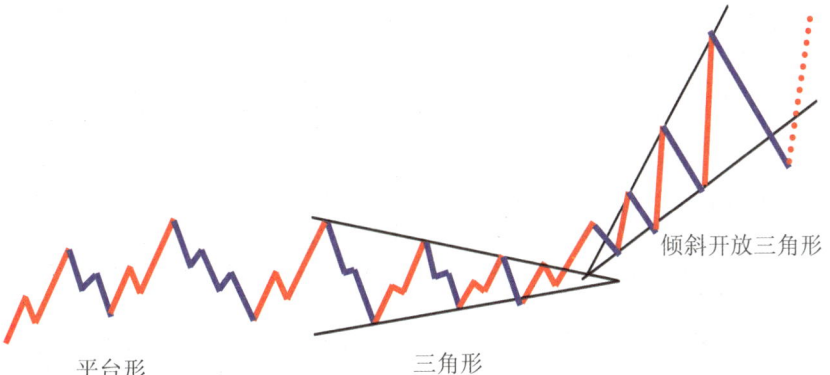

突破理论预测模型及实战工具：波浪理论的创新与超越

平台形加双三角形的复合型调整是由一轮3－3－5平台形调整浪和两轮三角形调整浪相结合的中间由两个任意三浪连接的复合型调整。

例图 15－160

分浪图

例图 15－161

转换成七浪

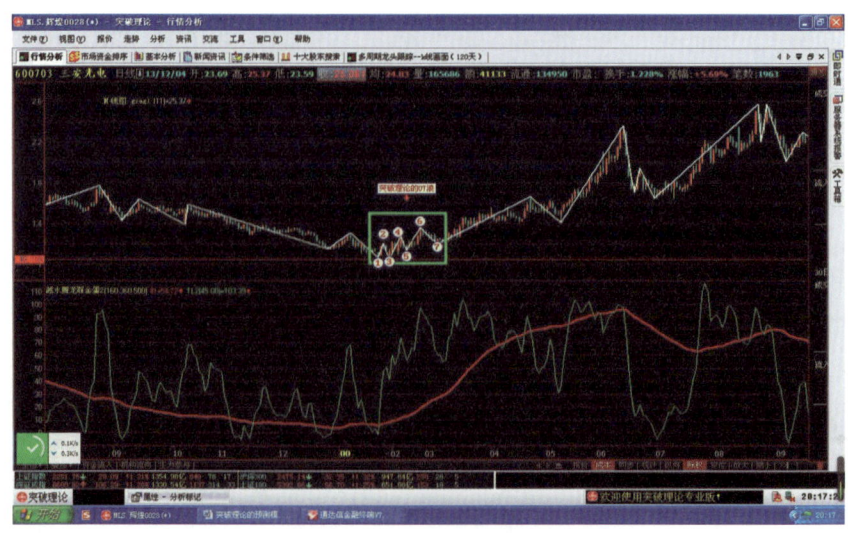

例图 15-162

再转换成 2-2-2 技法的形态

25. 锯齿形加平台形的复合型调整

例图 15-163

锯平

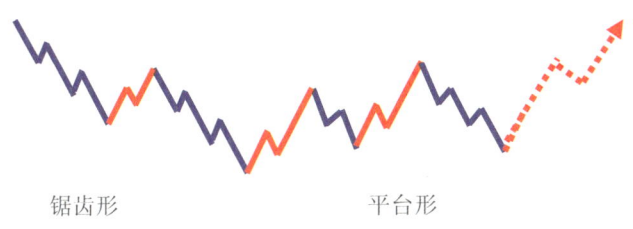

锯齿形　　　　　　平台形

5-3-5锯齿形调整浪和3-3-5平台形调整浪的中间由一个任意三形浪连接，这是复合型调整中比较常见的一种类型。这种调整浪大都是按平直方向运行的,此种复合调整的底部清晰易辨,调整与上扬的能量线起伏同步。

例图 15－164

分浪图

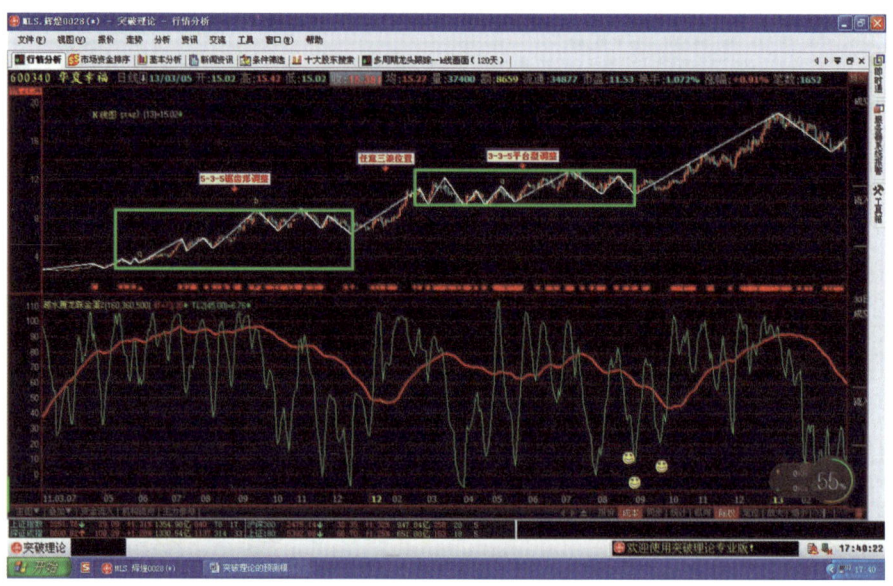

例图 15－165

转成七浪图 2

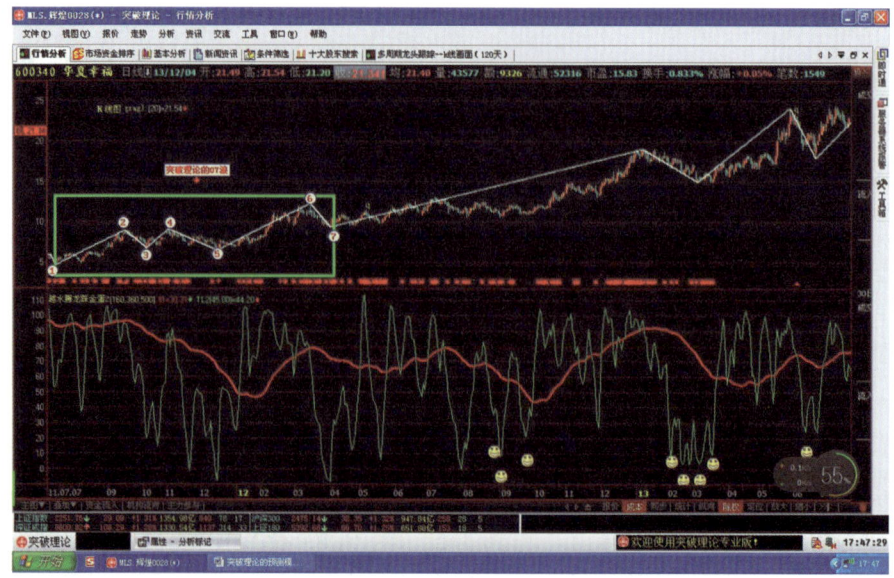

第十五讲　突破理论形态的实战应用及工具

例图 15－166

2－2－2 技法的形态就在突破理论的七浪之中

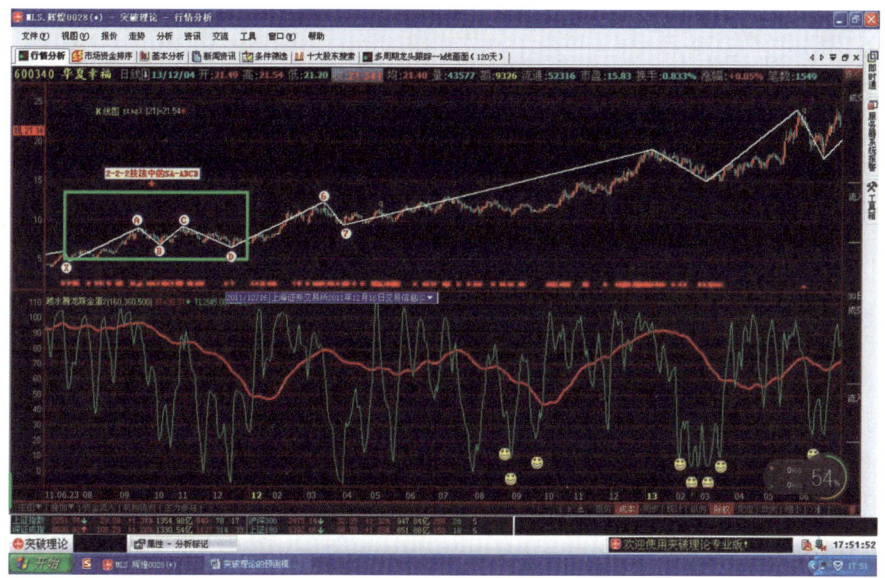

26. 双锯齿形的复合型调整

例图 15－167

锯锯

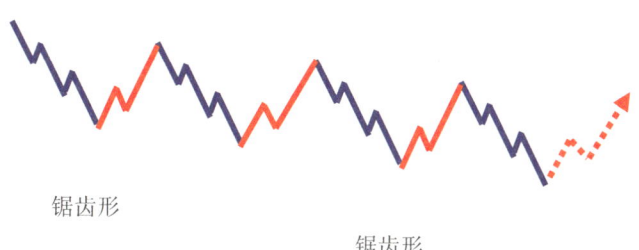

锯齿形　　　　　锯齿形

这种锯齿形加锯齿形的复合型调整浪是由类型相同的两轮锯齿形调整浪组成，中间由一个任意三浪连接，此种调整浪的底部清晰易辨，呈现水平横盘或稍微向上的趋势。

例图 15－168

分浪图

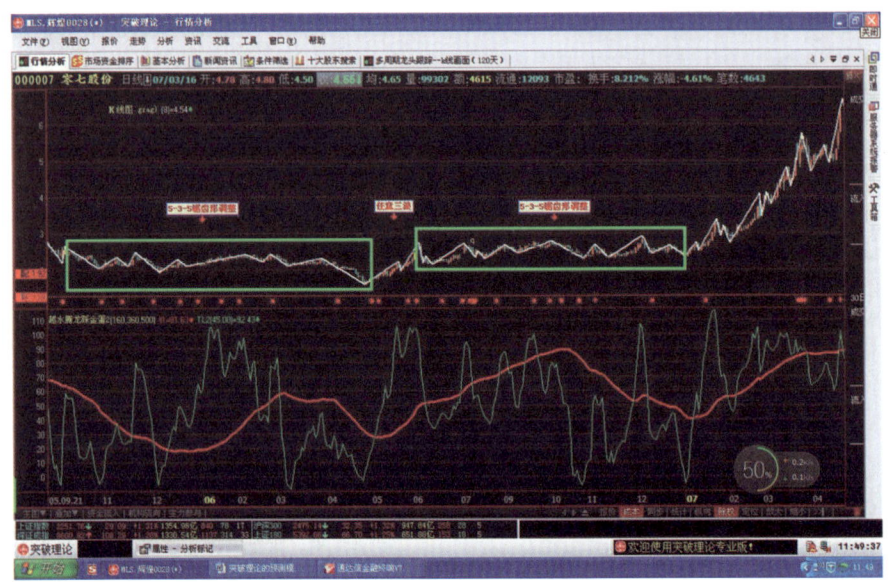

例图 15－169

转成七浪

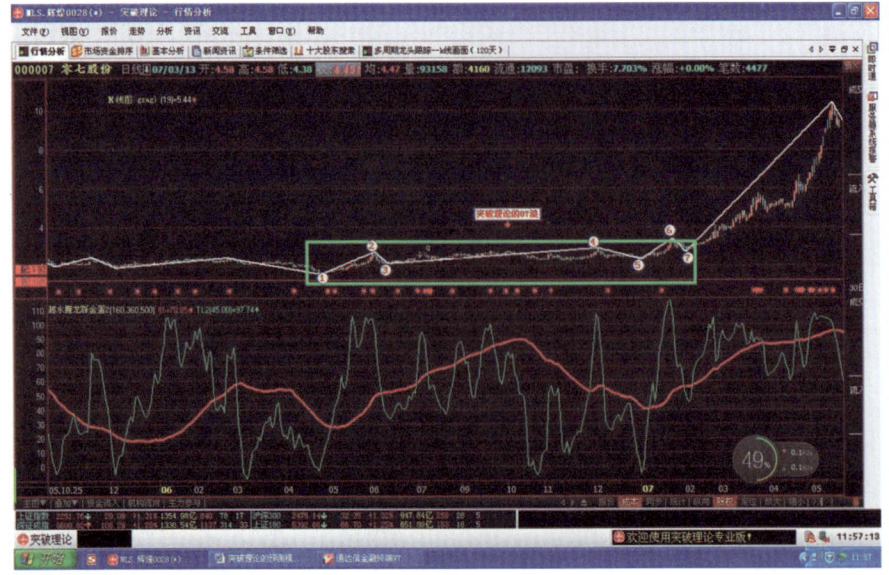

例图 15－170

再进一步转换成 2－2－2－技法的形态

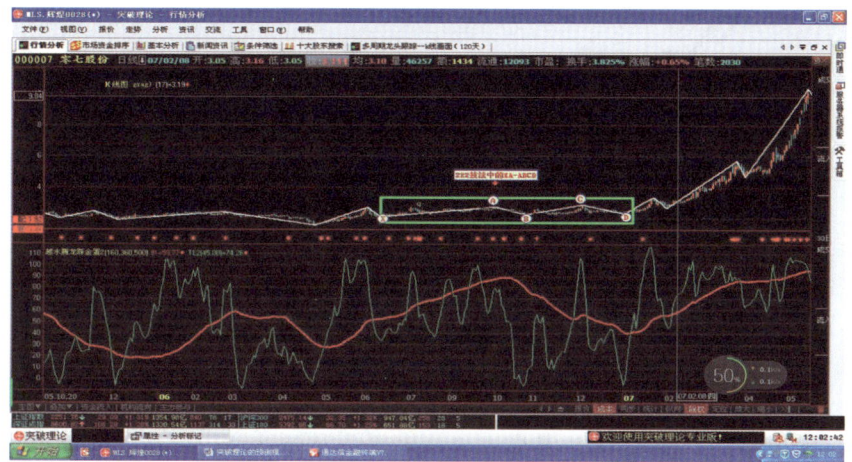

27. 锯齿形加三角形的复合型调整

例图 15－171

锯△

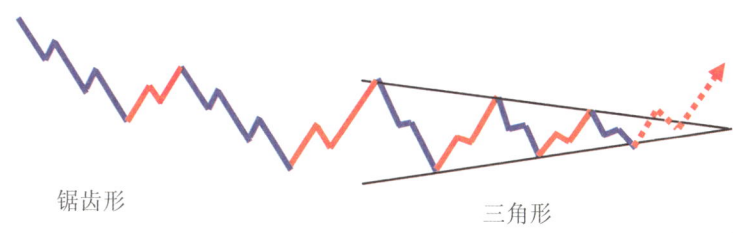

例图 15－172

例图 15－173

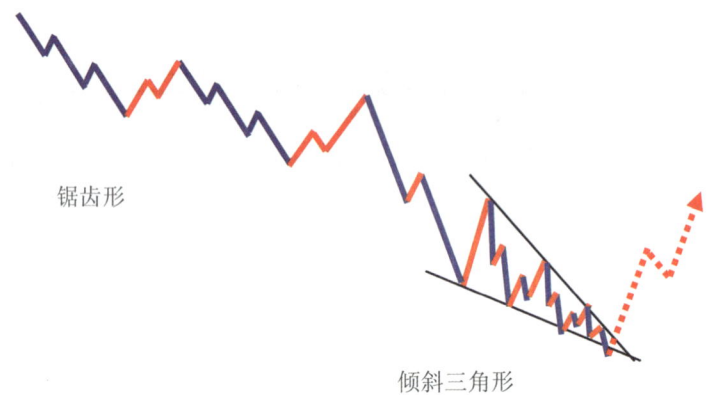

由一轮 5－3－5 锯齿形调整浪和一轮三角形调整浪相结合中间由一个任意三浪连接的复合型调整浪，任意三浪或三角形调整的浪经常比分浪图的级别再小一级才能显出，所以我们用细浪分形即可，使用微浪显示三角形的 3－3－3－3－3 或任意三浪的 N 字形大可不必。

例图 15－174

分浪图

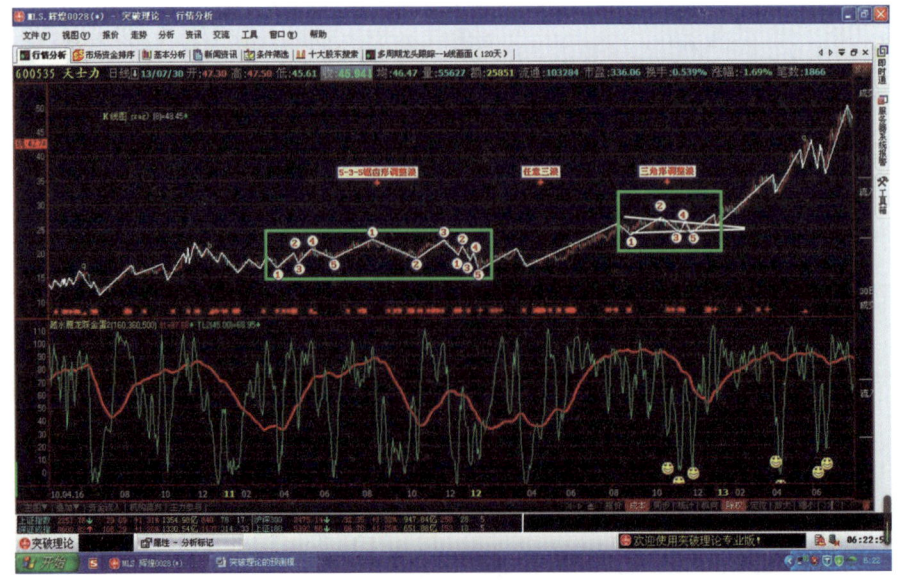

第十五讲　突破理论形态的实战应用及工具

例图 15－175

十一浪突破图

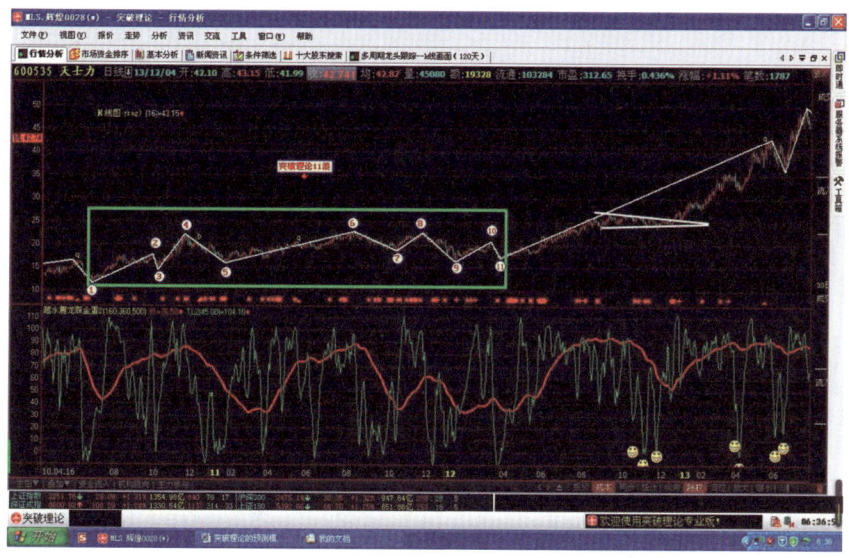

例图 15－176

2－2－2 技法就隐含在突破理论的十一浪之中

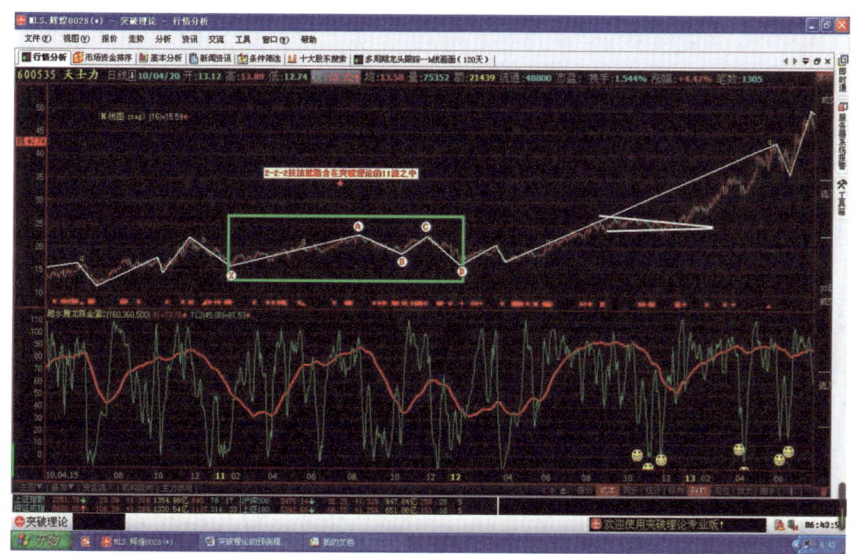

28. 锯齿形加双平台形的复合型调整

例图 15—177

锯平平

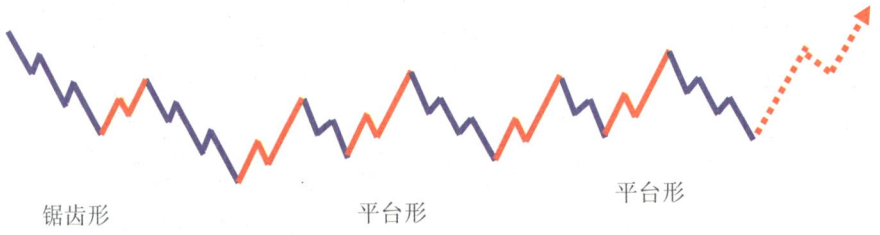

锯齿形　　　　平台形　　　　平台形

一轮 5—3—5 锯齿形调整浪和两轮平台形调整浪相结合中间由两个任意三浪连接的复合型调整。

例图 15—178

分浪图

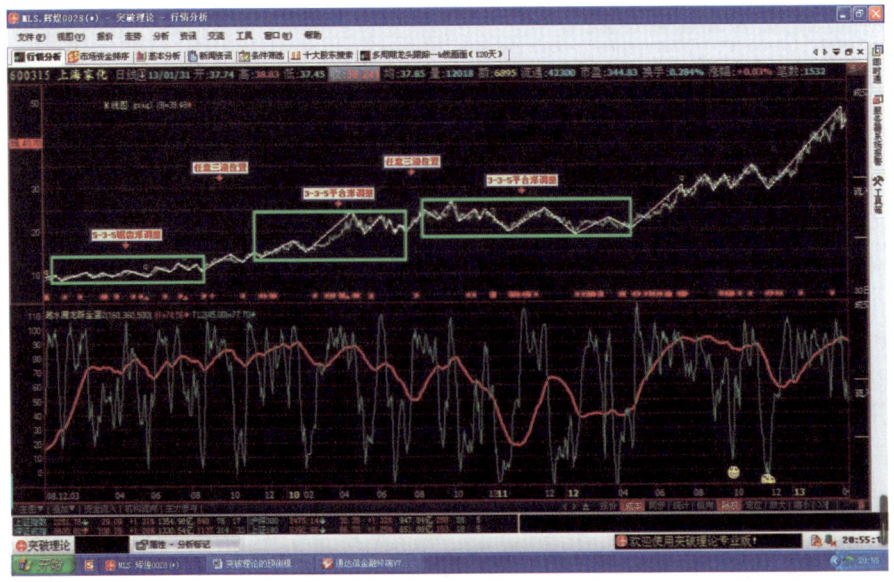

第十五讲 突破理论形态的实战应用及工具

例图 15-179

转换成七浪

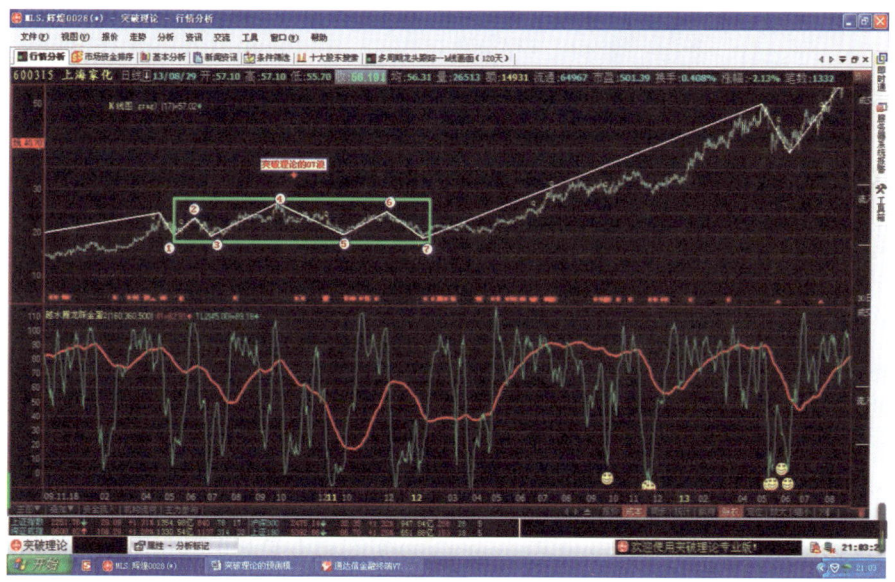

例图 15-180

在七浪中间含有 2-2-2 技法的形态

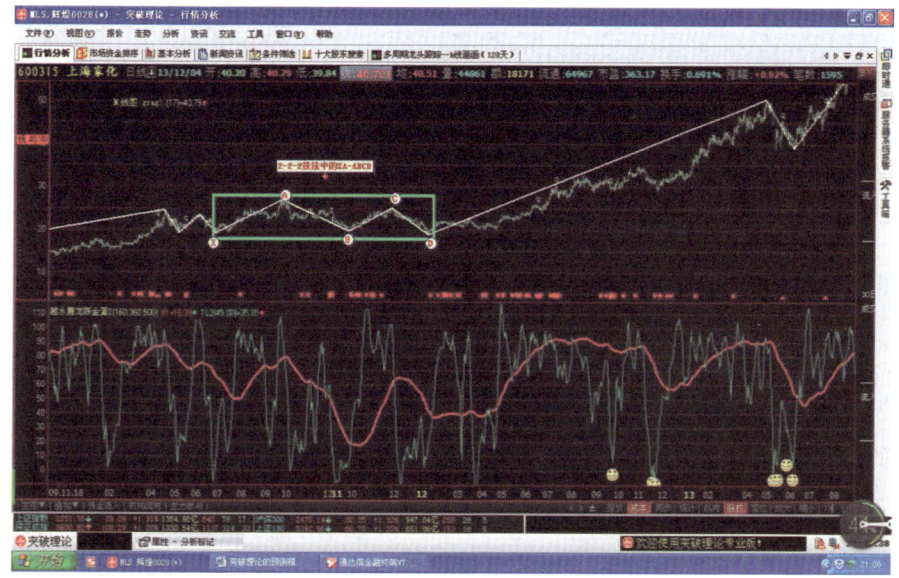

29. 双锯齿形加平台形的复合型调整

例图 15—181

锯锯平

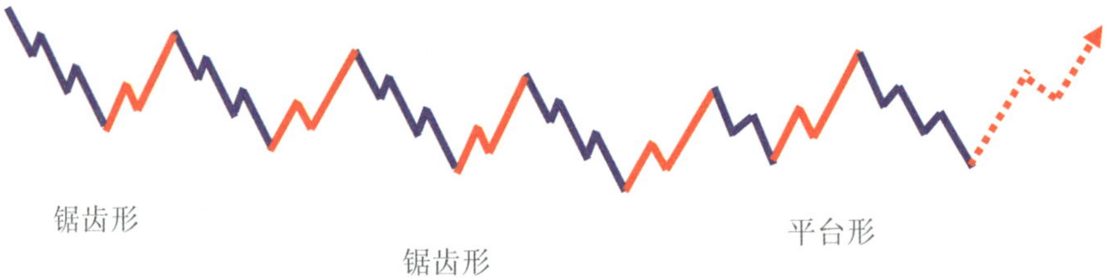

锯齿形　　锯齿形　　平台形

两轮 5—3—5 锯齿形调整浪和一轮平台形调整浪相结合中间由两个任意三浪连接，组合成的复合型调整浪。

例图 15—182

分浪图

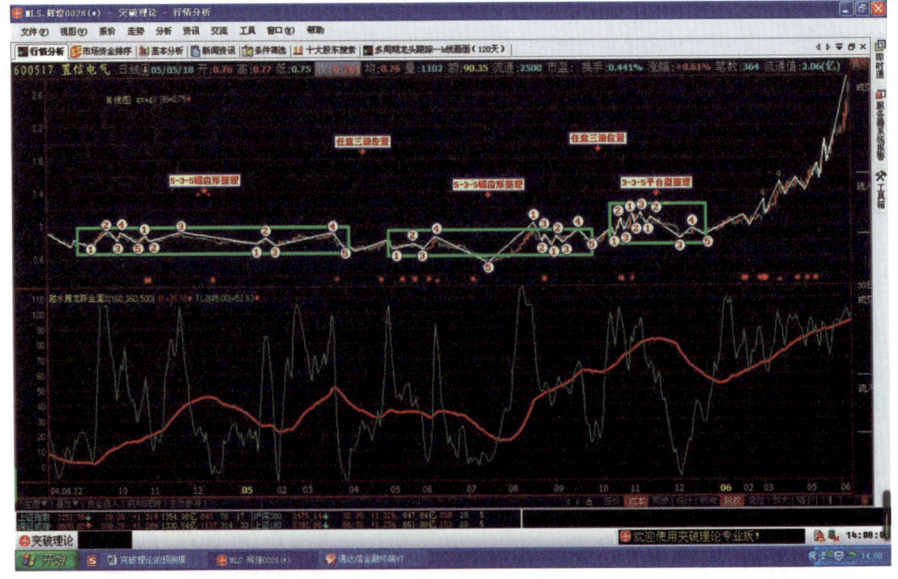

第十五讲　突破理论形态的实战应用及工具

例图 15－183

七浪图

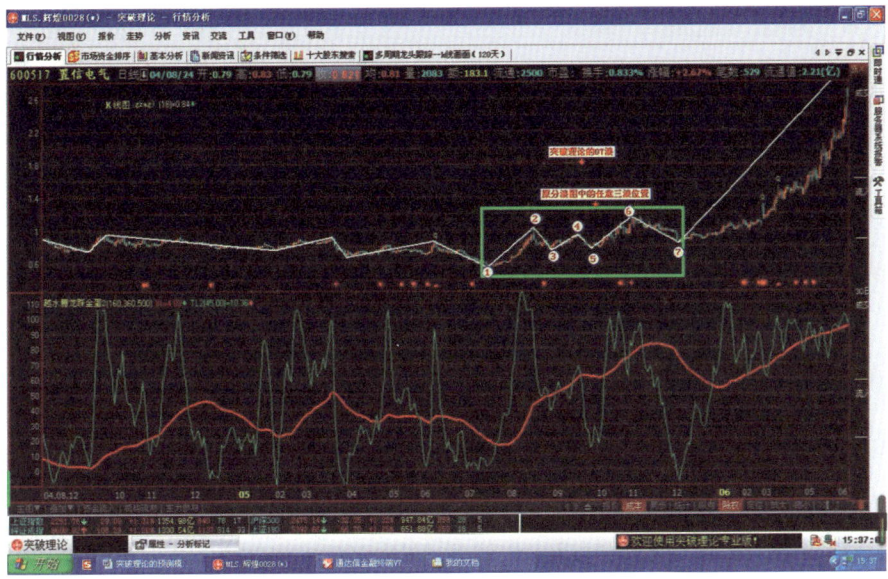

例图 15－184

2－2－2 技法的形态就在七浪之中

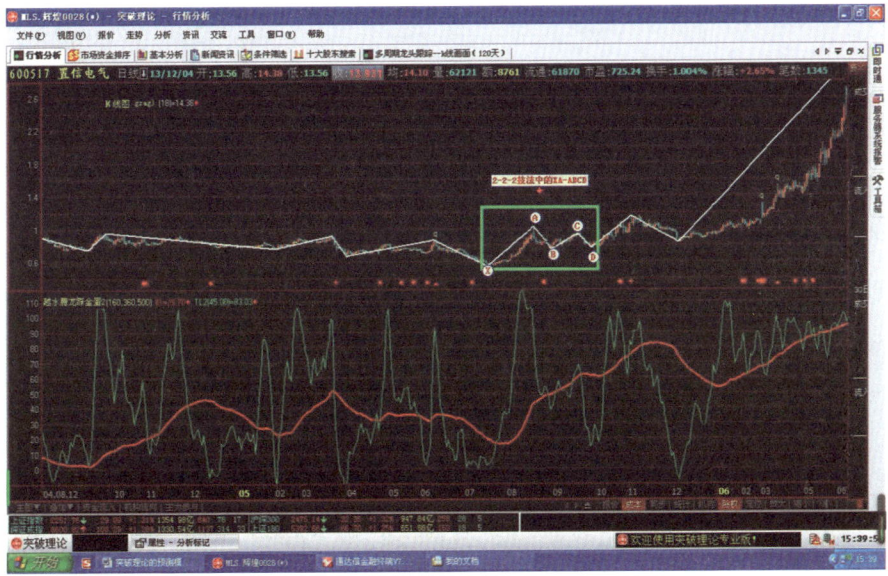

30. 锯齿形加三角形加平台形的复合型调整

例图 15-185

锯△平

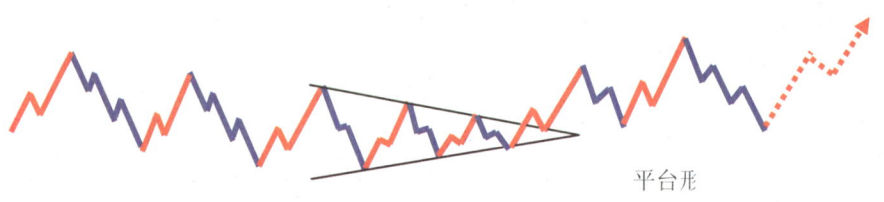

锯齿形　　三角形　　平台形

这是由一轮 5-3-5 锯齿形调整浪和一轮三角形调整浪及一轮 3-3-5 平台形调整浪相结合中间由两个任意三浪连接组合成的复合型调整浪，任意三浪或三角形调整的浪经常比分浪图的级别再小一级才能显出，所以我们用细浪分形即可，使用微浪显示三角形的 3-3-3-3-3 或任意三浪的 N 字形大可不必，这种分浪技巧要掌握。

例图 15-186

这是分浪图

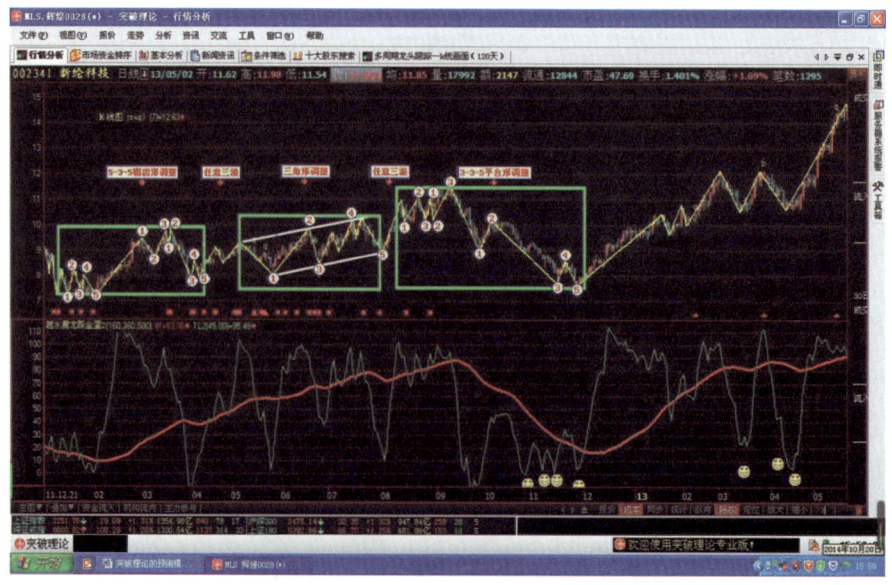

例图 15－187

把分浪图转换成突破理论的七浪调整图了

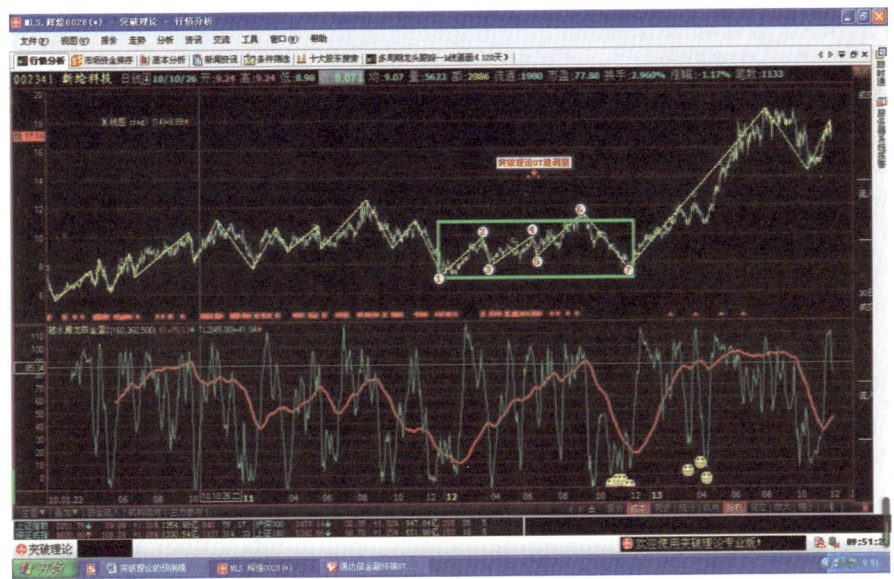

例图 15－188

七浪也可以转化成小一级的十一浪，但十一浪的位置与七浪相同。

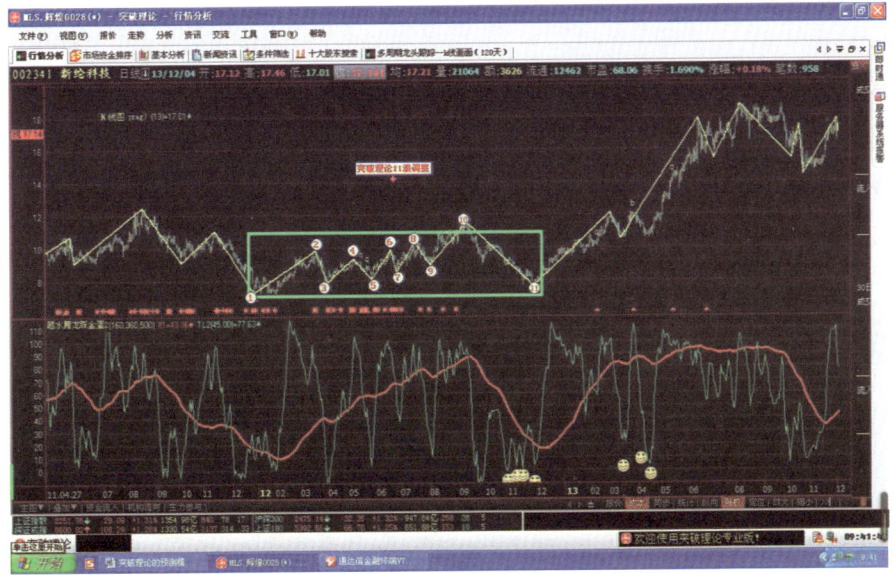

例图 15－189

这是转化成的 222 技法中 X－A－B－C－D，只是七浪的一部分。

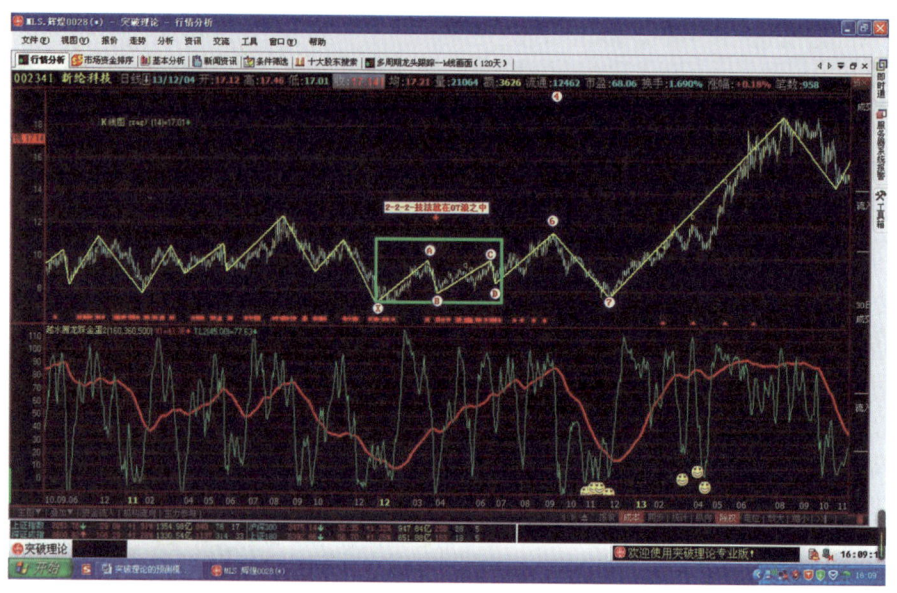

31. 锯齿形加平台形加锯齿形的复合型调整

例图 15－190

锯平锯

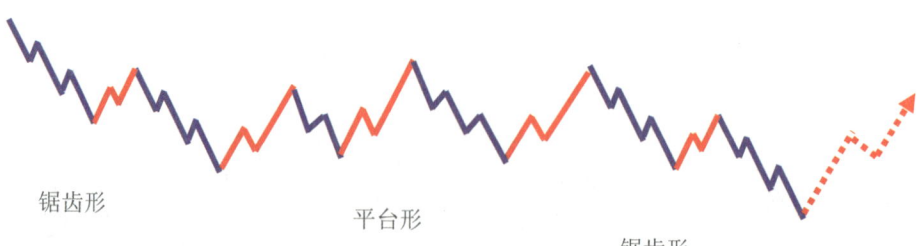

锯齿形　　　　　　　平台形　　　　　锯齿形

这是由一轮 5－3－5 锯齿形调整浪和一轮 3－3－5 平台形调整浪及又一轮 5－3－5 平台形调整浪相结合中间由两个任意三浪连接组合成的复合型调整浪。

第十五讲 突破理论形态的实战应用及工具

例图 15—191

分浪图

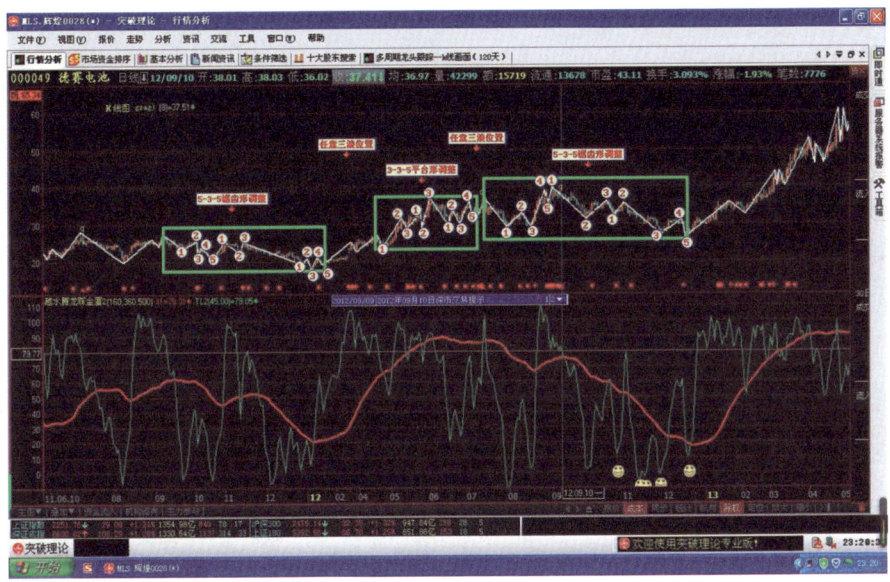

例图 15—192

转化成了突破理论七浪

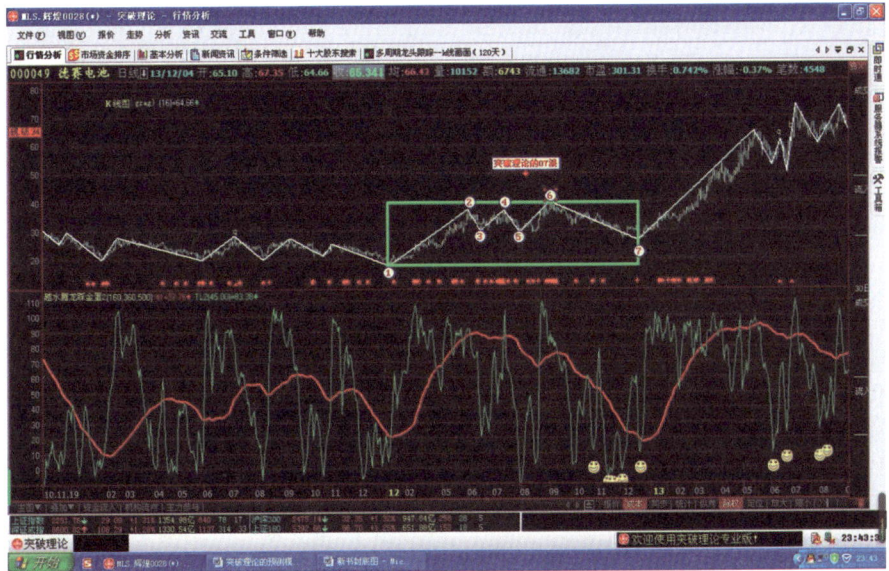

例图 15－193

又进一步转化成了 X－A－B－C－D

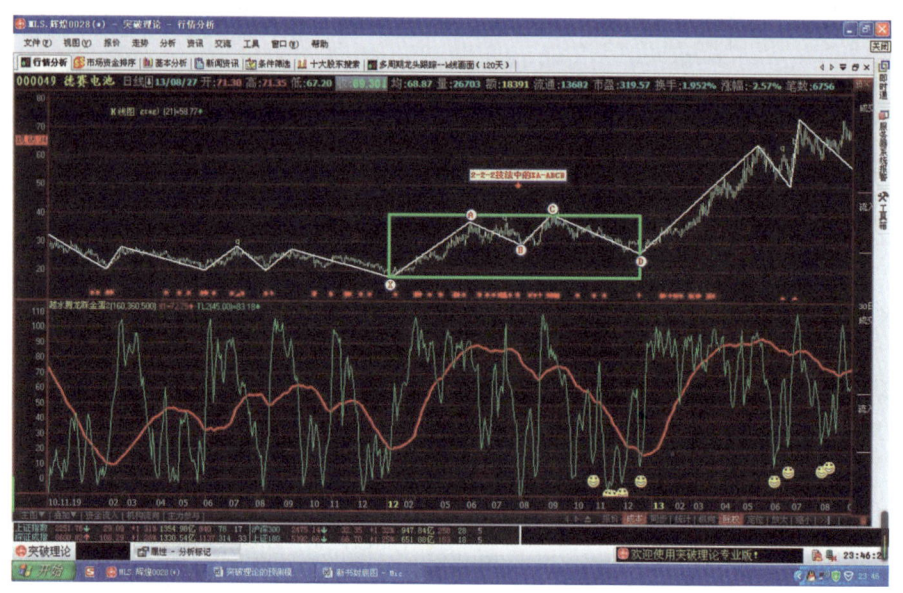

32. 三锯齿形的复合型调整

例图 15－194

锯锯锯

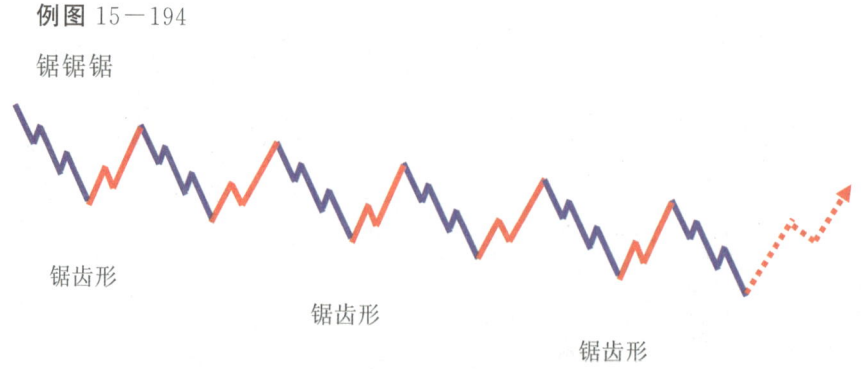

锯齿形　　　　锯齿形　　　　锯齿形

这是由三轮 5－3－5 锯齿形调整浪相结合中间由两个任意三浪连接组合成的复合型调整浪。

第十五讲 突破理论形态的实战应用及工具

例图 15-195

这是分浪图

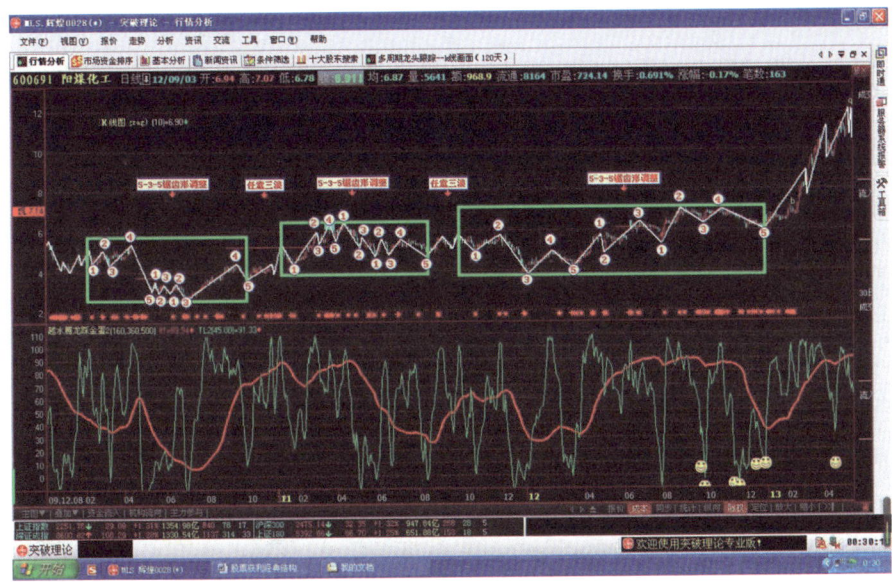

例图 15-196

转化成了十一浪，注意看现在的突破理论十一浪与分浪图的比较。

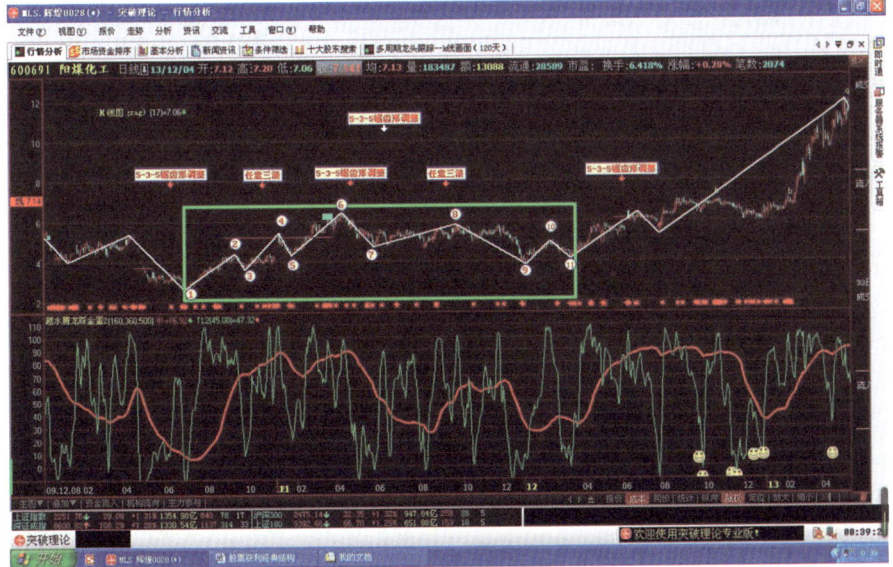

例图 15—197

进一步转化成了 2—2—2 技法中的 X—A—B—C—D，请注意现图与分浪图的比较。

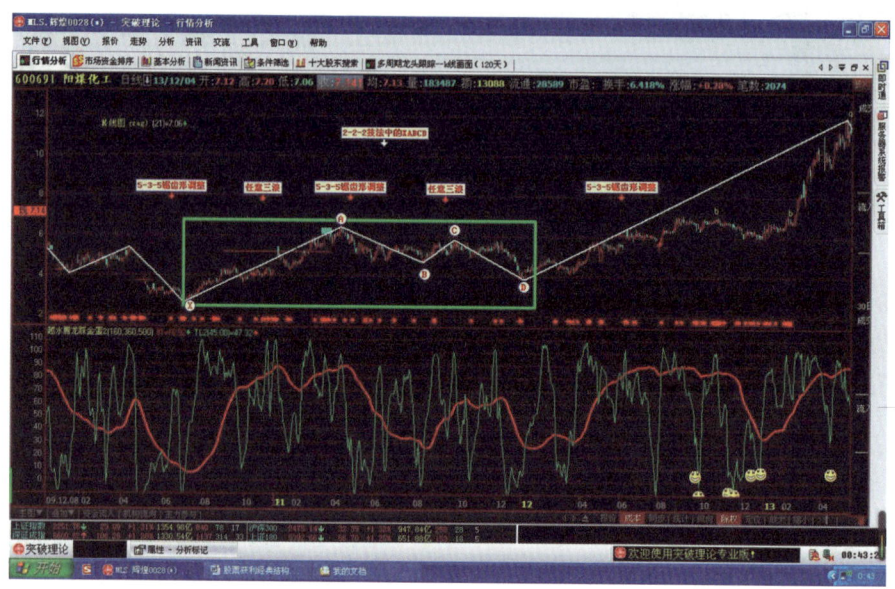

33. 锯齿形加三角形加锯齿形的复合型调整

例图 15—198

锯△锯

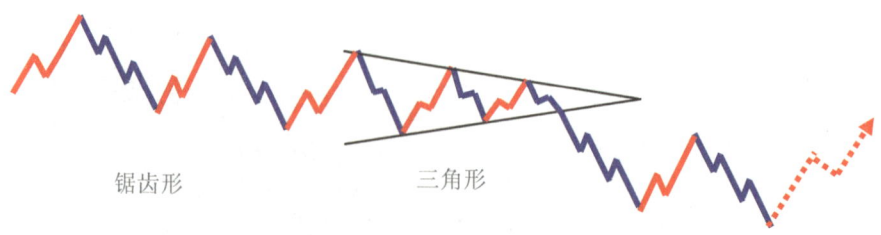

锯齿形　　三角形

锯齿形

这是由一轮 5—3—5 锯齿形调整浪和一轮三角形调整浪及又一轮 5—3—5 锯齿形调整浪相结合中间由两个任意三浪连接组合成的复合型调整浪，任意

第十五讲　突破理论形态的实战应用及工具

三浪或三角形调整的浪经常比分浪图的级别再小一级才能显出，所以我们用细浪分形即可，使用微浪显示三角形的 3－3－3－3－3 或任意三浪的 N 字形大可不必，这种分浪技巧要予以注意。

例图 15－199

这是分浪图

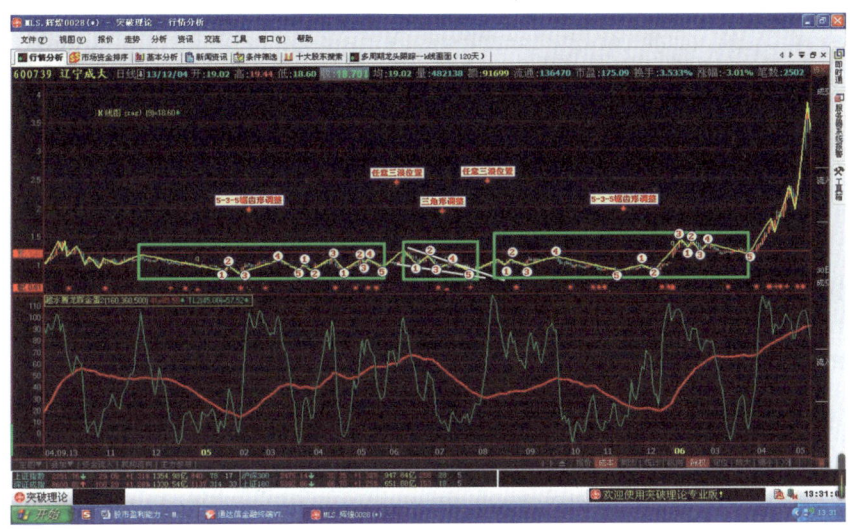

例图 15－200

转化成了突破理论的七浪图

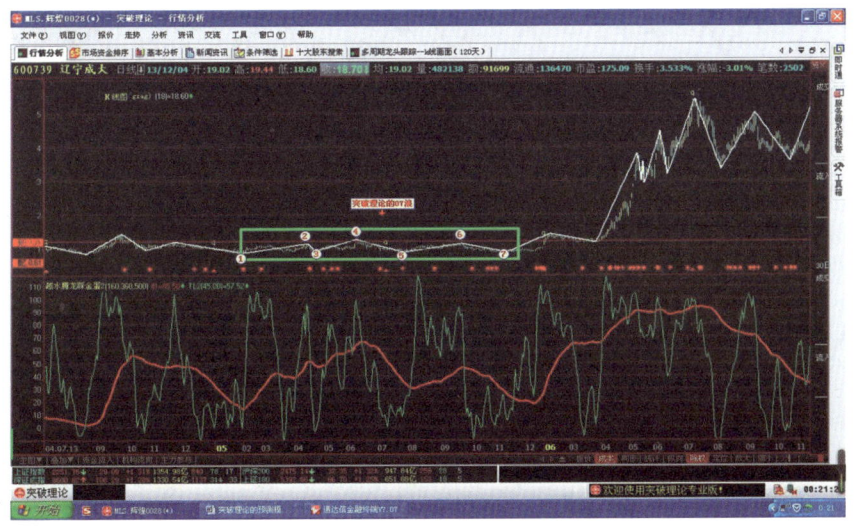

例图 15—201

进一步转化成了 2—2—2 技法图形

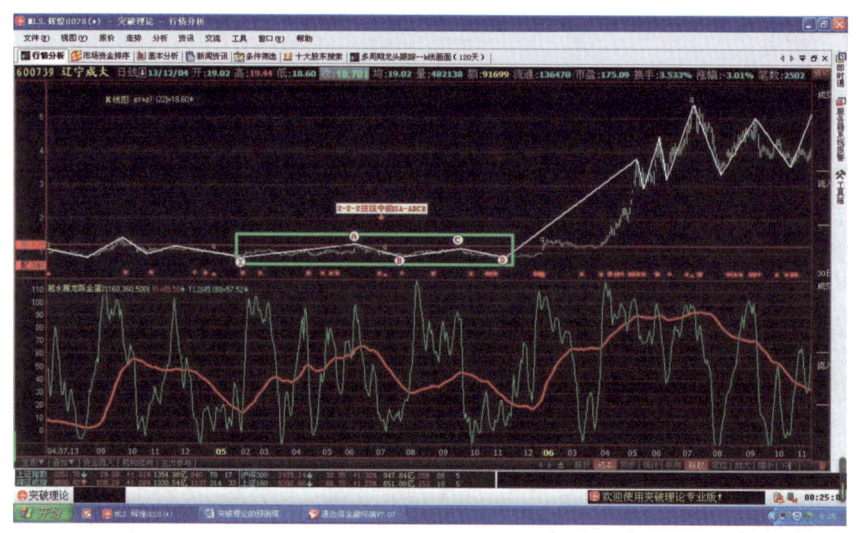

34. 锯齿形加平台形加三角形的复合型调整

例图 15—202

锯平△

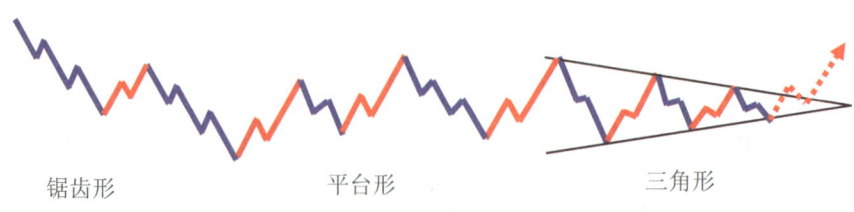

锯齿形　　　　　平台形　　　　　三角形

例图 15—203

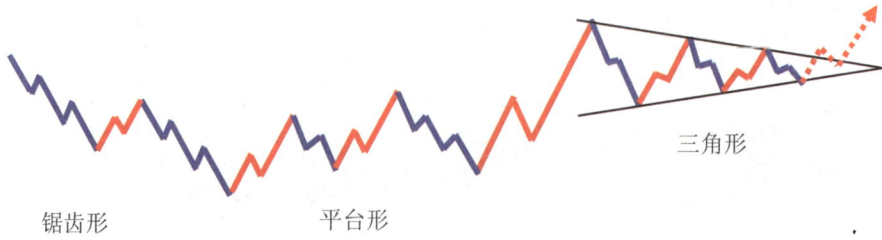

锯齿形　　　　　平台形　　　　　三角形

第十五讲　突破理论形态的实战应用及工具

例图 15－204

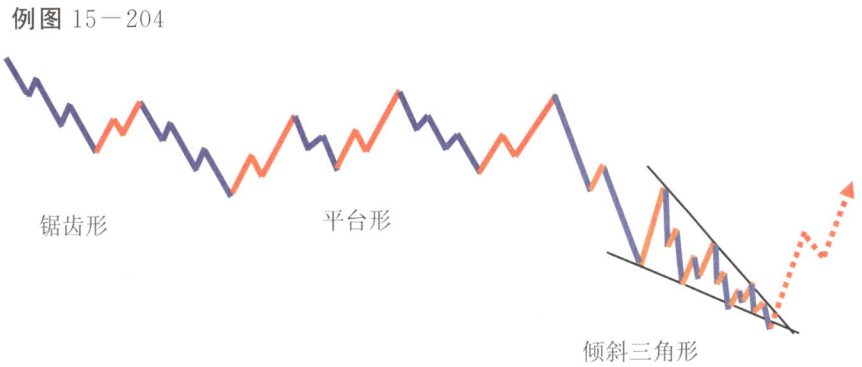

锯齿形　　　　平台形

倾斜三角形

这是由一轮 5－3－5 锯齿形调整浪和一轮 3－3－5 平台形调整浪及又一轮三角形调整浪相结合中间由两个任意三浪连接组合成的复合型调整浪，任意三浪或三角形调整的浪经常比分浪图的级别再小一级才能显出，所以我们用细浪分形即可，使用微浪显示三角形的 3－3－3－3－3 或任意三浪的 N 字形大可不必。

例图 15－205

分浪图

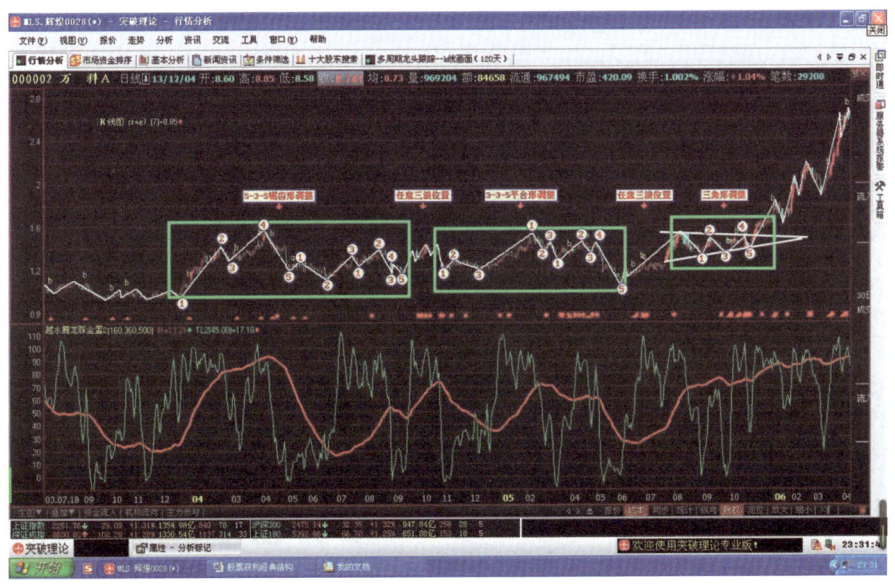

例图 15－206

转化成突破理论十一浪图

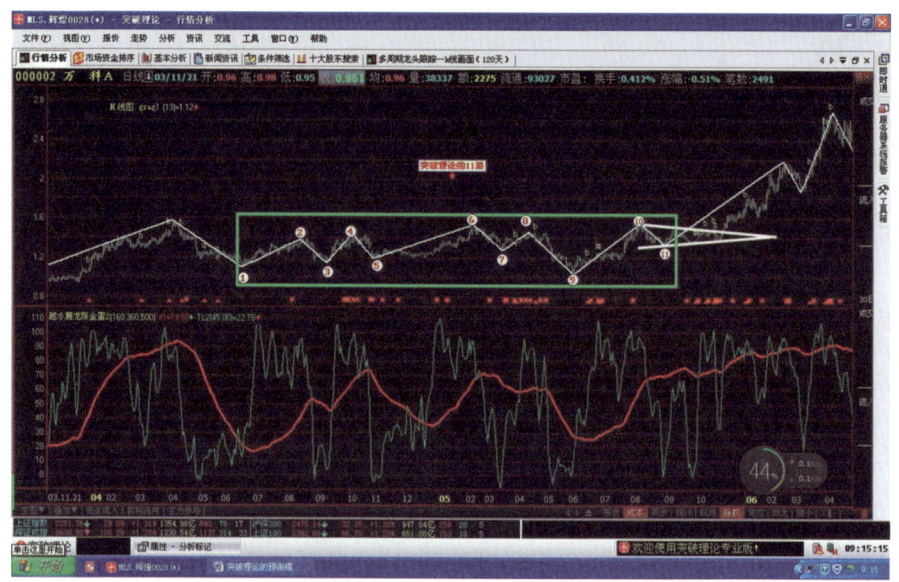

例图 15－207

十一浪图中隐含着两个 2－2－2 技法图形

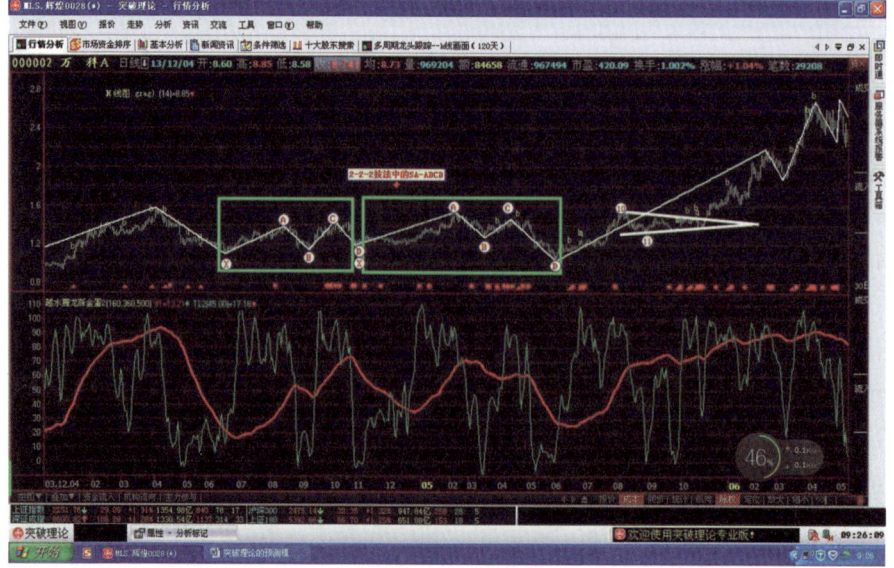

35. 双锯齿形加三角形的复合型调整

例图 15－208

锯锯△

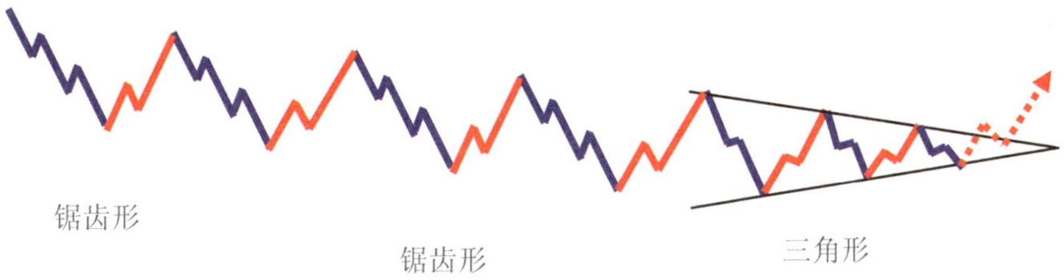

锯齿形　　　　　　　锯齿形　　　　　　　三角形

例图 15－209

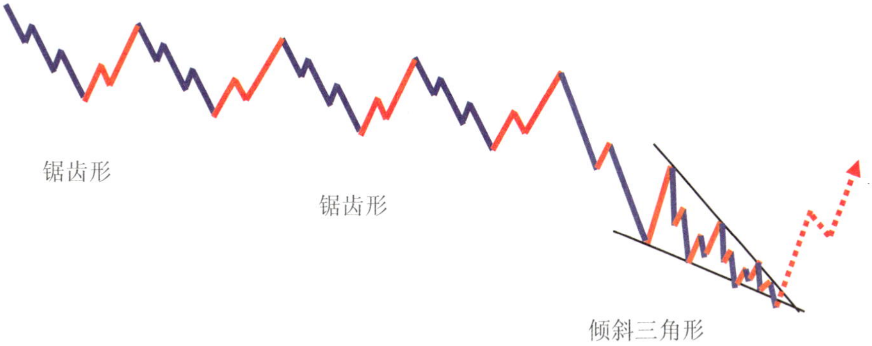

锯齿形　　　　　　　锯齿形　　　　　　　倾斜三角形

例图 15－210

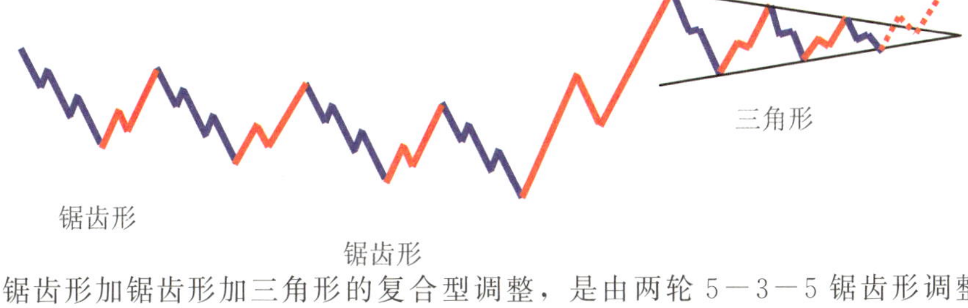

锯齿形　　　　锯齿形　　　　　　　三角形

锯齿形加锯齿形加三角形的复合型调整，是由两轮 5－3－5 锯齿形调整浪和一轮三角形调整浪结合的中间由两个任意三浪连接的复合型调整。

突破理论预测模型及实战工具：波浪理论的创新与超越

例图 15－211

这是分浪图

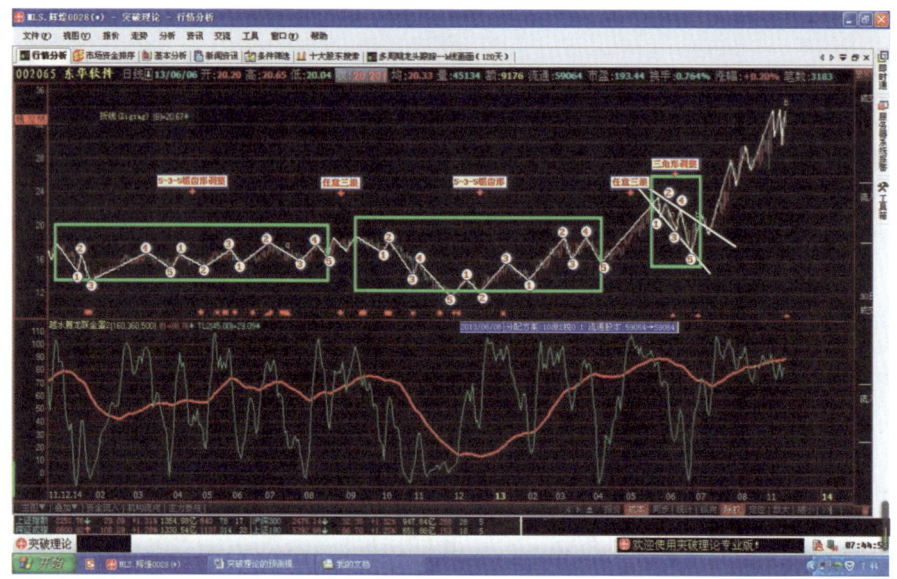

例图 15－212

简单转化为突破理论七浪

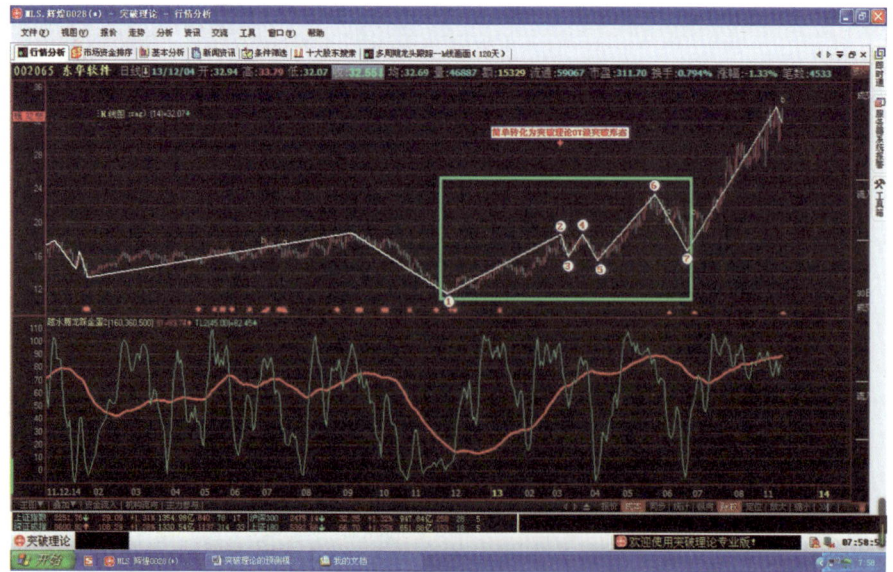

第十五讲　突破理论形态的实战应用及工具

例图 15－213

进一步简单转化为 2－2－2 技法，该技法形态就隐含在突破理论七浪之中。

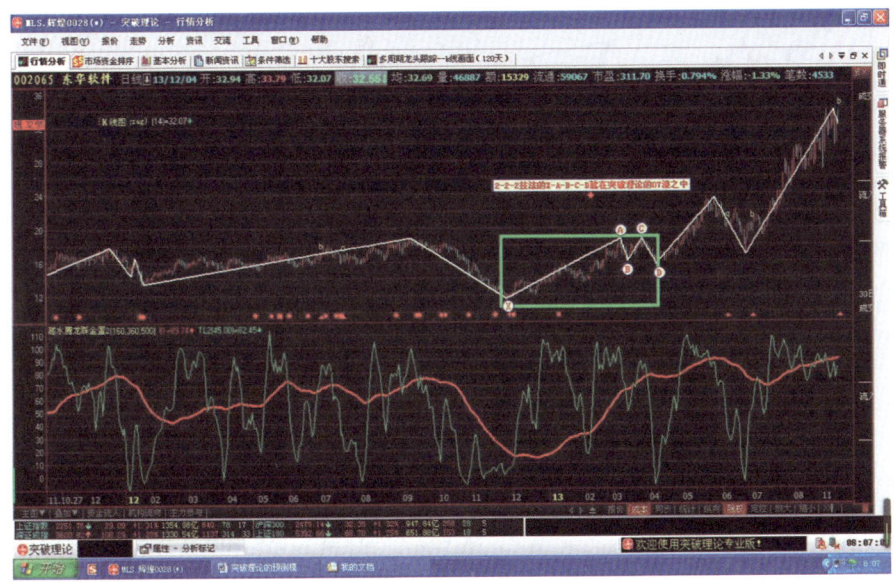

36. 锯齿形加双三角形的复合型调整

例图 15－214

锯△△

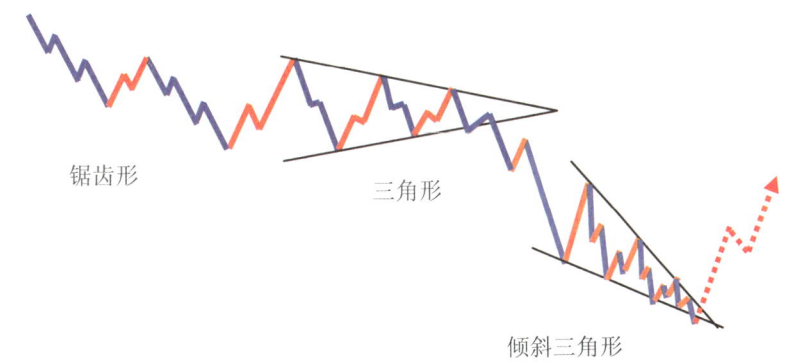

锯齿形　　三角形　　倾斜三角形

例图 15－215

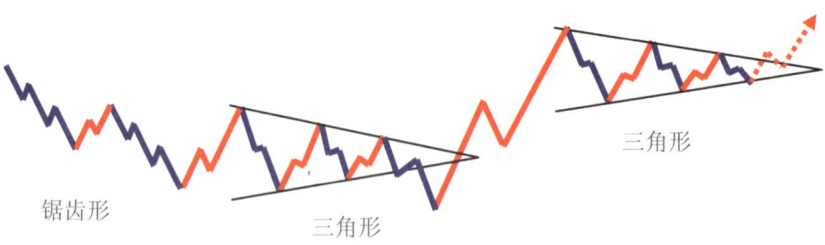

这是由一轮 5－3－5 锯齿形调整浪和两轮三角形调整浪相结合中间由两个任意三浪连接组合成的复合型调整浪，任意三浪或三角形调整的浪经常比分浪图的级别再小一级才能显出，所以我们用细浪分形即可，使用微浪显示三角形的 3－3－3－3－3 或任意三浪的 N 字形大可不必。

例图 15－216

例图 15－217

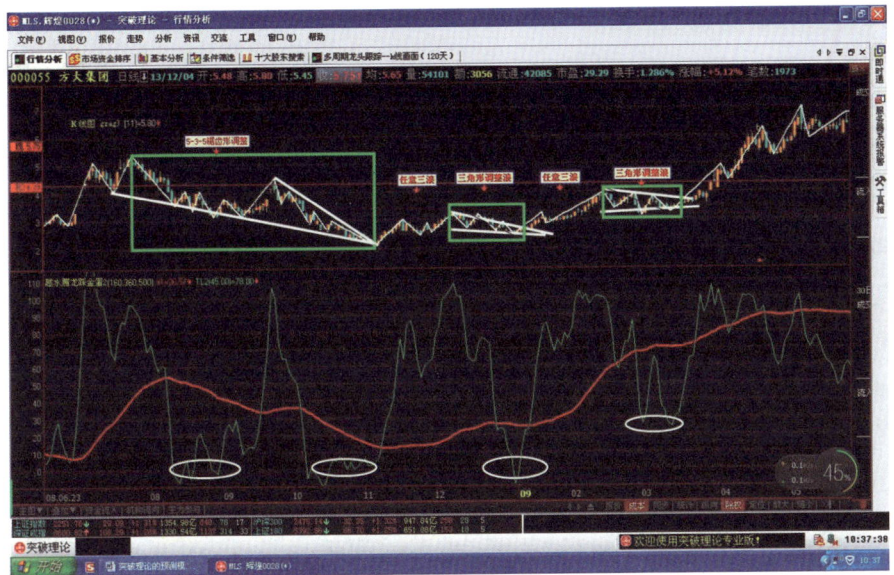

例图 15－218

转化成突破理论的七浪

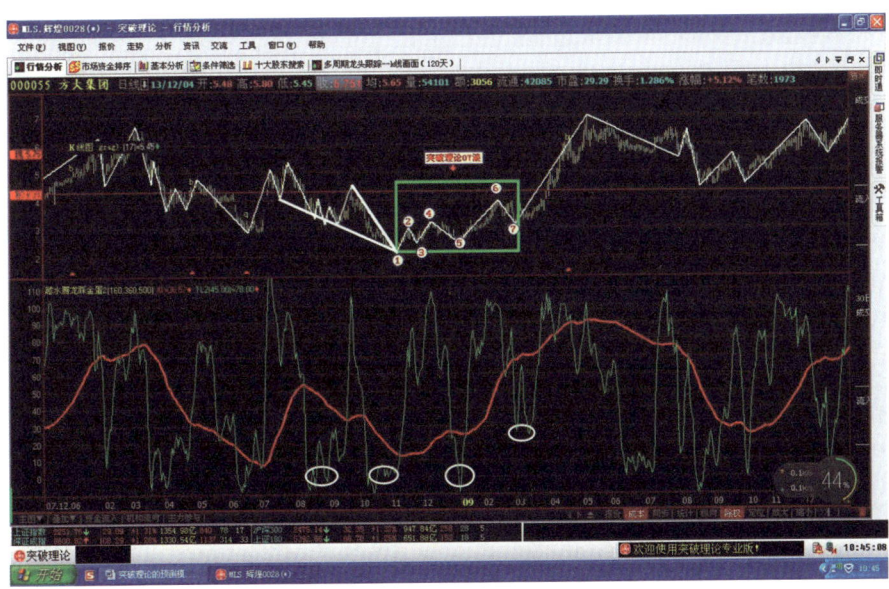

例图 15－219

进一步转化成 222 技法

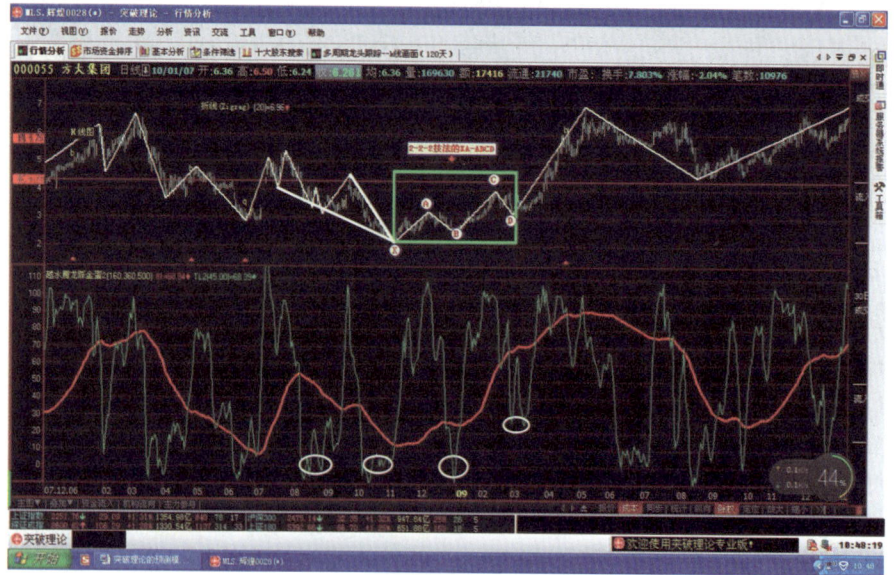

再用两个例图 15－220 和 15－221 加深一下印象。

例图 15－220

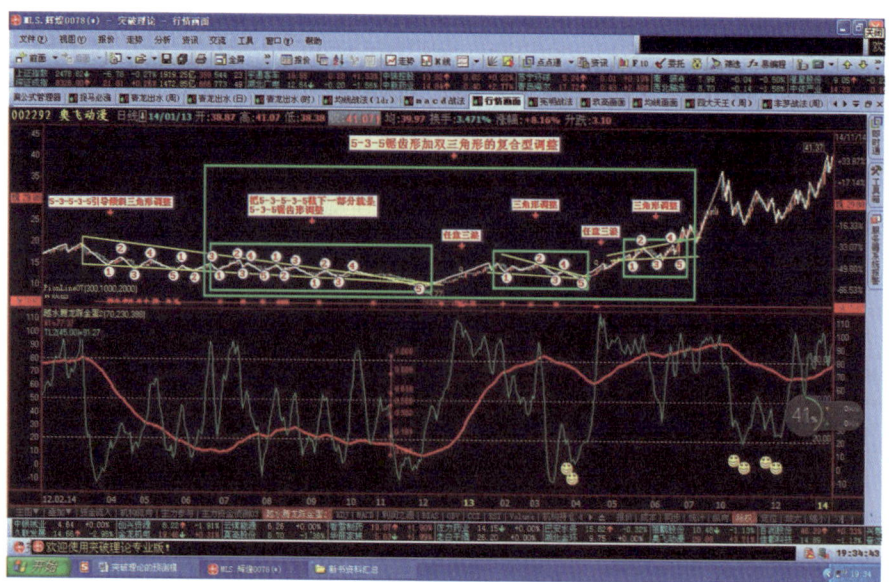

第十五讲 突破理论形态的实战应用及工具

例图 15－221

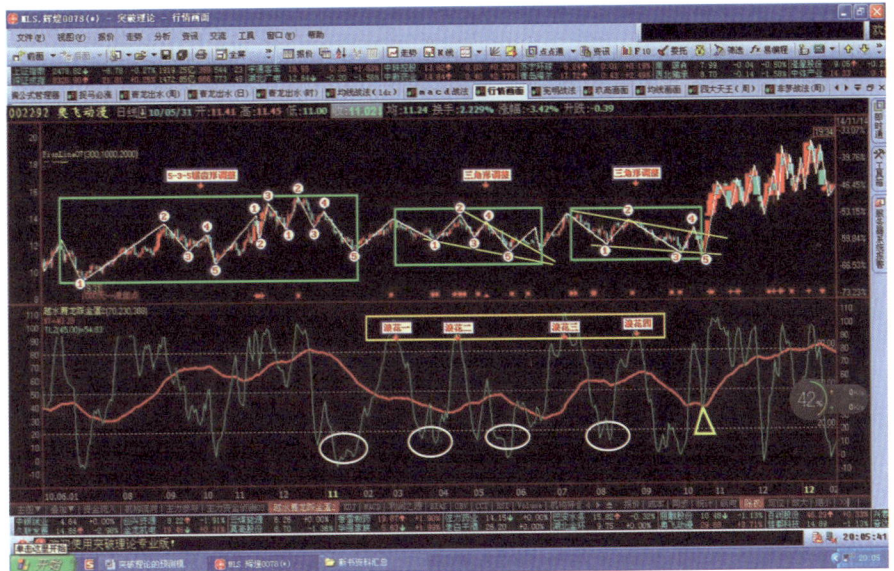

第十六讲　突破理论波浪周期的奥秘

一、突破理论七浪及十一浪的本质

不管横向调整浪的调整规模如何大小不一，也不管调整的周期如何长短不齐，有效突破的时间点总是在七浪或十一浪的位置上。这两个位置总是唇不点而红，眉不画而翠，让所有股市中人终日看不烦，天天寻不累。"若把西湖比西子，浓妆淡抹总相宜。"这两句美好的言语用在突破理论的七或十一浪上真真正正是恰如其分。

有位喜爱探索的智慧型资深股友应用黄金螺旋的原则从本质上阐明了0711的突变原理，请看下面该股友制作的简明扼要，内含神奇大智慧的图表，遥祝这位股友终生好运相随。

例图 16-01

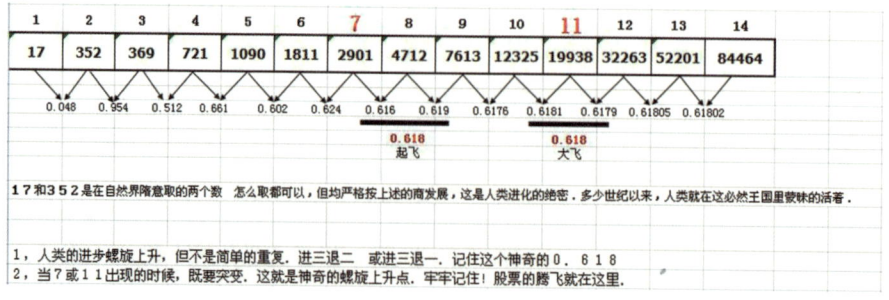

标准的周、日、分时的标准K线是众多的股民观察波浪涌动的依据，也是我们观察股价在浪形中的位置的依据。但在寻找和锁定大牛的实战过程中，我们划分浪形的标准是周、日、分时的标准K线吗？回答一定会让大家瞠目结舌。不是！

上一章，我们应用了突破理论独创的"形态辨别专用工具"发现了"分浪图、0711和2－2－2技法"三者之间是可以互相转换的，正向转换是分浪图→0711→X－A－B－C－D，这样做是把复杂变简单，方便快速筛选和鉴别，并可用于快速获利的任意三浪操作时的安全性及振幅大小的鉴定。其中0711中的1小浪3小浪5小浪7小浪9小浪11小浪起始位置相对应的分浪图之间的任意三浪都是可操作的。这种转换几秒钟就完成了；逆向转换是X－A－B－C－D→0711→分浪图，这样做是把简单变复杂，其功能是确定牛股启动的时间。X－A－B－C－D的D点之后如果还有07或11，那07或11才是进场点，如果D点和07或11点的位置相吻合，两点共振，当然是事遂人愿，锦上添花了。上一章的36种形态按分浪图、0711图和222技法图互相转换是把复杂的月、周、日及多种分时K线16种周期的画面简化为在实战时极为有用的三个周期、三幅画面，方便、快捷、安全、有效地提高了获利的效率并大大地缩短了持仓的时间。

在07或11点没出现的时候或是222技法中的D点没有出现时，耐心等待是必需的，提前进场，损失会很惨重！当07或11点出现时或222技法的D点出现后，我们应立即确认其在"越水腾龙能量线"上的位置并应用能量线实战形态特征确定最佳进场点。请看下面的三幅图，

对于身处股市的人们来说，最佳稳赢进场点是股市生涯中的最大难题，这三幅例图的每一幅都等同于价值连城的奇珍异宝，有缘的你们在有生之年能偶然得到他们，是命运女神在垂青你们，抓住这身边一闪即逝的机会，加倍珍惜吧！

二、波浪周期突破点秘诀

高原上面耸六峰，

脚下必出黄金坑，

突破理论预测模型及实战工具：波浪理论的创新与超越

盆地浪花掀四簇，

紧盯背离收获丰，（随后背离收获丰）

十六日内出炉架，

股价几日窜云中，

财神容貌心牢记，

丰衣足食渡人生发。

高原上面耸六峰，

脚下必出黄金坑，

请参看例图 16－02

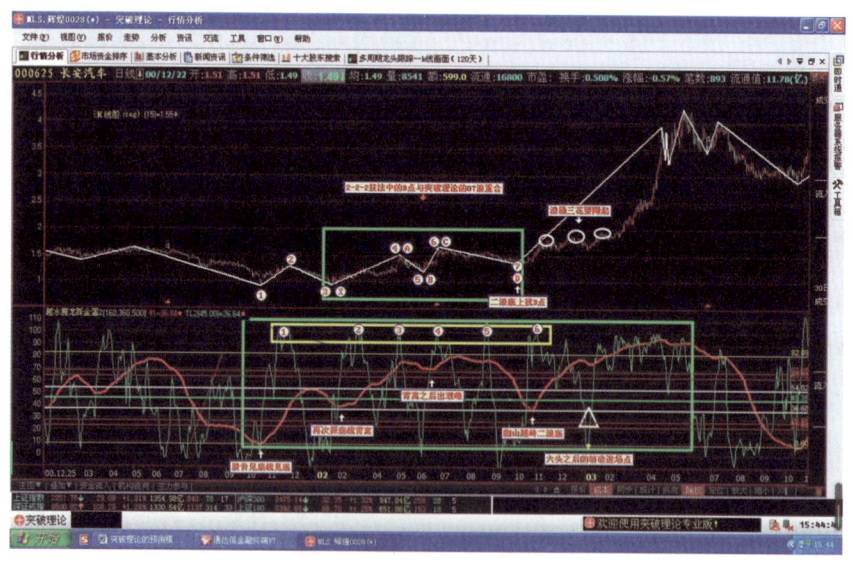

在这个例图中，三角形的位置就是最佳进场点，就是在第六个头（黄色小框内）出现后，再等待回调带下的深坑（黄金坑）出现，该深坑的拐点，就是踩金蛋的位置。

盆地浪花掀四簇，

随后背离收获丰，

第十六讲 突破理论波浪周期的奥秘

请参看例图 16－03

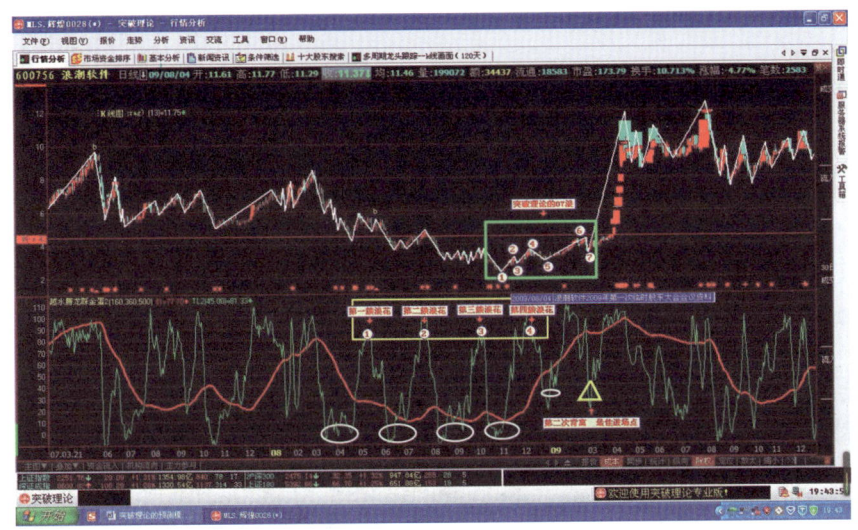

在这个例图中,三角形的位置就是最佳进场点,即是在第四朵浪花(黄色小框内)出现后,第一次背离位置没有与上面的七浪同步故再等待第二次背离,即小三角指向的位置(黄金坑)进场。

例图 16－04

十一浪正对第 4 个金蛋,蛋上背离处即可进场

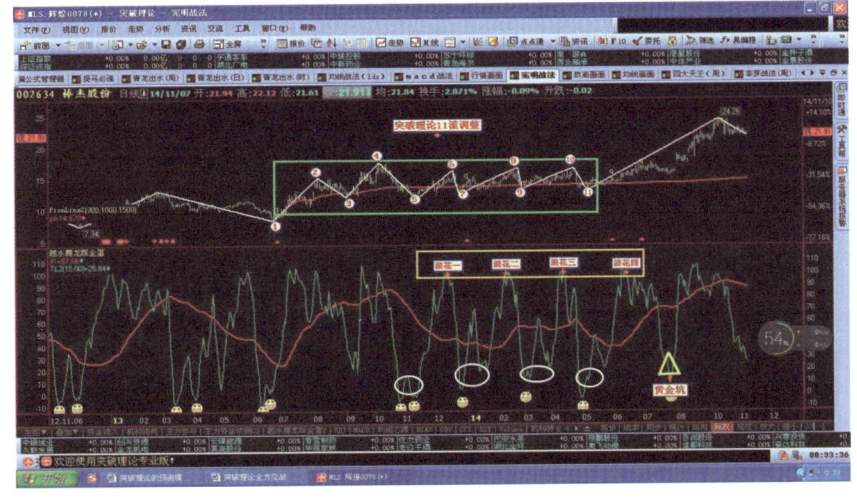

突破理论预测模型及实战工具：波浪理论的创新与超越

　　十六日内出炉架，

　　股价几日窜云中，

　　请参看例图16—05

　16日内，利润之源的黄线在90以下形成两次探底，第二次探底即红三角形内即为黄金坑。

　例图16—05

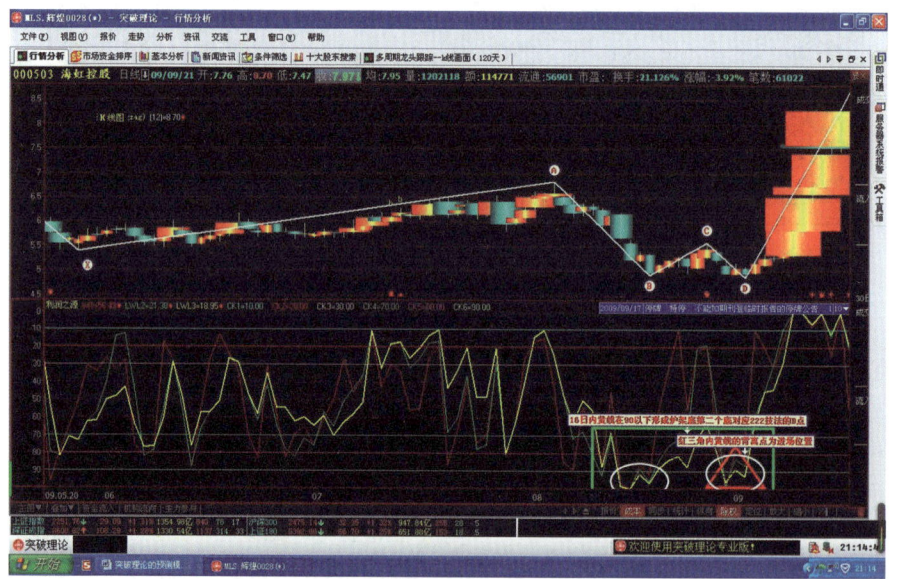

三、例图群加深印象

1. 高原上面耸六峰，脚下必出黄金坑的例图群

第十六讲 突破理论波浪周期的奥秘

例图 16－06

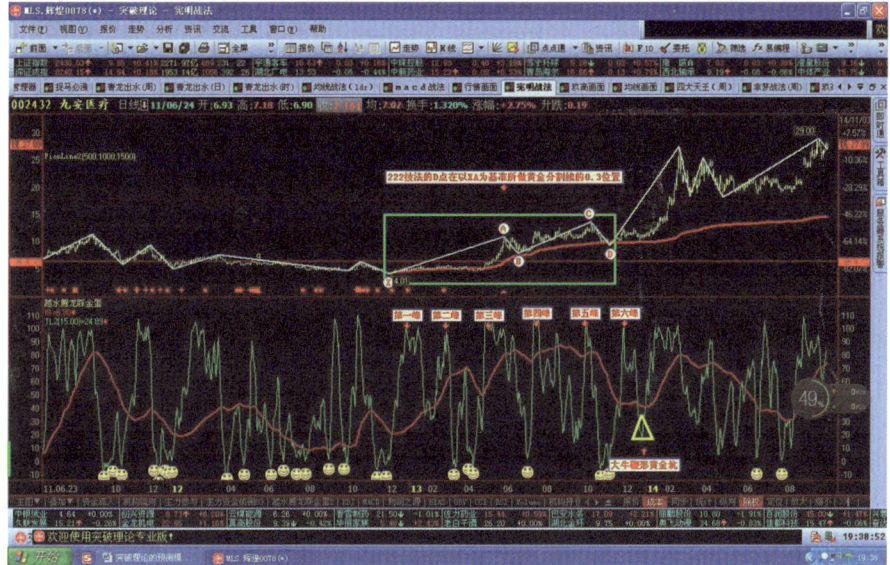

例图 16－07

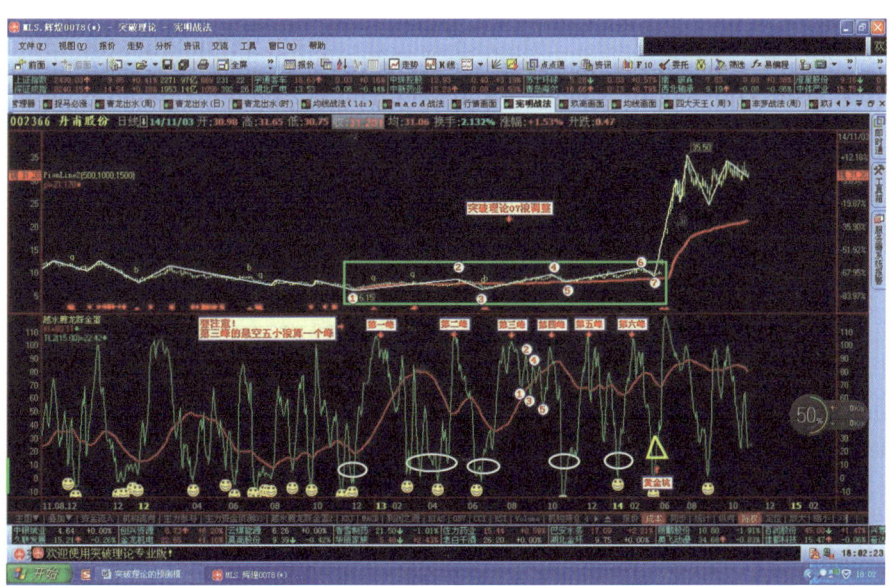

突破理论预测模型及实战工具：波浪理论的创新与超越

例图 16-08

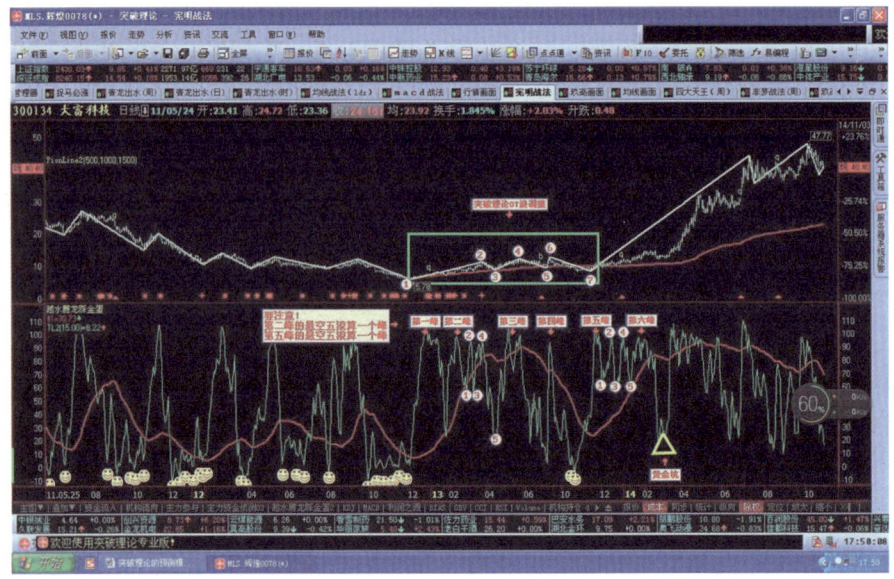

例图 16-09

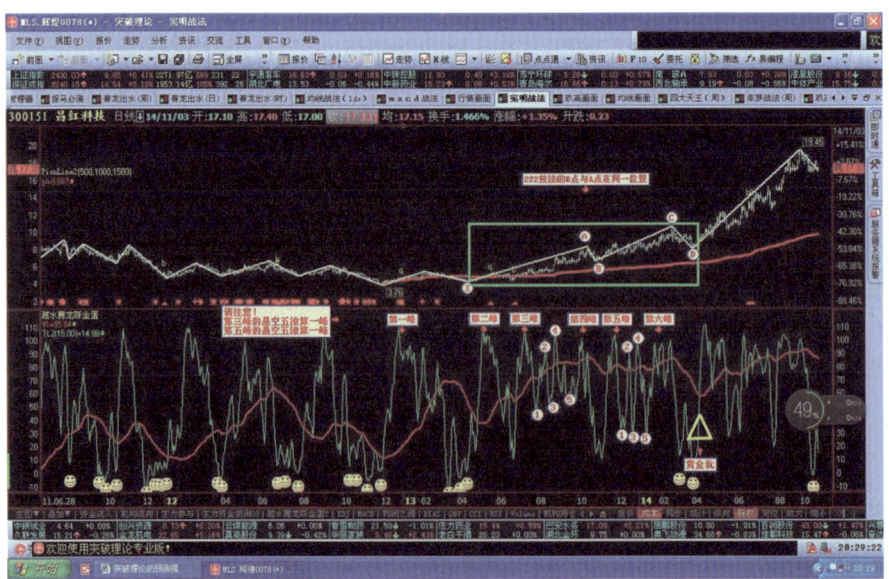

第十六讲 突破理论波浪周期的奥秘

例图 16—10

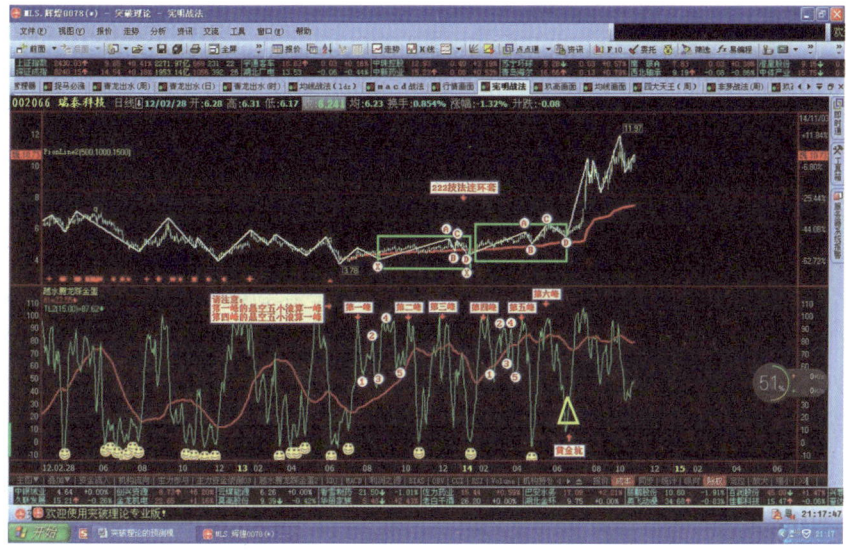

2. 盆地浪花掀四朵，两次背离收获丰的例图群

例图 16—11

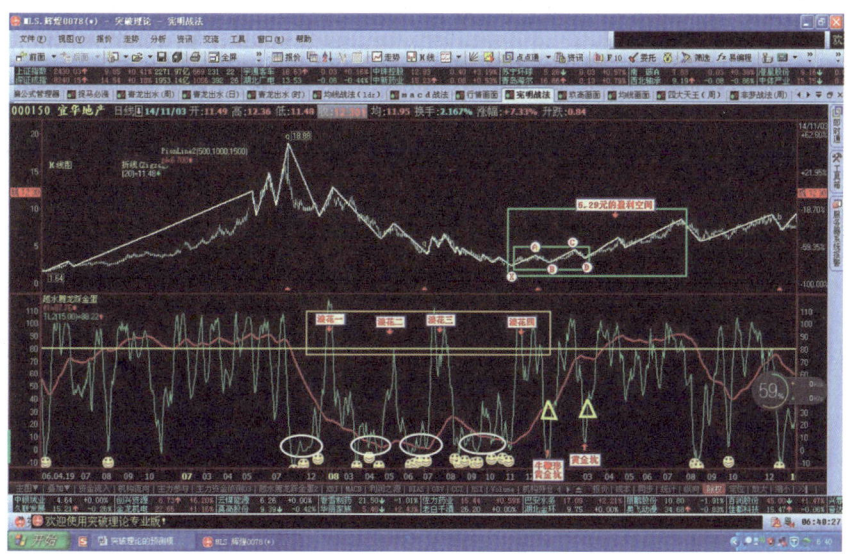

突破理论预测模型及实战工具：波浪理论的创新与超越

例图 16－12

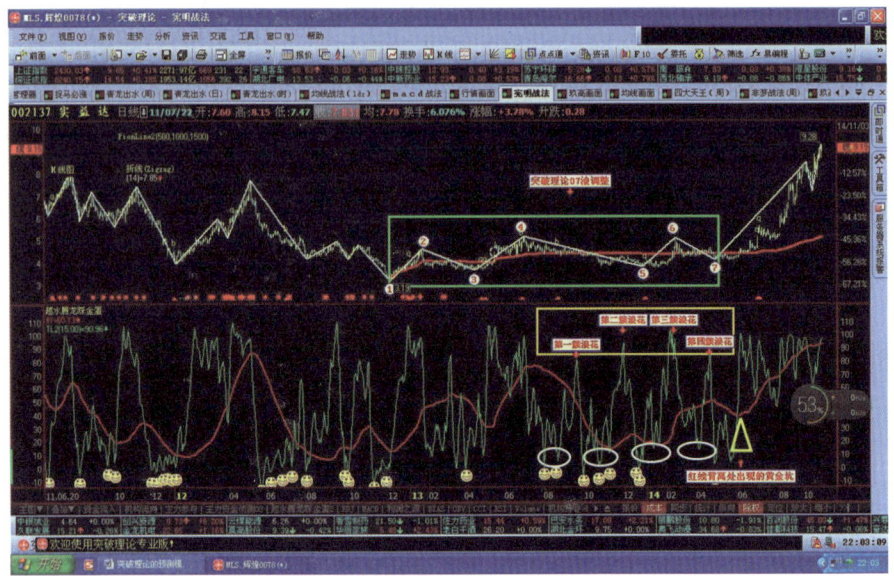

例图 16－13

这是浪花四簇的一种变形注意采金蛋工具中浪花翻到 80 以上才有效。

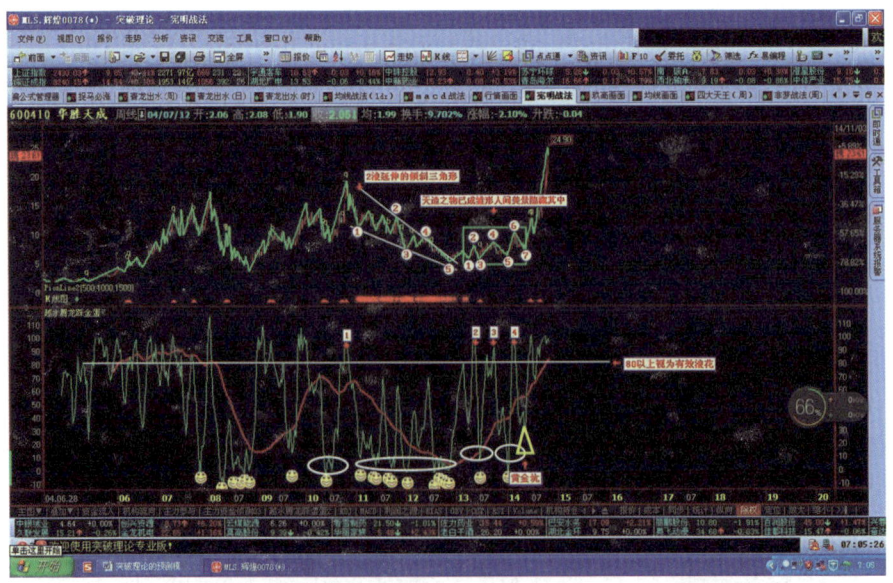

第十六讲　突破理论波浪周期的奥秘

例图 16—14

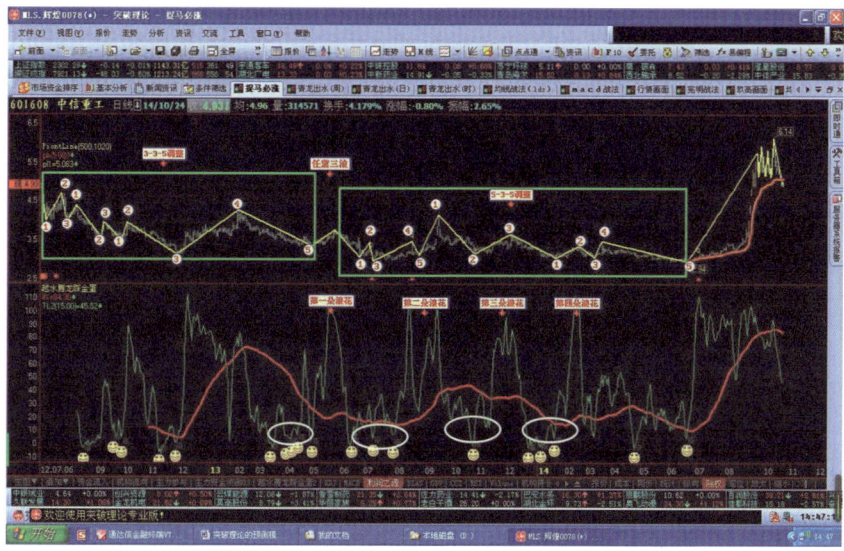

3. 下面是 5 组伏兵对照图

例图 16—15

提前关注图

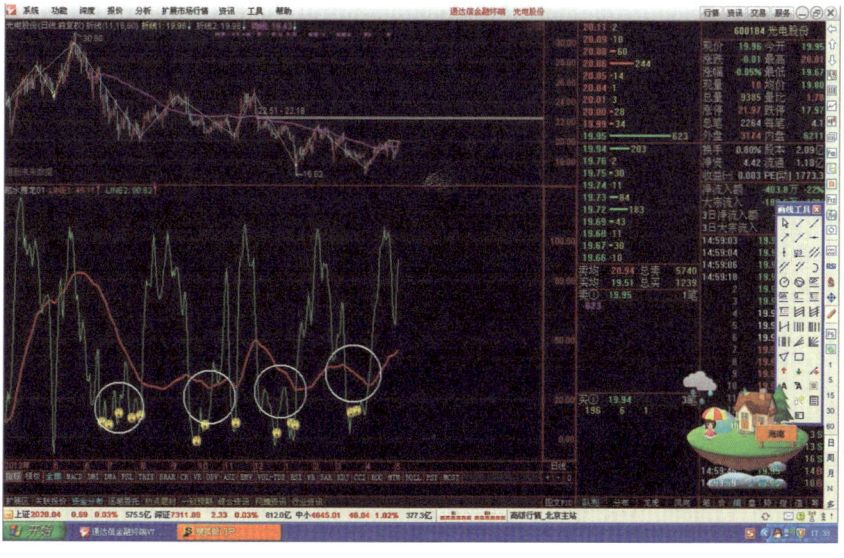

例图 16—16

大获全胜图

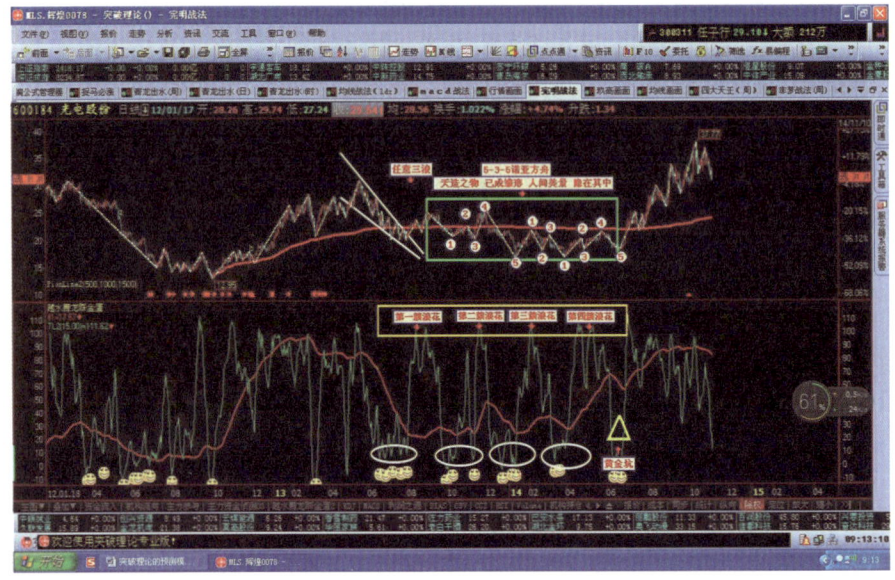

例图 16—17

提前关注图

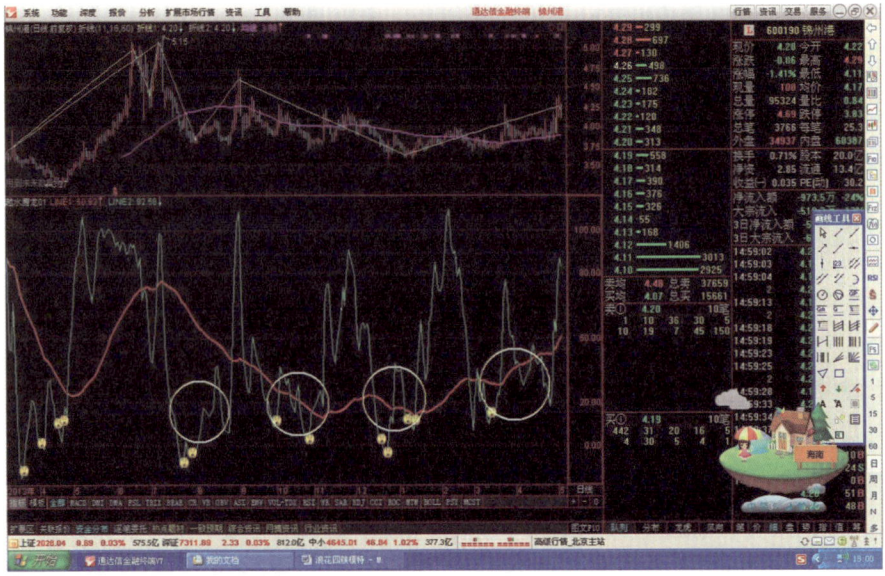

第十六讲　突破理论波浪周期的奥秘

例图 16－18

大获全胜图

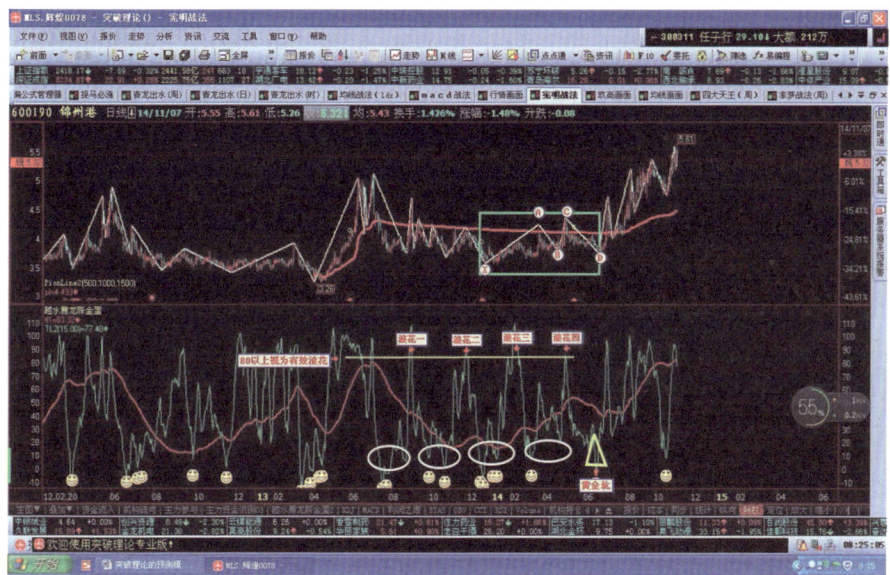

例图 16－19

提前关注图

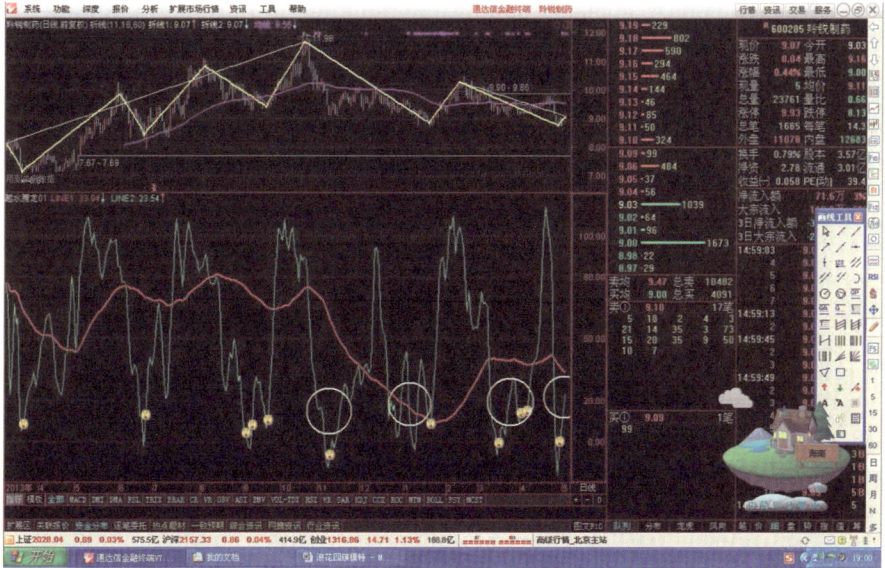

突破理论预测模型及实战工具：波浪理论的创新与超越

例图 16-20

大获全胜图

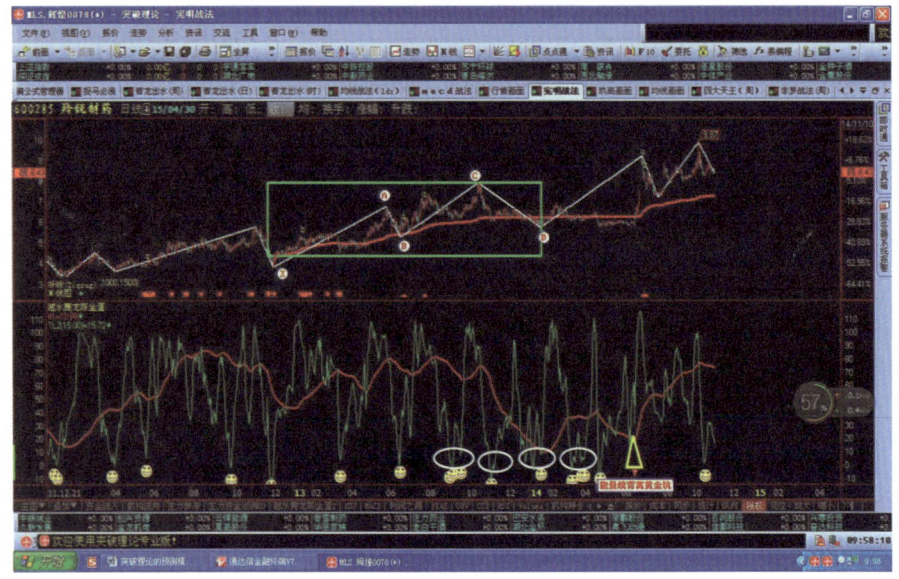

例图 16-21

提前关注图

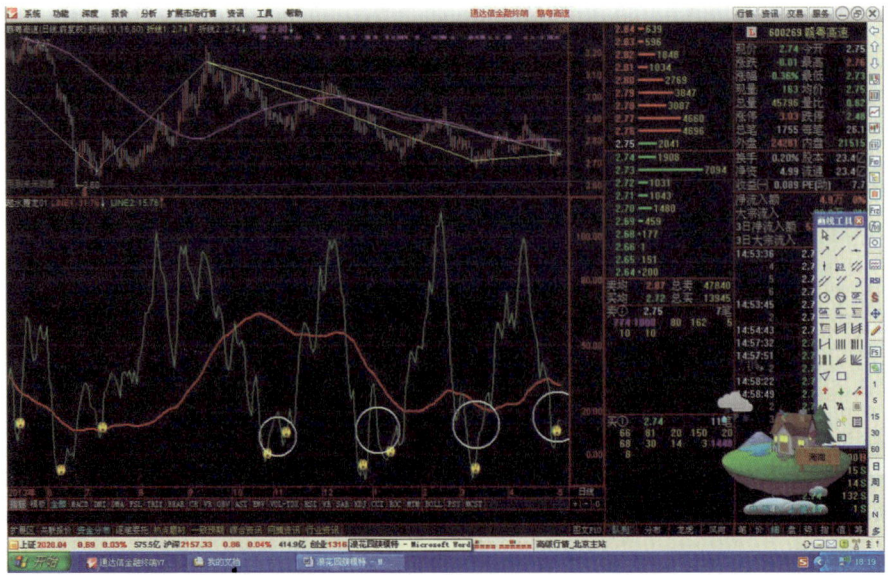

第十六讲 突破理论波浪周期的奥秘

例图 16-22
大获全胜图

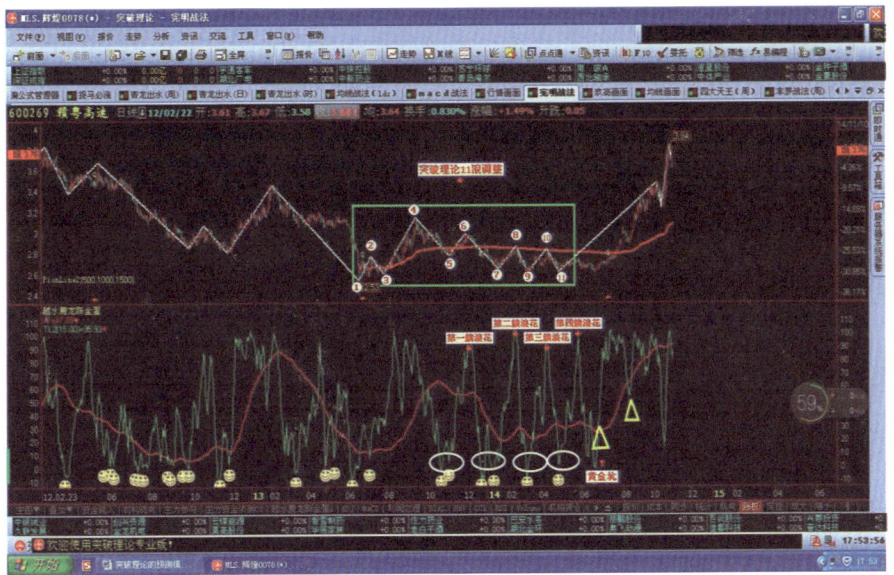

例图 16-23

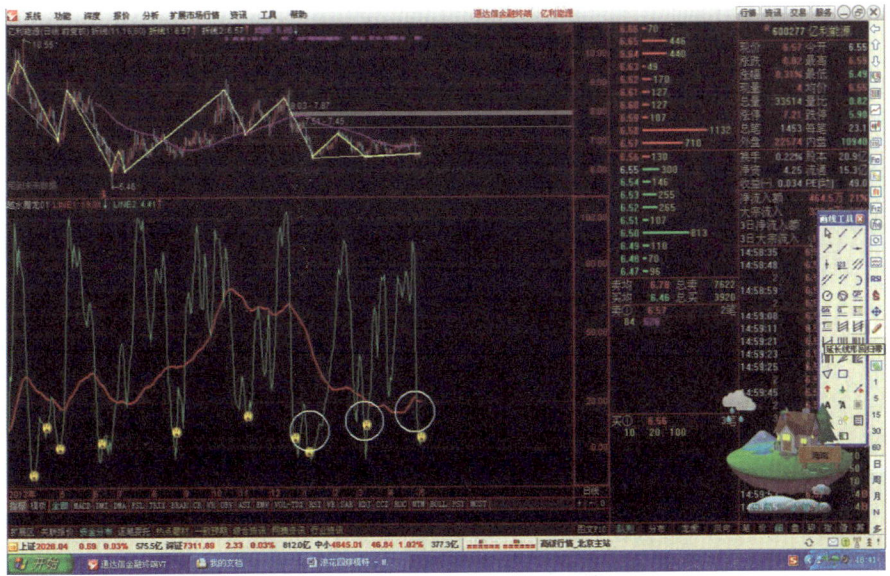

例图 16－24

实际战果图　已升 2.23 元随后的 急速拉升即将开始

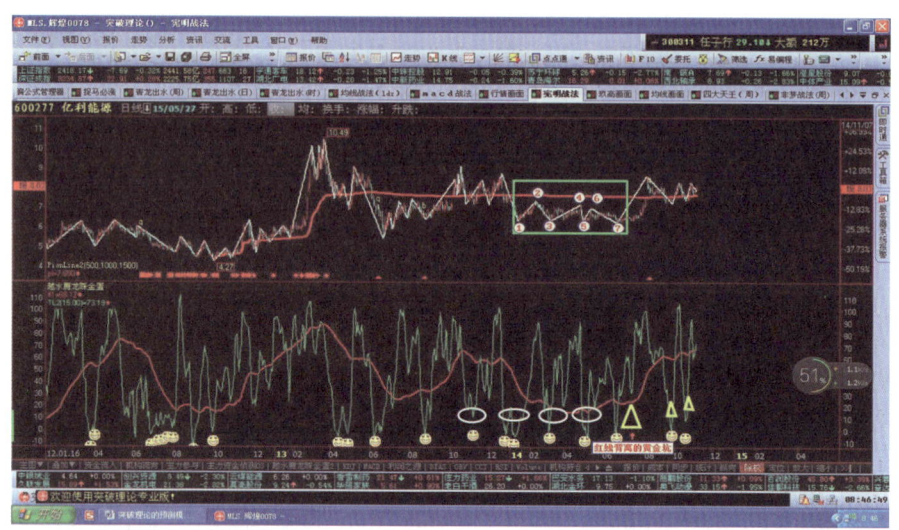

4. 十六日内出炉架，股价几日窜云中例图群

例图 16－25

16 日中有 2—6 日大于 90（要有一个标准的狗跷腿的双针探底）

炉架底例图群 01

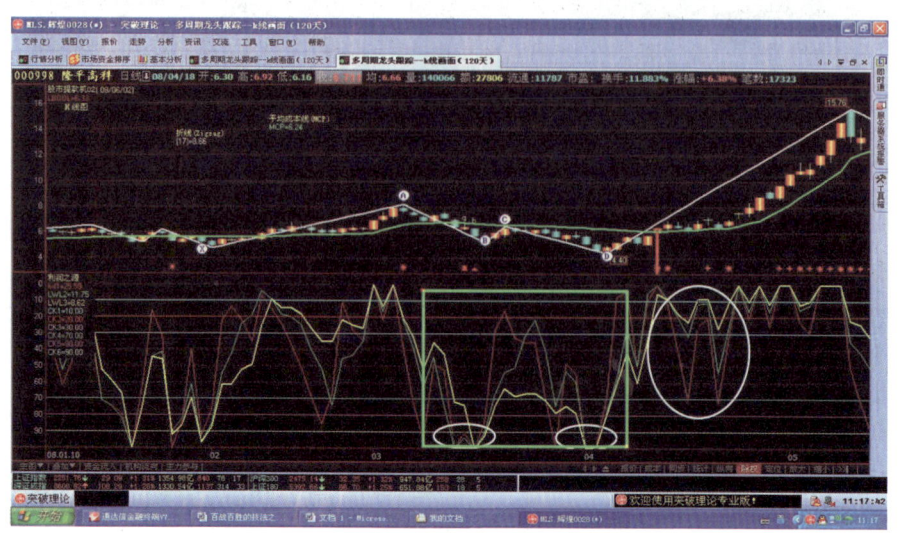

第十六讲 突破理论波浪周期的奥秘

例图 16—26

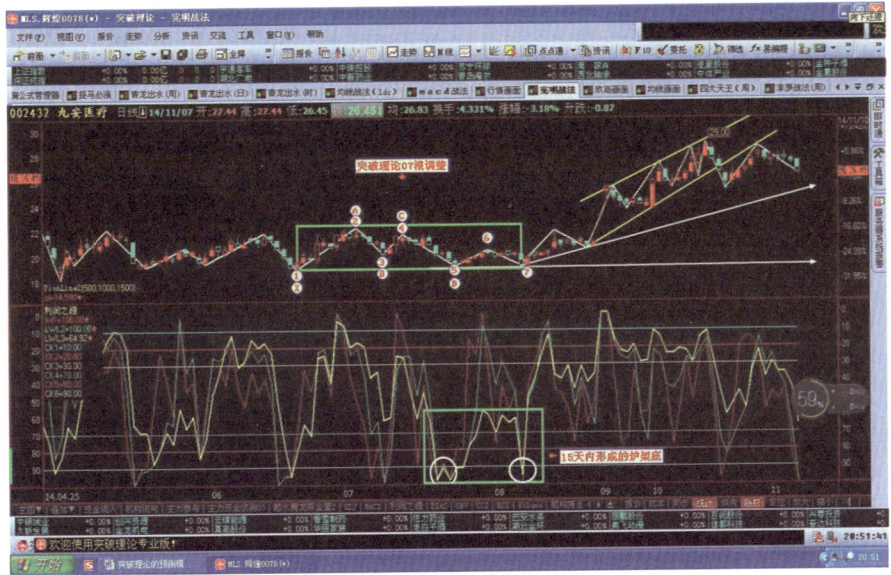

例图 16—27

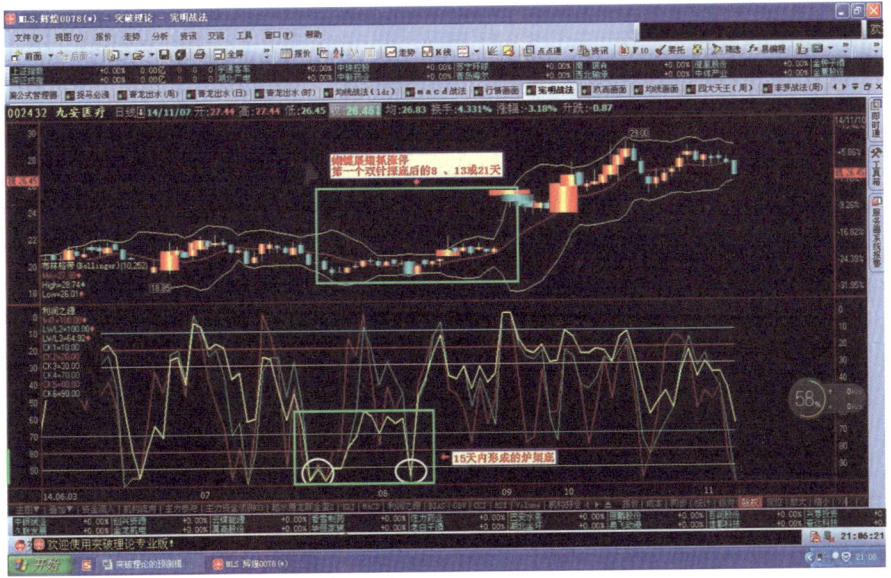

突破理论预测模型及实战工具：波浪理论的创新与超越

例图 16—28

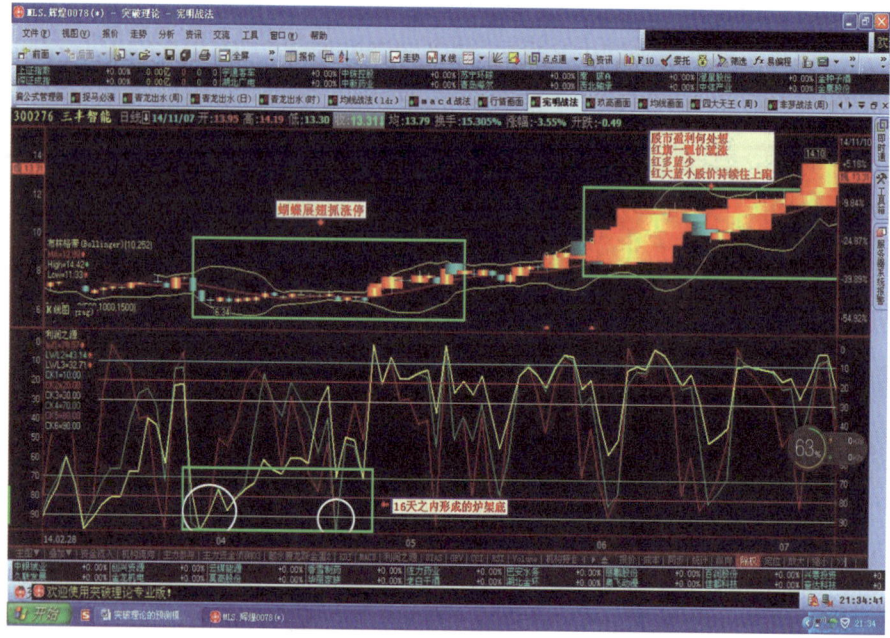

例图 16—29

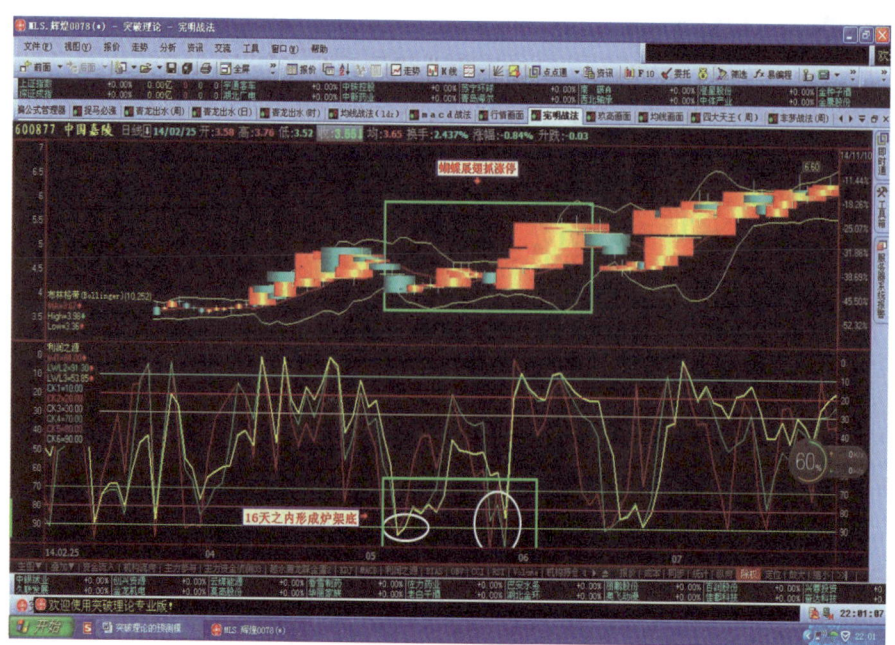

第十六讲　突破理论波浪周期的奥秘

例图 16—30

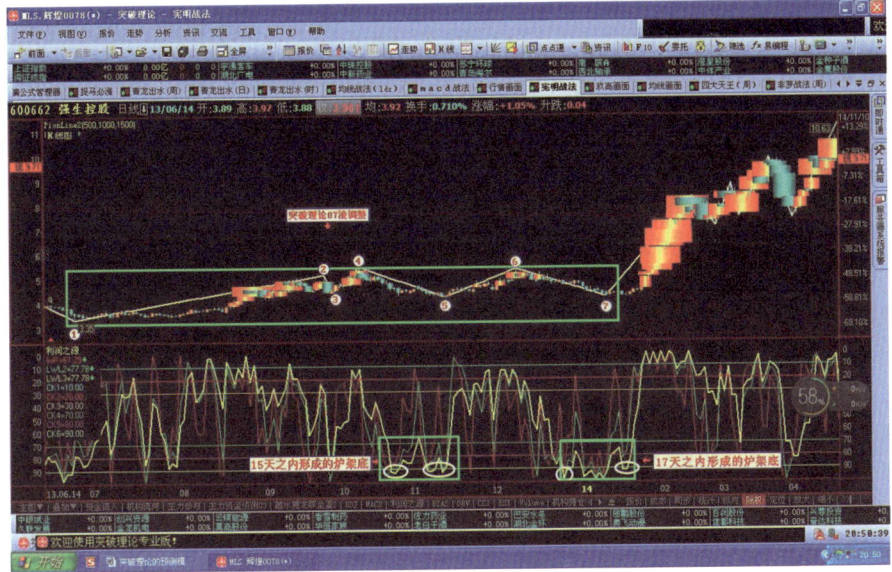

例图 16—31

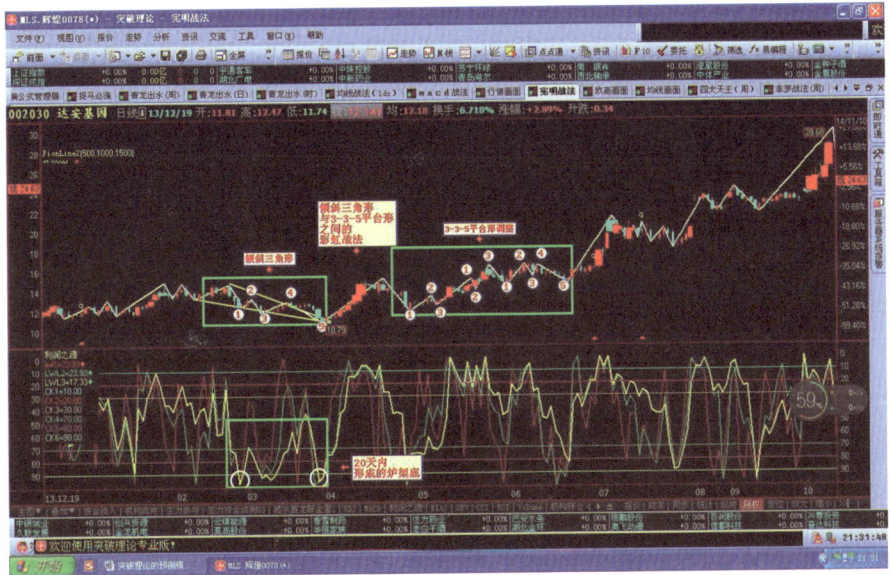

例图 16-32

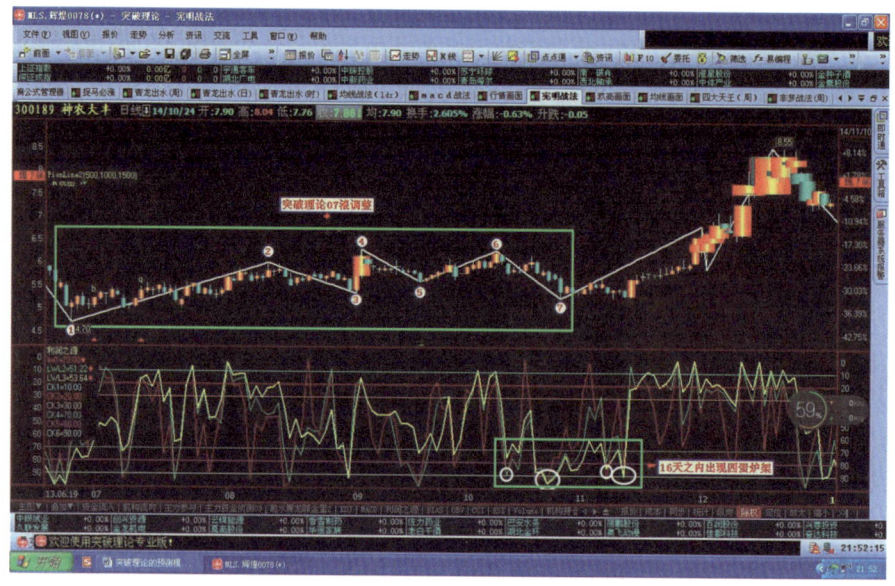

5. 利润之源在周 K 线图上的应用：

备注：全部可以在周线上用智能条件进行快速选股

例图 16-33

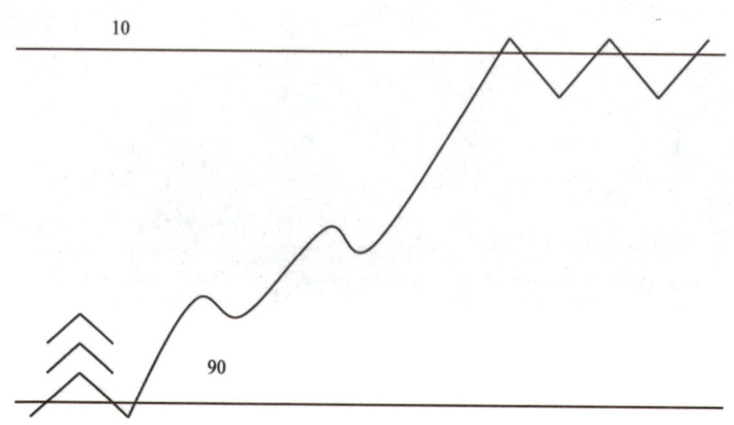

第十六讲 突破理论波浪周期的奥秘

例图 16-34

例图 16-35

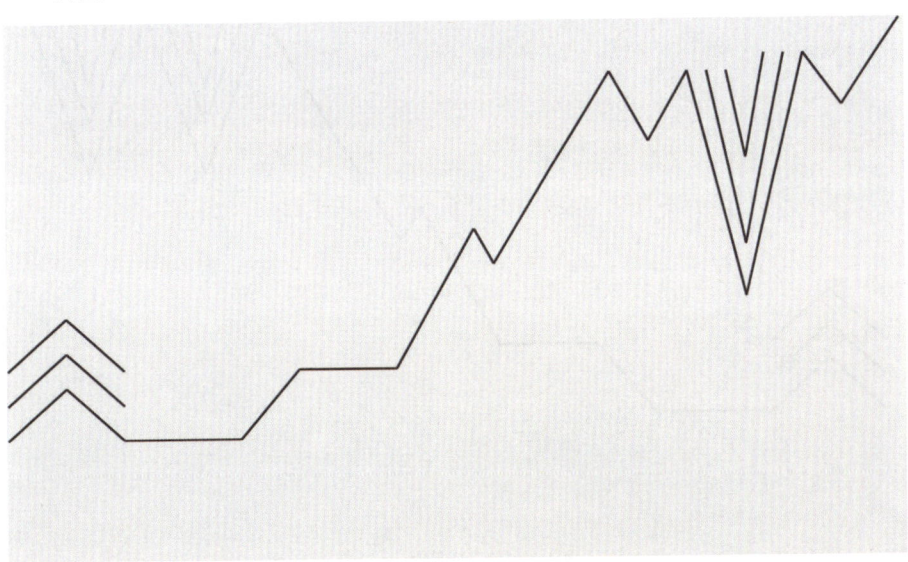

突破理论预测模型及实战工具：波浪理论的创新与超越

例图 16－36

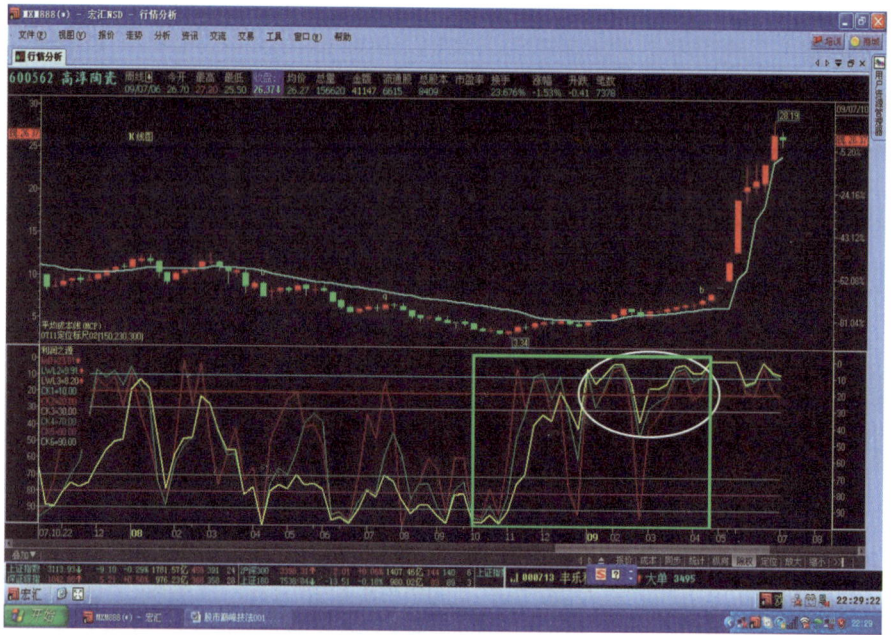

例图 16－37

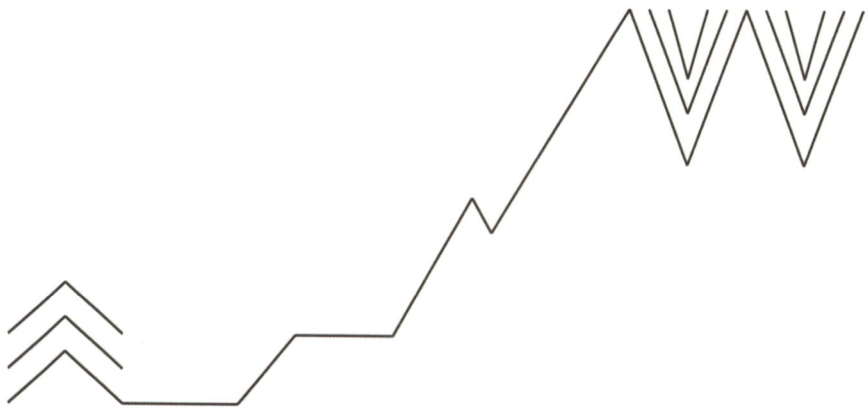

第十六讲 突破理论波浪周期的奥秘

例图 16-38

例图 16-39

突破理论预测模型及实战工具：波浪理论的创新与超越

例图 16－40

例图 16－41

第十六讲 突破理论波浪周期的奥秘

例图 16－42

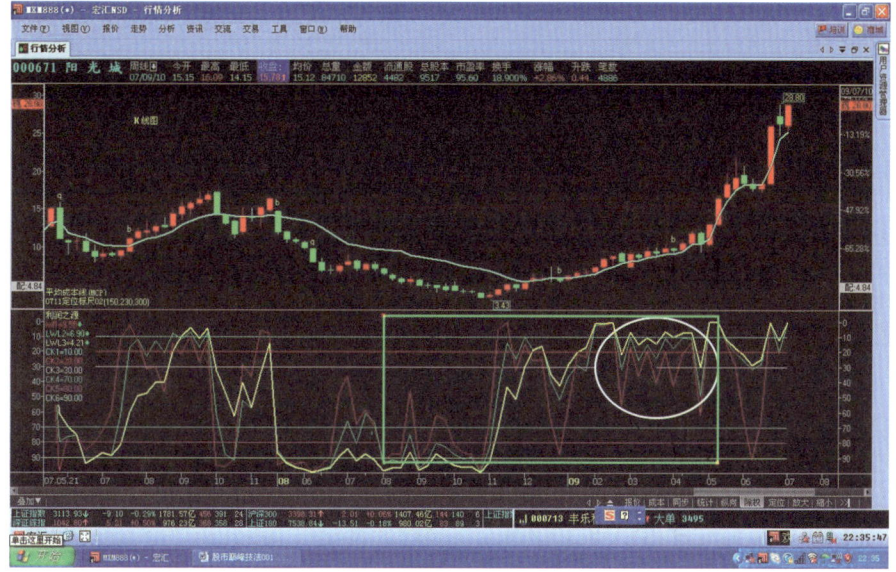

你手中的股票如何用突破理论来画线分析？请你联络我的策划方"舵手图书"的微信号 duoshoutushu，我将会抽时间跟你分析。

第十七讲　关于突破理论的问答

一、艾略特先生为什么在生前不能对突破理论产生明确和清晰的认识？

答：波浪理论和突破理论都属于周期理论的一部分，波浪理论描述的是在上升的趋势中股价运行的规律，而突破理论描述的是在调整时期或股价横盘的趋势中股价运行的规律，波浪理论是八浪一个周期，突破理论是七浪或十一浪一个周期，艾略特先生生前认为世界上的一切运动都可以归入波浪理论的范畴之内，甚至连当代最卓越的艾略特波浪理论家普莱切特先生也持同样看法，这就是使他们的思想不能跳出八浪一周期的框架，而对待七浪和十一浪一周期的客观存在不敢深入去探索、去研究，也就不会发现其中的 36 种形态变化更不会将其统统简化成 0711 或 222 技法了。在实战的操作中，一旦上升趋势确立，艾略特先生的波浪理论马上就会显出神威来，而当股价处在 C 浪结束后的横向盘底阶段时，用波浪理论就解释不了诸多的现象了，在这个时候我们观察盘面所依据的理论只能是突破理论，在这种理论的指导下，任何一位股市的操作者都能在"突破理论能量线或利润之源"的帮助下，准确的选对突破点，从股市中获取巨大的投资利润。

第十七讲 关于突破理论的问答

二、问：波浪理论与突破理论有什么关系和区别？

答：突破理论的分析基础来源于波浪理论，是波浪理论调整形态的延伸、扩展与超越。突破理论与波浪理论的主要区别有以下几点：

（1）波浪理论在实战中主要用于已经形成上升趋势的股票中，而突破理论则主要应用于八浪一个周期的各调整浪尤其是C浪（经常表现为下跌五浪）结束后的横盘整理阶段。

（2）波浪理论是八浪一个周期，突破理论是七浪或十一浪一个周期。

（3）波浪理论的第三浪不能是最短的一浪，各浪的长度比率遵循黄金比率。突破理论中的各个调整周期除了模式上为3－3－5和5－3－5之及3－3－3－3－3，5－3－5－3－5外，各浪的长短也都遵循着交替法则。各浪的长度比率也遵循着黄金比率。

（4）波浪理论与突破理论都属于周期理论的分支，波浪理论看重的是形态，突破理论看重的是模式。

（5）波浪理论的1、3、5推动浪都有可能发生延长浪，在突破理论中，一个完整模式的时间可以延长或缩短，但只能是模式嵌套，在一个完整的调整模式中不能缺胳膊少腿，必须走出完整的浪形。横向调整浪最多为十一浪一个周期。在三角形调整浪中，经常是子浪中的一个浪会比其他的子浪形态复杂，（通常在第3小浪），在极少数情况下，一个子浪本身就是三角形调整浪，（通常在第5小浪）出现这种情况以后，三角形调整浪的模式就成了九浪。在三角形调整浪中，常常出现与1、3、5推动浪中发生延长浪类似的延长变化过程。请参看例图16－1。（在三角形调整浪中，第五浪发生了延伸，又形成了5小浪）。

突破理论预测模型及实战工具：波浪理论的创新与超越

例图 17－01

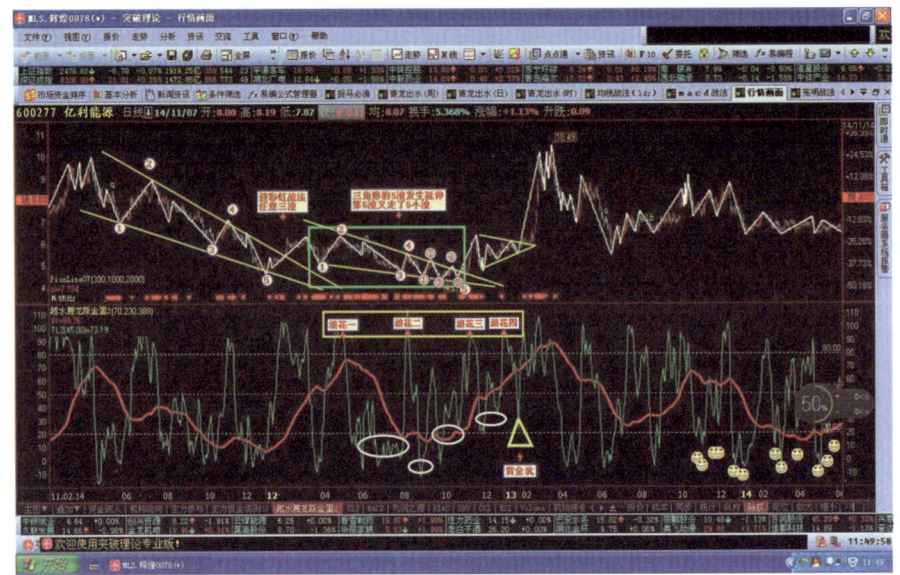

三、将突破理论用于实战要注意哪些问题？

答：无论是应用波浪理论还是应用突破理论，都必须把能量分析放在第一位，（越水腾龙能量线的形态）也就是浪形分析和模式分析只能屈居第二，谁忘记了这一点，在股市的实战中，谁就会遭遇到重大的挫折。在实战中使用突破理论时，还必须注重背离分析和周期分析。只有将能量分析、模式分析（浪形分析）、背离分析、周期分析紧密结合起来，在实战中才能取得骄人的战绩。

四、问：突破理论在实战中最重要的功能是什么？

答：伟人毛泽东在其著名的《矛盾论》中讲到："人的认识物质就是认识

第十七讲 关于突破理论的问答

物质的运动形式,因为除了运动的物质以外世界上什么也没有,而物质的运动则必取一定的形式,对于物质的每一种运动形式,必须注意它和其他各种运动形式的共同点。但是,尤其重要的,成为我们认识事物的基础东西则是必须注意它的特殊点,就是说,注意它和其他运动形式的质的区别。"

突破理论所涵盖的运动形态和其他运动形态的质的区别在于,按突破理论在股价的底部横盘调整的周期绝不会超过十一浪。

在股价的底部,只要能量线上扬,并且回调不再创新低,那么它所对应的横盘调整形态就可以进行突破理论模式分析。而在七浪和十一浪的末端,股价的向上飙升是不求而至的。大盘配合大涨,大盘不配合小涨,绝不会不涨。横盘调整的周期绝不会超过十一浪,这正是0711的魅力所在。总之调整的数目不可能多于三个组合浪。正是基于这个铁律,在七或者十一的结束部位就必然会发生形势的逆转,其突破的真实性是毋庸置疑的。突破理论用做判断突破的有效性之所以具有神效,其根源就在于此。

五、问:用突破理论来指导实战操作,为什么可以在股市这个充满风险的市场中百战百胜?

答:一本厚厚的字典和一张普通的信纸摆在我们面前,现在我们要用这张信纸竖立着顶起这本字典来,在普通人的眼中这是办不到的,软软的一张信纸怎么能够顶起这么厚的一本书呢?现在我们来做一个试验,把这张信纸折两下再卷起来,用糨糊把纸的边缘粘好,然后把它这个纸筒直立在桌子上,再把厚厚的字典放到纸筒的上面,一个奇迹诞生了。厚厚的一本字典竟然稳稳地被一张信纸顶了起来,这个例子告诉我们,同样是一张薄薄的信纸,当它的几何形态发生变化以后,会出现多么奇异的支撑力量。在股票市场上,任何一只股票在拉升之前,必须先做出上涨的形态来,没有适当的形态,股票的价格就不可能持续地上行并走出一拨儿像样的行情来。

张艺谋在其新片《十面埋伏》拍摄之前,光在乌克兰买花种就耗费了几十万，还请了当地 60 多名花农忙活了 3 个多月，以营造出一个漫山遍野、鲜花盛开的有利于展开故事的环境。由此可见，不但在金融市场上，龙头或大牛需要有扎实的底部，在文化艺术领域，一部能够创造出巨大商业利润的灿烂的大片，其拍摄前期的基础工作同样是异乎寻常的重要。扩展开来，我们的国家如果没有强大的经济实力和能够震慑敌对势力的强大的军事实力，八国联军登陆中国的历史悲剧就还会重演。而有了强大的综合国力做基础，一个充满希望和活力的强大的中国就会永远屹立在世界的东方。总之一句话：没有基础就不会出奇迹。

按照突破理论的形态在股价的底部运行的股票，我们都可以将其视为"卷成纸筒的信纸"。

按照突破理论的形态在股价的底部运行的股票，对股价的支撑力度如同多个神奇纸筒共同发力，其撑高股价的作用和封杀下跌空间的功效是不言而喻的。

把股市的盈利当作日常生活的唯一来源的股民朋友，在股市中占的比重越来越大，一旦股市处于低迷阶段，这些人的生活质量就会受到严重影响。在股市的实战中，如果能有数种不管大盘涨跌总能百战百胜的方法，那就再好不过了。如果按照基本面的状况进行操作，这种想法只是一种梦想。但如果按照突破理论来指导实战操作，这种想法立刻就会成为现实。

按照突破理论运行的股票，其所在的位置绝大部分处于八浪一周期的 C 浪之后和八浪一周期的一浪之前。不管调整的模式是 3－3－5 平台式调整，还是 5－3－5 锯齿形调整，或者是 3－3－3－3－3 三角形调整，或是 5－3－5－3－5 倾斜三角形调整，其运行的轨迹全都是横向多重底，习惯上我们将其称之为股市的铁底，出现了这种铁底的股票，下跌的空间完全被封死。股价在箱形整理的过程中，是按突破理论的四大模式进行的，只要在调整模式的底部介入，并按任意三浪进行波段操作，怎么会亏损呢？更重要的是，即使在实战操作中出现了失误，还有 07 或 11 的突破在后面等着你呢，解套获利是必然的。

在实战的操作中，我们不但要根据大盘走势的强弱、板块的动向和异动

第十七讲 关于突破理论的问答

的个股来时刻关注新生热点的出现，还要根据突破理论的指导，对股价所在位置做出准确的判断；

凡是按照突破理论的形态在股价的底部运行的股票，我们都要熟记在心，逐日跟踪；

凡是主力资金已经介入并在介入后又成为新生热点的股票，我们都要大胆跟进；

凡是按照突破理论的形态运行的股票，已经走到07和11的位置，并出现了一阳吞群小的K线形态，或者出现了不随同大盘进行调整的反常走势，我们要反应迅速，出手果断，毫不迟疑。影响我们人生的重要盈利机会到来了。

在07或11的位置进场是伏兵捉贼，其操作的安全性和成功率较之贼到发兵的追高，其安全性和成功率当然是不言而喻了。

掌握了突破理论之后，我们的预测能力将会得到超常的发展。但是，预测能力不等于盈利能力，要将我们的准确预测变成实实在在的股市利润，还需要我们培养出一种捕捉时机的能力。而这种能力的养成，需要良好的心态加清醒的思维及准确的判断。这种捕捉时机的能力，需要我们在股市的实战中，经过长时间的千锤百炼后才能获得。捷径是站到巨人的肩膀上。

坚定的必胜信念来源于对突破理论的深刻理解；

准确的位置判断也来源于对突破理论的深刻理解；

良好的心态更依赖对突破理论的深刻理解；

没有突破理论来指导实战操作，在股市这个充满风险的市场中想要百战百胜，那可真是难于上青天的一件事情。

六、问：突破理论在实战中有没有"傻瓜"式应用方法？

答：这个问题提得好，股票分析软件中有强大的智能选股平台，随心所欲，任意设定。经过23年时间的股市实战，目前精心提炼出来的300多种股市盈利方法全部可以程序化操作，用人工需数天才可以完成的工作现在 10 余秒钟即可完成。快速智能选股工具使我们在实战中，轻松、连续、持久地获得盈利变得轻而易举，易如反掌了。

七、问：书中有不明白的问题，或者希望得到作者本人的亲自指导，如何与作者联系？

答：18689961098　　　　15120756098

本书作者研发的与书中各种绝顶技法相配套的股市实战工具，如感兴趣或有需求，可以跟本图书的策划方：舵手图书联系，他们可以提供有偿的试用服务。

舵手图书的微信号：duoshoutushu

正确的思维方式可以产生财富，错误的思维方式可以丧失财富。艺高人胆大！胆大的人才会做别人不敢想、不敢做或做不到的事，胆大的人才能赚多数人赚不到的钱。胆大源自于艺高，艺高的人分为两种：其一，为工匠型；其二，为导师型。工匠型的人崇尚的是"一招鲜，吃遍天"的理念；而导师型的人却对将要从事的事业有着全面的、本质的、细致入微的透彻的认识和了解，对其产生、发展、壮大、衰亡的规律有着清醒的认识，并对将要从事的事业中每一环节的技术问题有着成熟的、多种的解决方案，并会随着时间的推移，不断用新思路新技术新方法来解决事业发展中所碰到的一切问题。面对着波浪起伏的股价运动，必须加强学习，否则的话只会是：彩蝶纷飞过墙去，满园春色在邻家，临渊羡鱼，不如退而结网。面对困难和逆境，只有运用高深的知识，超人的智慧，丰富的经验，广泛的关系，长久的诚信和惊世的成果来自己拯救自己。在股市中我们经过努力可以控制的只有技术，而技术分析必须从庄家理论、趋势理论、量能转换理论、几何形态理论、时间周期理论、技术指标使用技巧和基本面七个方面做立体分析，才能做出正确

第十七讲 关于突破理论的问答

的判断。如果我们只强调单一技术的重要性，那就是盲人摸象，是对股市的整体认识尚欠成熟的具体表现。

波浪理论和突破理论是周期理论中的两个奇异的分支，所有的股价运行轨迹都不能跳出这两大理论的框架，把他们结合在一起来解读市场的运行规律，会使我们的立体思维上升到一个更高的境界，任何一个读懂本书内容的人，用这套全新的思维和方法来指导股市的实战操作，都将在股市中大获全胜。

当代杰出的艾略特理论家普莱切特先生对波浪理论的应用有一段非常精彩的论述。"任何分析方法的实际目的是要确定适合买入的市场最低点，以及适合卖出的市场最高点。在建立一种交易或投资系统时，你应当根据环境的要求，采用某种能够帮助你灵活果断、能攻能守的思维模式。艾略特波浪理论不是这样一种系统，但作为创造这样一种系统的基础，它无可匹敌。"

在股市的实战操作中，我们经常会用波浪理论的浪形分析和突破理论的模式分析对股价的未来进行预测。并且准备好最少两套的数浪方案，如果股价的运行轨迹或称波动浪形及模式，超出了我们第一套预测方案的走势范围，要立即用第二套替代数浪方案来修正第一套预测的方案。变动思维和优化思维要求我们，在行动之前，必须对目标股的未来走势，至少准备出能攻能守的，可进可退的两套方案来。伟人毛泽东在其惊天地泣鬼神的"两论"中讲道："在复杂的事物的发展过程中，有许多的矛盾存在，其中必有一种是主要的矛盾，由于它的存在和发展，规定或影响着其他矛盾的存在和发展。"在我们使用波浪理论和突破理论对股市的未来所做出的多种预测方案中，必有一种方案处于主要矛盾的地位，一个人在股市的实战操作中，赢利水平的高低主要取决于他善不善于抓住决定股价运动的主要矛盾和主要趋势。

乔治·韦尔曼在其名著《成功始于方法》中说道，"绝大多数人之所以不能成功，不是因为自己的目标出了问题，而是因为找不到最有效的方法。一种（好的）方法不仅能拯救一个人的命运，而且能改变千万人的人生之路。"

波浪理论正是这样一种好的方法，它能够相当精确地告诉我们股票下一步的走向，并及时发出警告，以避免我们操作上的失误和经济上的损失。使

突破理论预测模型及实战工具：波浪理论的创新与超越

用波浪理论预测目标股票的价位十分精确和有用，如果我们的预测出现了错误，那就必须重新检查我们确定的一浪起点是否正确。对波浪理论的正确应用，能使我们在危险到来之前尽早做好心理上的防范准备，这样做的结果往往保住了我们已经获得的股市利润。

突破理论正是这样一种好的方法，它不但能够相当精确地告诉我们股票下一步的运行模式，让我们对股市的未来走势做出先人一步的预测，而且能让我们在头脑异常清醒的前提下，进入股市中展开波段的短线操作。如果在一个最低点后面跟随着十分清晰的三浪上攻而不是五浪上攻，那我们马上就应该意识到，这只是一次调整模式中的 X 浪，也就是任意三浪的反弹。当一个杂乱的走势逐渐变成一轮清晰的图形时，我们对即将到来的市场的转折点的确定，其准确性会升至 100%。精确定位是一种和亏损命运的殊死抗争，只有突破理论能给我们提供这种抗争的机会和技术手段。一招灵石破天惊，一仗胜福随终生，这两句话描述的美好情景只有在突破理论的 36 种调整模式的指导下才有望成为现实。

市场是有运行模式的，而这些模式又都有着可被辨认的几何形态，价格和时间的关系，可以不断地重演，"日头出来，日头落下，急归所出之地。已有的事，后必再有；已行的事，后必再行。阳光之下，并无新事。"（圣经传道书）根据模式和历史重演，可以让我们知道市场将会如何发展，这样做的好处是，先人一步的做好心理准备，在其他投资者绝望的时候买入，在多数投资者狂热的时候卖出。

艾略特先生在其晚年的思维上，发生了一定程度的混乱，他竟然把波浪理论和圆联系了起来，并把他的新想法列入了杂项部分，这是一种思路上的倒退。通过股市的实战观察，追踪，归纳和分析，我们可以发现指数和股价的运行轨迹的螺线特征要远远大于循环圆的特征。用筑底，拉升，做头，下跌的循环圆方式来理解和认识股价的运行轨迹是完全可以的，但因其不能有效的反映股价按趋势发展这一技术分析领域的铁律，故这种理解和认识尚处于对股市规律的掌握的低级阶段。而按线性思维进行趋势操作的方法因其不能有效的反映循环圆的特征，故股市的历史可以重演这一条技术分析领域的

第十七讲　关于突破理论的问答

铁律又没有得到体现，因而这种单纯按趋势操作的线性思维也存在着巨大的缺陷。股票市场的实际情况是，八浪一周期的波浪理论和七浪或十一浪一周期的突破理论，既反映出了股价按趋势运行的特征，又反映出了股价按循环圆方式运行的特征，而且股价的每一次变点又常常与神奇数字紧密相连，波浪理论中的一浪具有钟表发条的特性，一浪的长度和高度决定着三浪与五浪的拉升高度，源自一浪的动力决定着八浪一周期的其余各浪的走势，除了神奇比率和神奇数字之外，波浪通道和股票通道也是辅助我们捕捉股价运行小周期中的顶与底的有力工具。在充满风险的股市的实战操作中，八浪一周期的波浪理论是多么的完美！七浪或十一浪一周期的突破理论是多么的神奇！观查你的胳膊、3节；伸开你的手指、3节；展开你的手掌、5个指头，再看你们的头和四肢、5部分；上下肢的结构、都分为3节；手掌或脚掌、都有5个指头。突破理论中天造人合的3—3—5和5—3—5神奇模式就存在于每一个键全人的身体上，尊敬的读者及各位股友，能够改变你们人生命运的神谕模式（参看圣经创世记）就在你们自身的肢体构造中。

乔治·韦尔曼在其名著《成功始于方法》中说道："你肯定曾为无法敲开命运之门痛苦过，那是因为你缺少工具和方法。"现在我已经把工具和方法都详细地写在书中了，静下心来认真地阅读吧！

下一步该如何行动呢？请不必急着回答，先听听乔治·韦尔曼是如何说的："一个人过去和现在的情况并不重要，将来想要获得什么成就才最重要……找准目标等于成功了一半。"

目标在那里？目标是什么？一仗胜福随终生，就是目标！

目标比幻想好，因为它可以实现。股市人生的完美就是你的资金翻倍，心想事成！

人类的活动历史就是不断地追求完美的历史，艺术家在追求完美，把世界上最美好的事物、声音都通过一定的完美形式表现出来。历代建筑师也在不断地追求完美，把一座座代表人类文明的伟大建筑展现在世人面前。厨师在追求完美，把把生蔬鱼虾加工成一道道可口的美味佳肴。

乔治·韦尔曼在其名著《成功始于方法》中说道："天下事不做则已，要做就非得尽善尽美不可，不然你就一定会被人淘汰。"

　　看准目标，努力吧，我祝福你们！

　　我和你们一道在追求股市人生的完美！

　　特别声明：本书的技术分析技巧及所举例图仅供学习参考并不构成买卖建议，读者的一切买卖赢亏与出版社及作者无关。